Beck'sche Schwarze Reihe
Band 275

Versuche, der Zivilisation zu entkommen

Herausgegeben von
Ina-Maria Greverus und
Erika Haindl

VERLAG C.H.BECK MÜNCHEN

Dieses Buch ist zugleich Band 14 der NOTIZEN, der Zeitschrift des Instituts für Kulturanthropologie und Europäische Ethnologie der Johann Wolfgang Goethe-Universität Frankfurt am Main.

CIP-Kurztitelaufnahme der Deutschen Bibliothek

Versuche, der Zivilisation zu entkommen / hrsg. von Ina-Maria Greverus u. Erika Haindl. – München : Beck, 1983.
(Beck'sche Schwarze Reihe ; Bd. 275) (Notizen ; Bd. 14)
ISBN 3-406-09275-6
NE: Greverus, Ina-Maria [Hrsg.]; 1. GT; 2. GT

ISBN 3 406 09275 6

Einbandentwurf von Rudolf Huber-Wilkoff, München
Titelbild: Ina-Maria Greverus

Gesamtherstellung: Georg Appl, Wemding
Printed in Germany

Inhalt

Vorwort

Unser Erschrecken vor der Zivilisation

Vor gut hundert Jahren konnte ein englischer Anthropologe schreiben: „Kultur *oder* Zivilisation ist jener Inbegriff von Wissen, Glauben, Kunst, Moral, Gesetz, Sitte und allen übrigen Fähigkeiten, die der Mensch als Glied der Gesellschaft sich angeeignet hat." (Tylor 1873, 1) Kultur und Zivilisation waren für ihn synonyme Begriffe für das Potential der Menschheit, sich zu immer höheren Stufen zu entwickeln: „Die Entwicklung der Kultur entspricht größtenteils dem Übergang vom wilden Leben durch Barbarei zum zivilisierten Leben."

Hundert Jahre später schrieb wieder ein amerikanischer Anthropologe eine „Kritik der Zivilisation", in der diese als sozio-ökonomische Ausbeutung für den „Verlust der kulturellen Schöpferkraft und Selbständigkeit für die große Mehrheit der Menschen" verantwortlich gemacht wird. Zivilisation wird an der Idee des Fortschritts festgemacht und als ein System des inneren Ungleichgewichts betrachtet, in dem Technik, Ideologie und Gesellschaftsordnung immer ungleichzeitig zueinander stehen, während die Kultur (der primitiven Gesellschaften) Ausdruck des Rhythmus von Natur und Mensch ist und sich im Zustand dynamischen Gleichgewichts befindet. (Diamond 1976, 15, 59)

Norbert Elias analysiert den „Prozeß der Zivilisation" (1969) als ein Fortschreiten zu immer größeren gesellschaftlichen Abhängigkeiten, für die er zwei Prozesse verantwortlich macht: den Wandel von der Vielfalt gesellschaftlicher Machtausübung zur Zentralisierung in immer größeren Staatenverbänden und den Wandel zu stärkerer Funktionsteilung, der dadurch bedingten größeren sozialen Differenzierung und der Verlängerung und Verzweigung der Abhängigkeit der Individuen voneinander.

Zivilisation und Kultur, beides Begriffe, die das menschliche Potential der Umweltaneignung, -gestaltung und -ordnung beinhalten, sind im Verlauf ihrer historischen Bewertung verschiedene Wege gegangen. (Vgl. Kultur und Zivilisation 1967; Greverus 1978) Für die Zivilisation haben sich drei schwergewichtige Setzungen herausgebildet:

– Zivilisation als Fortschritt der Menschheit zu immer höheren Stufen der Umweltbeherrschung (und damit Machtakkumulation und Umweltzerstörung);
– Zivilisation als Bereich des materiell Nützlichen, als technologisch-ökonomischer Bereich (und damit Verlust des dynamischen Gleichgewichts kultureller Systeme und Parzellierung menschlicher Lebenszusammenhänge);
– Zivilisation als (verfeinerte) Beherrschung menschlichen Verhaltens, als Entwicklung der Sitte (und damit stärkere Affektkontrolle als gesellschaftlicher Zwang).

Warum aber unser Erschrecken vor der Zivilisation? Das Erschrecken ist eben in jenen Klammersätzen angedeutet. Es ist das Erschrecken über die Folgen der selbstgeschaffenen Zivilisation, die heute deutlicher denn je als eine verselbständigte Macht erscheint, die ihre Schöpfer beherrscht. Zwischen der in „Global 2000" beschriebenen Situation und den Anzeichen eines „neuen Narzißmus" versuchen Menschen, dieser Zivilisation zu entkommen. Was aber ist die „Rückkehr zum menschlichen Maß?" (Schumacher 1980)

Die hier von uns vorgestellten Versuche, der Zivilisation zu entkommen, sind nur ein minimaler Teil weltweiter Versuche; und es sind nur die Mikrokonzepte regionaler und sozialer Selbsthilfe. Sie mit ihren Hoffnungen, Möglichkeiten und Barrieren darzustellen, ihre Schöpfer und Träger selbst sprechen zu lassen, ist unsere Absicht.

Wir: das ist eine Gruppe von Kulturanthropologen an der Universität Frankfurt, Lernende und Lehrende, die sich unter dem Aspekt des forschenden Lernens immer wieder als Lernende zusammenfinden. Als Anthropologe forschen bedeutet aber immer auch, sich selbst miterforschen, betroffen sein und betroffen werden. Dieses Betroffensein ist in unser Buch eingegangen und wird sich hoffentlich auch dem Leser mitteilen.

Unsere Beispiele stammen aus dem europäischen Raum, dessen Zivilisation uns am vertrautesten-unvertraut ist, in dessen Lebenszusammenhänge wir am engsten eingebettet sind. Daß viele Beiträge sich mit der Schweiz beschäftigen, liegt nicht nur daran, daß wir dort gemeinsam waren, sondern auch daran, daß die Schweiz noch immer als ein Land gilt, das es verstanden hat, seine Zivilisation menschlichen Maßstäben anzupassen, dynamisches Gleichgewicht zu erreichen, seinen Naturraum zu pflegen, Basisdemokratie zu ermöglichen. Probleme, die sich hier zeigen, sind das verkleinerte, verzögerte – und deshalb vielleicht verschärft sichtbare – Abbild der Krise der europäischen Zivilisation. Ob wir ihr entkommen, entscheiden nicht die Gruppen, die wir hier vorstellen, nicht die Anthropologen; aber diese Ansätze der Kritik, der Versuche neuen Daseins, verweisen auf etwas, das uns alle betrifft: die Notwendigkeit zur Besinnung – über unser Erschrecken vor der Zivilisation hinaus.

Ina-Maria Greverus

„Du liest erst ein Buch, wenn du eine Ziege hast, die eine Krankheit hat..."[1]

Ich habe einfach Mühe mit dem Wort „Dasein". Es ist für mich etwas ganz Fremdes, denn ich bin wo ich bin, oder?

Also, das Sassi, diese Alp, das hat schon bestanden, das hatten wir uns zu zweit vor 15 Jahren gekauft. Wir wollten das einfach nicht verfallen lassen. Wir hatten keine genauen Pläne. Aber es war sicher, daß es etwas sein sollte, etwas offenes und nicht verfallen, und es sollte kein Ferienhauszentrum werden. Wir haben es von einem Bauern gekauft, der verzweifelt einen Käufer suchte. In den Ferien haben wir dort immer gebaut. Es war immer etwas kaputt. Und da haben wir ganz langsam dieses Tal kennengelernt und die Beziehungen zu den Leuten aufgebaut. Sie waren kolossal skeptisch: „Ihr Städter, was wollt ihr eigentlich?"

Ich bin dann zuerst nur versuchsweise hinauf. Vollständig versuchsweise, so daß ich jemandem meine Wohnung gegeben habe und all das Zeug, das man nicht braucht, bis zur Nähmaschine alles verteilt habe. Und da war da noch ein Pärchen, die in einer Studentenwohngemeinschaft gelebt haben. Sie hat studiert, ihr Freund hat Musik gemacht; war ein rechter Außenseiter, so halb Zigeuner und so. Ich kannte diese Leute nicht sehr gut, sie wohnten in derselben Gasse wie ich, und ich kannte andere von dieser Wohngemeinschaft besser. Und die wußten, daß ich ins Tessin gehe, und dann sagten sie: „Weißt du, wir kommen auch." Und ich sagte: „Man kann das ja probieren, man muß das probieren, wer weiß, was dann dabei herauskommt, und wenn es nicht geht, geht es nicht." Nach vier Wochen sind sie wieder ausgezogen. Sie waren schon einmal zusammen auf einer Hochalp, den ganzen Sommer. Und das war dort so kolossal dynamisch, weißt du, da mitten im Juli Schnee und die 90 Rinder waren eingeschneit, und der Wind hat die Türen weggenommen. Und diese Dynamik fehlte. Gut, dann sind sie wieder gegangen.

Dann war ich allein, und ich erinnere mich noch genau: ich hatte zuerst nur zwei Ziegen. Was für ein Gefühl das war, als ich zum ersten Mal mein erstes Kilo Käse verkaufte. Ich hatte das Gefühl, dieses Geld ist irgendwo anderes Geld. Ich kam mir vor wie ein Kind, ich hatte das Gefühl, das ist irgendwie sauberes Geld. Jetzt, wenn ich darüber nachdenke, ist das wirklich zum Lachen. Aber es war so. Es war sauberes Geld, weil es im direkten Zusammenhang war, weil ich wirklich dafür etwas getan habe. Und das Bedürfnis, etwas zu verändern, war nicht nur theoretisch, sondern auch praktisch. Das war sehr groß.

Mit dem Käse hat sich das so verändert, daß du siehst, was das für ein Witz ist, was du bekommst für den Käse; z.B. die Ziegen aufziehen: da gibt es sehr viele Ferienhäuser im Dorf, also das kleine Dorf besteht hauptsächlich aus Ferienhäusern. Die werden an Leute verkauft, die Geld haben, nicht die es brauchen, und dann kommen die so als Attraktion nach Sassi. Und dann mußt du den Tieren rufen: „schaaaaschaaabeebee...", und die Kinder gehen dann nach Lausanne und spielen dort in den Klassen das Sassi-Spiel, also sie schreien dort nach den Schafen und nach den Ziegen. Das ist so ein Spiel, das sie machen, die Enkelkinder von den so reichen Leuten. Und die kommen dann herauf, sind so glücklich und haben kleine Hündchen in den Händen, und die Leute bringen ihre Schinkenabfälle mit für die armen Hündli und sehen die Hündli wie sie sich ‚draufstürzen' und sagen: „Ja tatsächlich, eigentlich, was wir da wegschmeißen, das essen die noch, ja, mit Vergnügen." Und das ist alles so herzig und so schön, und sie bestellen zwei Ziegli bei dir zum Preis wie der Migro sie verkauft, zerlegt. Und irgendwie ist ein Gestürm; du vergißt, daß sie zerlegt sein müssen, zerlegt nach Schweizer Art, d.h. zerschnitten. Aber für den Tessiner heißt zerschnitten einfach, weißt du, ohne Fell, ohne Füße, aber mit Kopf. Ohne Innereien, ohne Herz und Lunge und so, aber am Stück mit dem Kopf, mit den Augen, damit du sicher bist, daß es ein Lamm ist und nicht ein großes Kaninchen, das für ein kleines Zicklein verkauft wird. Also, die wollen sehen.

Und dann war das nicht so. Und dann habe ich das denen geliefert, habe es die Bahn heruntergelassen, jemand hat es genommen, und irgendwie..., jedenfalls war das nicht so zerlegt. Und sie haben dann einen Metzger kommen lassen, um das zu zerschneiden, weil sie das ganze nicht sehen konnten. Sie haben dem Metzger dafür 50 Franken bezahlt, daß er das gemacht hat. Der hat gedacht, das sind reiche Leute. Aber die haben mir das dann abgezogen vom Preis, weil ich das nicht so zerlegt habe. Und am Ende habe ich für diese zwei Zicklein so wenig Geld bekommen, ich konnte nicht einmal das billigste Mineralwasser kaufen, was die an Milch getrunken haben.

Und du sagst es den Leuten, und sie finden, das nächste Mal kaufen sie in Migro, das ist einfacher. Da haben sie's zerlegt und so. Und du hast deine Zicklein aufgezogen mit Milch, nicht mit Pulver. Ich werde es nächstes Jahr auch mit Pulver machen. Die Leute haben mit dir diskutiert über Gerechtigkeit, das seh'n sie, daß sie das dem Metzger geben mußten, weil sie verreisen mußten. Und das ganze Dorf hat die Werkzeuge geliefert, und das war so lieb, aber die 50 Franken müssen sie dir jetzt einfach abziehen. Und das ist alles so gerecht. Und am Ende, ich habe das Geld genommen und bin herausgegangen. Ich konnte mich nicht verteidigen. Ich bin herausgegangen auf die Gasse, und ich habe wirklich geheult. Es ist so himmelschreiend ungerecht, und du kannst gar nichts machen.

Irgendwo ist das gerecht, du bist im Moment nicht im Stande, das zu verteidigen. Die haben 360 Liter Milch getrunken, und ich habe zum Schluß 200 Franken bekommen; noch nicht einmal so viel, 190 oder so. Die haben 360 Liter Milch getrunken, und die wollten nie saufen, und ich hatte so viel Mühe mit denen. Die reichen Leute geben das zu zweit aus, für ein anständiges Nachtessen. Und dann ist die Diskrepanz so groß, und du kannst dich nicht wehren. Du würdest Wörter nehmen, die auch nicht dimensioniert wären. Und dann triffst du auf der Straße jemanden und der weiß, daß du zwei Zicklein verkauft hast, und der sagt dann: „Du arme Ria, das tut dir leid um die Tiere."

Es tut dir gar nicht leid, überhaupt nicht tun dir die Tierli mehr leid, du tust dir leid! Die Situation vom Tal tut dir leid, die Beschissenheit, daß die den Anspruch haben, daß hier Ziegen herumlaufen, weil sie so herzig und fotogen sind, und weil sie ihre Kinder loshaben für einen Nachmittag; daß sie was machen und nicht die ganze Zeit jammern, daß sie Geisenpeter spielen und daß sie das „Gott sei Dank" in Lausanne noch weitermachen, und sie dann auch wieder ihre Ruhe haben. So ist das, weißt du. Und dann hast du plötzlich nicht mehr das Gefühl, daß du anständiges Geld verdient hast. Du hast das Gefühl, es ist so ungerecht, und du bist noch am besten dran. Du bist noch mit Abstand am besten dran. Denn du hast noch Beziehungen zu der Stadt, die gut sind, die tragfähig sind; z. B. die wußten nicht, daß es eine schweizerische Inland-Wollzentrale gibt, die haben die Wolle verbrannt. Die wissen das in Bern, aber dort, wo sie's wissen sollten, wissen sie es nicht. Es steht in der Zeitung, aber gut... wo wird sie gelesen?

Wir hatten zu der Bevölkerung immer sehr guten Kontakt. Und zwar sobald wie wir angefangen haben, dort zu arbeiten. Weißt du, die Häuser zu decken, von diesem Moment an, hat es angefangen ein guter Kontakt zu werden. Wir haben z. B. die Milch immer gekauft, obwohl die Kühe auf unserem Land weideten, weil, wir kommen ja leichter zu Geld als die.

Und es waren immer viele Leute hier. Ich bin nie dorthin gegangen, um keine Leute mehr zu sehen, von den Menschen Abstand zu haben oder von der Gesellschaft, überhaupt nicht. Ich mag schrecklich gern Menschen und gar nicht das Einsiedlerleben.

Also dieser Sommernachbar, der hat sich wahnsinnig gefreut. Der hat mir alles gezeigt, mich gelehrt. Und in dieser langen Zeit, wo wir immer wieder gekommen sind und gegangen sind und gekommen sind, und die sich geschätzt fühlten und geachtet, haben die Söhne angefangen, ihre Kultur, die alten Handwerke, zu pflegen. Sie haben mir die ganze Wissenschaft über die Käserei gezeigt, wie man das macht, und im ersten Winter war das dann z. B. so, daß ich für sie Wolle gesponnen hab' und sie für mich Holz gefällt, weil sie können das viel besser. Irgendwie ein guter Austausch von Können.

Mit dem Heu war das z. B. so, daß sie am Anfang, als es so wenig Tiere waren, gemäht haben, weißt du, mit diesen Schräghängen ist das ganz schwierig. Da haben sie gemäht, weil ihre Tiere hier ja schon seit Jahren fressen und sie das viel schneller haben. Haben also zusammen das Heu gemacht, und das war der erste Winter mit kolossal viel Schnee; also mit so viel Schnee, wie niemand sich hier erinnert hat. Und ich hatte Ischias und konnte nicht mehr gehen. Sofort wußten sie das; das ist eine halbe Stunde vom Dorf, und sie wohnen noch einmal eine halbe Stunde, sie wohnen eine Stunde von der Alp. Aber das geht dann immer sehr schnell. Und sie haben mich versorgt dort oben wie ein eigenes Kind; wirklich, das kann man sich gar nicht vorstellen, was das bedeutet. Du bist dort oben und du hörst nie: „Warum bist du nicht in der Stadt geblieben?“ – hat noch niemand von ihnen gesagt, auch nicht unterschwellig. Es war für sie ganz klar. Es freut sie. Es freut sie, daß jemand das macht, womit sie sich abgeschlagen haben all die Jahre.

Und so auch der zweite Nachbar, der nur ganz selten über's Wochenende da ist. Eine alte Frau, die dort 42 Jahre lebte und jetzt im Dorf lebt, die freut sich und die sagt: „Weißt du, nimm von meinem Land, nimm von meinem Heu so viel du brauchst.“ Sie freut sich sehr. Sie fühlen sich irgendwie wie, endlich kommt jemand von außen und respektiert, was wir da geleistet haben. Es ist für sie eine Aufwertung. Das ist also die allernächste Umgebung. Dann der Bauer, von dem wir das gekauft haben, dieser arme Junggeselle, er nennt sich ein Waisenkind, weil seine Eltern sind gestorben und er lebt mit seinem Bruder. Er kann da heraufkommen und wie ein Boß stehen, wirklich, wie der übelste Gewerkschaftsboß und zusehen, wie wir krappeln. Steht da und lacht. Ganz offen, ganz direkt. Nachdem seine zehnjährige Werbung, eben doch eine Frau zu bekommen, nicht in Erfüllung gegangen ist, zeigt er es manchmal ganz offen, daß es ihn kolossal freut, wenn es uns schlecht geht. Nachdem all seine Gebete an der Quelle unten bei der Madonna nichts genützt haben, und nachdem er uns so Freuden gemacht hat, wie ein Balkongitter nach Maß, daß wir am Ende dann zahlen mußten, weil er kein Geld hat. Aber für ihn war das eine Überraschung, er wollte uns eine Freude machen. Das alles haben wir durchgespielt, aber für ihn ist es jetzt irgendwie zappelt. Und wenn du ganz groß in Not bist, wie ich damals mit dem Rücken, dann wird das alles vergessen, und er kommt und er hilft dir, er überlegt, wie man dich zum Arzt bringt. Dann fällt das irgendwie alles weg.

Dann ist es wieder gut geworden mit dem Rücken, und die haben mir Brot, Milch und Heu mitgebracht, und der Weg war mindestens zwei Stunden. Und dann ist das gut geworden, und im Sommer hatte ich irgendeine dumme Bewegung gemacht, und ich konnte mich fast überhaupt nicht mehr bewegen. Da mußte ich nach Zürich ins Spital mit dem Helikopter. Du, die haben mir alle Tiere versorgt, alles, ich war drei Monate weg, und zwar mit einer Selbstverständlichkeit; und ohne irgendwie zahlen oder – das kann man gar nicht zahlen. Selbstverständlich, und man hat nicht gesagt: „Haben wir das nötig gehabt, daß du da kommst von der Stadt und da krank wirst und uns nur Arbeit machst?" Überhaupt nicht, das ist so, so ist das Leben da oben, da wird man halt manchmal krank. Und die haben dann auch angefangen, den Unterschied zu machen.

Ich habe dann einen neuen Motor bekommen für die Seilbahn, von der Bergheimat, die ungerufen da oben mal vorbeikam, diesen kaputten Motor anschaute und einen neuen bestellte. Und da hat der Sohn vom Nachbar diesen Motor, 70 Kilo, hinaufgetragen und gesagt: „Weißt du, ich tu' das nicht auf ein Maultier, denn wenn das Maultier einen schlechten Tag hat und sich rippst an einer Wand, dann hast du wieder Pech."

Und das ist wahnsinnig, 70 Kilo da rauf zu tragen, und ich sag': „Ja, Giuliano, was bin ich dir schuldig?" Und er lacht und sagt: „Weißt du, das mit dem Geld, das laß für die unten im Tal. Für uns da oben gilt das nicht..."

Weißt du, zwischendurch fragt man sich wirklich, ob das nicht so ein Anachronismus ist. Du bist irgendwie so hilflos in vielen Situationen und es geht nicht, ohne daß man zusammenhält. Das ist unmöglich. Und sie haben so ein Sprichwort, das haben sie mir immer wieder gesagt, als ich so krank war: „Weißt du, eine Hand wäscht die andere, aber beide zusammen das Gesicht." Und das sind für sie nicht Sprüche, das sind wirklich Lebensrealitäten. Z.B. wenn jemand jetzt ein Lamm will, dann kommt einer von Silvios Söhnen und sagt: „Du, hast du eins für den und den Preis?" Und das ist ein sehr guter Austausch zwischen ihrem Wissen und unserem Wissen.

Wir haben jetzt dieses Jahr eine Mähmaschine gekauft, nach langen Überlegungen, eine Mähmaschine. Und da haben die sich wahnsinnig gefreut: „Weißt, und jetzt wirst du Zeit haben, auch einmal in der Beiz zu sitzen." Oder, wenn dein Garten blüht, dann kommen die: „Porco bello, ja das ist schön!"

Man mußte mit Wassertanks Wasser importieren, weil es kein Wasser mehr gab. Und dann hat die Bevölkerung da unten schon angefangen zu überlegen, wie meine Wasserversorgung stattfindet. Und in solchen Momenten fühlst du irgendwie, daß es doch einen Sinn hat, das zu tun.

Die Verhältnismäßigkeit ist so verrückt. Ich habe dann meinen Käse in einen Alternativladen, der ganz neu gegründet wurde und „Albero", also Baum heißt, verkauft. Das ist in der Deutschschweiz. Und ich bin dort jedesmal heraus mit einer wahnsinnigen Wut. Jedesmal war irgendwie, jeijeijau..., du solltest den Käse abwiegen, zu 14 Stück ist ein Kilo. 14 Stück sind ein Kilo, aber untereinander gibt es einen, der ist 5 Gramm mehr, und der andere ist 5 Gramm weniger. Das ist Tradition, 14 Stück ein Kilo. Aber daß man die Käsli noch abwiegt..., und natürlich, je länger du sie machst, desto eher triffst du das richtige Maß. Und es ist auch so, daß die älteren Käsli leichter sind, und die frischen sind schwerer, und dann muß man das ein bißchen austauschen. Und dann sind das Probleme, über die die streiten. Sie nehmen dir eine ganze Stunde weg, diese verdammten 5 Gramm Unterschied von den Käsegrößen... Er nimmt dir die Zeit weg, die du dringend brauchst. Und dann sagst du: „Schau, es ist vier, ich muß rennen, ich muß doch melken. Du weißt doch, ich muß um fünf melken." Und er streitet mit mir um 5 Gramm. Und ich kann in seinem Laden kein Brot kaufen, kein Brötli, weil das so teuer ist. Ich kann dort nichts kaufen, ich kann es mir gar nicht leisten. Jetzt ist das weg; ich geh' nicht mehr in den Laden, „Gott sei Dank". Ich verkaufe das den Leuten, die sich freuen. Die bringen das auf den Markt; ich verdiene genau gleich viel. Sie sind überzeugt, daß sie die besten Käsli haben...

Aber du hast nicht Zeit, mal ein Buch zu lesen. Du liest erst ein Buch, wenn du gerade eine Ziege hast, die eine Krankheit hat. Dann blätterst du in dem Nachschlagwerk nach, was sie jetzt haben könnte. Weil – dem Tierarzt ist das scheißegal, ob deine Tiere verrecken oder nicht. Und du arbeitest Stunden und Stunden in deinem Garten, der dir hilft leben. Also nicht weil er schön ist, sondern weil er dir etwas gibt. Du pflegst ihn irgendwie, damit du leben kannst. Und dann kommt ein Hagel, und der Hagel macht dir alles kaputt; in zehn Minuten hast du kein' Stiel mehr. Fertig – alles ist weg!

Vielleicht nützt die Hagelversicherung für diese kleinen Leute etwas, aber sie nützt gar nichts, sie haben nämlich nicht das Geld für eine Hagelversicherung. Und dann haben sie keinen Garten, was sollen sie denn jetzt machen? Könnte man sich irgendwie anders gegen diese Naturdinge wehren, als wieder mit Geld? Denn weißt du, das entwertet deine Arbeit kolossal. Du bekommst dein Geld, aber dein Garten ist kaputt. Gut, das ist schon etwas, daß du das Geld bekommst, daß du essen kannst. Das ist viel, aber deine Arbeit, was ist denn mit der? Die ist futsch.

Es gibt jetzt so eine neue Methode, daß du den Ziegen hormongetränkte Schwämmchen in die Scheide stopfst, daß die dann eben im rechten Moment aufnehmen und zu Ostern du dann reife Zicklein hast. Man kann die nicht unbedingt verurteilen, die das machen, sie müssen ja leben. Und die Leute, die gesundes Fleisch wollen, sind gar nicht immer bereit, das zu zahlen. Daß man da. . ., also von den Städtern, die das Bedürfnis haben, der Natur näher zu kommen, die das können, und daß die, die auf dem Land leben, daß die so bezahlt werden, daß sie eben auch einmal wieder ein Buch lesen können. Und sich nicht kaputt machen, nicht für Luxus, weißt du, nicht für Luxus, nur daß du nicht krank wirst.

Was mich befriedigt an dieser Arbeit ist irgendwie, daß so etwas anfängt wie ein Austausch. Daß Leute auf Sassi kommen von allen Schichten, Studenten und Freaks und ganz gewöhnliche Büromenschen. Und einfach für ein bißchen teilen wir zusammen, für ein Weilchen teilen wir zusammen. Und mir scheint, das ist gut. Und dann muß jemand da sein, der das durchzieht. Das ist dann denen ihre Sache, ob sie das wollen und tun, aber daß man diese Möglichkeit hat für ein Weilchen, das zu teilen.

Ich glaube, daß ein Austausch stattfinden sollte, daß die in der Stadt wieder etwas mit den Händen tun dürfen, und die vom Land dürfen Zeit haben zu denken.

Ich hatte einmal so ein Lager, ein internationales Lager – und nie mehr! Da mußt du reich sein. Das kannst du dir überhaupt nicht leisten. Es geht so viel kaputt, und der gute Wille von den Leuten, weißt... Ich bin gefragt worden, ob ich einverstanden bin, daß man das bei mir macht. Es war ein internationales Arbeitslager vom christlichen Friedensdienst gewesen. Und es war für alle ein totaler Streß, es war fast eine finanzielle Katastrophe. Die kamen aber doch, um zu helfen. Nein, nie mehr so etwas großes, weites; das hat so viel Schmerzen gemacht.

Stell dir vor, es kommt eine Sozialarbeiterin aus New-York. New-York – Sassi direkt. Ja du, sie hatte dort für ein eigenes Gebiet Verantwortung, alles, weißt. Und jetzt kommt sie von dieser Großstadt in einen Ort, wo es nichts gibt, einfach nichts. Sie ist gekommen, sie wußte, daß es primitiv ist. Sie ist angekommen und hat gefragt: „Wo ist das Bad?" Sie sei jetzt natürlich zwei Tage und zwei Nächte mit Umsteigen und Fliegen und Zug und was unterwegs. „Ja, wo ist das Badezimmer?" „Ja, das gibt es nicht." Gut.

Und mit dem Schlafen. Wir haben ungefähr so geschlafen wie hier in Salecina, die einen im Bett, die anderen auf Matratzen, irgendwie. Und dann, bis die nur ihr Waschzeug haben, bis die gewöhnt sind – ihr Begriff von Sauberkeit – du, dann ist einfach ein halber Tag weg, für gar nichts...

Dann sind es so viele verschiedene Leute. Dann muß man sich miteinander auseinandersetzen. Und es waren so viele verschiedene Sprachen, bis das alles immer übersetzt wurde. Dann hat jeder gedacht, das Buch, das er jetzt drei Jahre herumschleppt, will er dann einmal in Ruhe, in der schönen stillen Bergwelt lesen – und ist nicht dazu gekommen, überhaupt nicht. Bis dann für die Leute gekocht war, und das alles wieder abgewaschen war, ja, du von Arbeitslager war kaum mehr die Rede. Dann sind die Leute nicht gewohnt, ein Loch zu graben, einen Pfosten einzuschlagen. Das haben sie gemacht aus besten Kräften, und dann kommt einer von Silvios Söhnen und macht das in fünf Minuten. Und die arbeiten zu zweit und den ganzen Tag. Das ist so deprimierend. Und es ist doch ausgeschrieben als Arbeitslager, und am Ende müssen sie sehen, daß sie vielmehr verbrauchen als sie geben können; sie wollten doch etwas geben. Und ich seh' das, aber ich kann es mir überhaupt nicht leisten.

Und so waren am Ende alle wahnsinnig frustriert. Ich muß dir sagen, ich kann mir so ein Lager nicht mehr leisten. Es sind Dinge und Werkzeuge verlorengegangen und verrostet, weil niemand das wieder reingeräumt hat. Es ist so viel kaputt gegangen; nicht aus Bosheit, nicht aus Bosheit, Gott bewahre, das ist ja irgendwie das Tragische daran...

Weißt, was so in meinem Leben so durchgeht, das ist das Vermitteln. Man kann ja alles mögliche vermitteln. Das gefällt mir am Leben so, so Brücken machen. Euer Fach Kulturanthropologie, dem Namen nach wäre das ja auch so ,was wie Brücken machen, das wäre ja etwas ganz Verwandtes. Du kannst ja nicht Kultur ohne Menschen machen, das geht ja gar nicht. Das eine geht ja gar nicht ohne das andere.

Weißt du, was das Schreckliche ist an so einem Studium, von mir aus gesehen, daß ihr ganz viele Leute so schnell besucht. Da weiß ich eben nicht, was ihr wesentliches davon habt. Ob es nicht mehr bringt, weniger, aber dann ein bißchen gründlicher.

Ich war erschüttert, wie von dem Gymnasium in Mendrisio da Schüler heraufgeschickt wurden. Das ist so schrecklich. Man züchtet sie zu etwas, zu Krüppeln, zu Schnüfflern, aber für sonst gar nichts. Also stell dir vor, die sind mit dem Postauto gekommen, dann sind sie den Berg heraufgerannt, und dann hat's noch geregnet. Aber das mußte dann einfach sein. Sie kamen also tropfnaß da oben an, mit so einem Gerät, und dann haben sie das angestellt, und dann haben sie gefragt – wieviele Ziegen, und was man da macht, und wie man davon lebt. Und dann mußten sie aber noch irgendwo viel höher herauf, denn dort sitzt auch noch jemand, und den müssen sie dort fragen, ob man davon leben kann. Was heißt leben können? Dafür hatten sie schon keine Zeit mehr. Sie hatten nicht Zeit, sich irgendwas anzuschauen, sie mußten ja schon weiter und dann schon wieder auf's Postauto. Und dann hat einer auf den falschen Knopf gedrückt, die haben dann schon fast geweint. Also sie hatten dann nichts vorzuweisen, und gesehen hatten sie ja auch nichts. Das einzige, was sie spürten, war, daß sie naß waren und eine halbe Stunde an einem Feuer saßen. Das war alles. Aber ich kann mir nicht vorstellen, was sie davon hatten...

Oder es kommt eine ganze Schulklasse aus dem Gymnasium. Und da steht der Lehrer, und also, Wasser hätten sie gern. Also machst den Wasserhahn auf, und sie trinken alle. Und dann sagt der Lehrer: „Wo geht es denn hier zum Generoso?" Du erklärst ihm den Weg, und am Ende stellt sich heraus, sie wollen gar nicht auf Generoso, sie gehen nach Bella Vista. Das ist schon weit genug. Und das ist so typisch für die, von der Lehrerschaft schon her. Er fragt natürlich nach dem Gipfel, aber schon die Halbstation ist für sie eine Überforderung, weil sie auch nicht klar wissen, was sie eigentlich möchten. Also dort oben mal schnell vorbei, aber „um Gottes willen" nur zehn Minuten, und dann haben sie's konsumiert. Und irgendwie fragt man nach dem Generoso, warum? Kannst du nicht glatt sagen: „Ich gehe nach Bella Vista!" Und die Kinder sind dem vollständig ausgeliefert. Und dann brauchen sie eben so totale Erlebnisse wie Drogen, die dann wirklich total einfahren, daß sie endlich mal für einen Moment das Gefühl haben, sie sind total erfaßt, mal so richtig, von der kleinen Zehe bis in die Haarspitze erfaßt, weißt. Ich kann sie sehr gut verstehen, daß du etwas Totales dringend nötig hast, wenn du überall nur schnuppern darfst.

Wenn das irgendwie geht, möchte ich dort auf dem Sassi bleiben und versuchen, wie man zusammen irgendwie diese Ungerechtigkeit ein bißchen ändern kann. Für mich ist wichtig, etwas, das ich unterschreiben kann. Wenn ich das nicht mehr kann, dann wird es mir höchst ungemütlich. Und wenn ich mich getäuscht habe, gut, dann habe ich mich getäuscht, das macht nichts, dann habe ich mich eben getäuscht. Du kannst das Gefühl (das Richtige gefunden zu haben) auch nicht für Ewigkeit pachten, das gilt gerade für jetzt. Und übermorgen, was weißt du, was bis dahin schon passiert ist, übermorgen, da stimmt es schon nicht mehr.

Es war richtig für mich, daß ich gegangen bin.

Und irgendwie siehst du das Provisorische an der Lage, und andererseits, wenn es bei diesem Provisorium sprießt, dann, dann findest du's wunderbar. Und so verlängerst du das Provisorium immer, solange es lebt.

(Nach einem Gespräch mit der Siedlerin Ria. Tonaufnahme Schweiz 1980)

„Natur“ im utopischen Denken

„Die Natur ‚weiß‘, was richtig ist“

„Die Natur ‚weiß‘, was richtig ist, wir müssen uns nur wieder in sie einordnen.“ Mit diesen Worten versuchte mir ein in den 50er Jahren in die Provence ausgewanderter ehemaliger deutscher Offizier, seine Weltsicht zu vermitteln. Er lebte dort mit seiner Familie in einem abgelegenen Gehöft mit Haflingern, Hühnern, Katzen und einer Pflanzenwelt, die er alle als seine „Partner“ betrachtete. Die Natur als Partner spendete nicht nur – durch richtige, und d. h. nicht ausbeuterische Behandlung (wie Maschinen, Monokulturen, chemische Mittel) – die nötige Ernährung, sondern auch ein neues Wissen um Lebensbezüge. Und tatsächlich: nicht nur die Kürbisse meines Gastgebers waren besonders groß, sondern er sprach auch, wie sein Vorbild Konrad Lorenz, mit den Tieren und erzählte mir viel von ihren Möglichkeiten, sich in einer unzerstörten natürlichen Umwelt zu erhalten. So, wenn sie sich bei Krankheiten und Verletzungen ihre spezifischen Heilkräuter suchten.

Naturmystifikation, Natursentimentalität, konkrete gesellschaftliche Utopie eines „Zurück zur Natur“ oder geglückte privatistische Alternative?

Was in den 50er Jahren noch ein vereinzeltes Aussteigen auf privater, oft familiärer Basis aus der urbanen Leistungsgesellschaft von – zumeist finanziell abgesicherten – Außenseitern in die „unberührten“ Landschaften des Südens war, wurde seit den 60/70er Jahren einerseits zum Ausverkauf der Natur durch betuchte Ferienvillenbesitzer und andererseits zur subkulturellen Landkommunenbewegung jugendlicher Protestler. Die Skala der in die Natur zurückkehrenden Städter reichte und reicht von den permanenten oder temporären Besetzern verlassener Landgebiete und

-häuser, die ihre Ressourcen aus der Arbeit in der städtischen Leistungsgesellschaft beziehen, über die versuchte und nur teilweise gelingende Wiedereingliederung in den primären Wirtschaftsbereich der argrarischen Produktion bis zu denjenigen, die ihre gesamte Lebensweise einem „natürlichen Zyklus" eingliedern wollen – von anthroposophisch geprägten Gruppierungen bis zu naturreligiösen Bewegungen, bei denen man, wie in der Findhorn-Community, „mit dem Reich der Geister und Devas, den engelgleichen Kräften, die Bäume und Pflanzen wachsen lassen", Kontakt aufnahm (vgl. Hawken 1980; The Findhorn Garden 1975).

Angeeignete oder gemordete Natur?

Allen diesen Initiativen können wir ein utopisches Moment nicht abstreiten, wenn wir Utopie als einen intentionalen Begriff verstehen, als „Traum nach Vorwärts", als Bauplan einer besseren Welt im Blochschen Sinne.

Natur lebt in Blochs anthropologischer Utopie vor allem als eine auf den Menschen bezogene Landschaft. In den „Wunschbildern im Spiegel" verkommt sie zu einem „kleinbürgerlichen Ferienschmaus", wo der Normalreisende auch dort die „unverkaufte Natur" suchte, „wo er seine ganze häusliche Komfortzelle mitnahm, und wo die gleiche Coca-Cola-Welt, die die Touristik begünstigte, immer mehr die erträumte Andersheit, auch Märchenferne der Besuchsorte aufhob." (Bloch 1967, 436) Bei den echten Träumen nach vorwärts sind es für Bloch vor allem die geographischen Utopien, in denen Natur zentral wird: Natur als Eldorado-Eden, als Ostlandtraum Indien, als südliche terra australis, als nordische Utopie Thule und schließlich als bessere Wohnstatt auf anderen Sternen. Hier aber setzt Blochs Kritik an jenen utopischen Träumen ein. Das utopische Noch-Nicht bestehe nicht mehr in einem Entdecken eines fernen Eldorado-Eden, sondern im Umbau der Erde zu einer Ideallandschaft, zu einer durch menschliche Arbeit veränderten, dem Menschen geneigten Natur. Und Bloch beschließt dieses Plädoyer für eine Kulturlandschaft, eine angeeignete Natur, mit einem Lob der sowjetischen Leistung bei der Schaffung jener „supernaturierten Geographie“: „Pflanzen, Ströme, Klima sehen sich verändert, noch die Tundra wird zum Getreideland umgeschaffen.“ (Bloch 1967, 925)

„Nur der Mensch hat es fertig gebracht, der Natur seinen Stempel aufzudrücken,“ sagte bereits Engels in seiner „Dialektik der Natur“ (Engels 1976, 28) und betonte nicht nur die Notwendigkeit, sondern auch die utopische Intention des Menschen, sich aus dem Zustand der Natur zu befreien. In einem Essay von Katajew zum Buch „UdSSR – Der Sowjetstaat und seine Menschen“ (1970) heißt es schließlich: „Ich liebe die wilde Natur nicht... Die Natur ist nur dann schön, wenn sie von der tätigen Anwesenheit des Menschen kündet, des Baumeisters, der mit Vernunft und unbeugsamem Willen die Natur verwandelt... Eine Autostraße, die die Taiga durchquert. Ein Staudamm, der einen Fluß bändigt... Ein Kanal in der Wüste. Das ist für mich wahrhaft schöne Natur.“ Und von Marx stammen die Worte: „Es wäre übrigens zu wünschen, daß die träge Bauernwirtschaft Bayerns... endlich einmal durch modernen Ackerbau und moderne Maschinen umgewühlt würde.“ (Marx 1850) Die Kritik richtet sich zwar gegen die reaktionäre Naturideologie seiner Zeit, „dem kindischen Verhalten der Menschen zur Natur“, dem die „moderne Naturwissenschaft, die in Verbindung mit der modernen Industrie die ganze Natur revolutioniert“, ein Ende macht, ist aber perspektivisch eben auch einem technologischen Fortschrittsglauben verpflichtet. Die „Utopie des Verhältnisses von Mensch und Natur“ (vgl. Schmidt, A. 1978) steht unter dem Primat der Nützlichkeit für den Menschen.

Diesem utopischen Hoffen zu einer immer weiter vom Menschen angeeigneten, veränderten, seinen Zielen dienstbar gemachten Natur stehen heute jene „Gegenutopien“ gegenüber, die den Menschen als „Zerstörer der Natur“ sehen. So sagte der Generalsekretär der Vereinten Nationen U Thant 1970 in seinem Vortrag „Der Mensch – Mörder der Natur“: „Die längste Zeit, die die Menschen auf der Erde lebten, war ihre Zahl klein und ihre Macht gering. Die Schäden, die sie ihrer Umwelt zufügten, waren schlimmstenfalls örtlich begrenzt, und die regenerierenden Kräfte der Natur glichen sie meist wieder aus." (U Thant 1970, 46) Der Mensch schon immer homo destructor statt homo creator? Ist, da seine Zahl nicht mehr klein ist, die Schäden nicht mehr örtlich begrenzt bleiben, auch das „Ende der Utopie" als Hoffnung auf eine bessere Welt für den Menschen gekommen?

Ökotopia

Doch jede Epoche schafft neue Utopien, so auch unsere, und die verzweifeltsten Epochen schaffen die meisten Utopien. Die Utopie unserer Epoche könnte man wohl mit dem Titel des utopischen Romans von Callenbach als „Ökotopia" (1980) bezeichnen oder mit der ernsthafteren Perspektive der amerikanischen Wissenschaftler Moos und Brownstein (1977) als „politisch-ökologische Utopie".

Wie stehen Kultur als menschliches Werkschaffen, der Mensch selbst und Natur in diesen utopischen Entwürfen zueinander? Was ist Natur überhaupt? Ist sie nur ein naturgeschichtlich einzuordnendes Phänomen, ein in unseren Köpfen geborenes, durch unsere Hände geschaffenes, durch unsere Wertsetzungen vermitteltes? Oder gibt es so etwas wie eine wirkliche Natur hinter und über unseren Selektionen, und sucht utopisches Denken nicht gerade nach dieser wirklichen Natur?

Der Roman „Ökotopia" entspricht in seiner Rahmenhandlung einem sehr verbreiteten literarischen Utopieschema, allerdings in moderner Fassung: hier ist es nicht ein Schiffsfahrer, der in das Land verschlagen wird, sondern ein Journalist, der als Berichterstatter und Verhandlungspartner abgesandt ist. Auch er erkennt nach anfänglicher Kritik allmählich die Vorzüge dieser Lebensführung und bleibt (Liebesgeschichte eingeschlossen) für immer dort. Das Land ist auch kein fernes Eiland, sondern ein von den Vereinigten Staaten abgesplitterter Staat: der amerikanische Westen (auch das verwirklichte Hoffnungsland vieler gegenwärtiger Landkommunen), dessen landschaftlichen Schönheiten eine breite Darstellung gewidmet wird. Natur ist in diesem Roman einerseits:

erhaltene oder wiederhergestellte Naturlandschaft, insbesondere Wälder und Wasser; vorrangig landwirtschaftliche Produktion; natürliche Energiegewinnung, Erstellung natürlicher, durch Recycling wieder in die Natur eingehender Stoffe für den Bedarf an Verkehrs- und Arbeitsmitteln, Wohnungen und Kleidung. Natur ist aber auch natürliches Leben natürlicher Menschen; und das erstreckt sich von der Aufhebung der Arbeitsteilung und Geschlechterrollen (die der Autor allerdings im Verlaufe seiner Darstellung immer wieder vergißt) über das freiere Sexualverhalten (das allerdings in der Liebe einer Ökotopianerin zu ihm Ausschließlichkeitscharakter annimmt), den geringeren Leistungsdruck bei der Arbeit, die Förderung kreativer Fähigkeiten, den ökologischen Praxisbezug in der Erziehung, die Aufhebung der Kleinfamilie und Bildung relativ autarker Wohn- und Gemeindegemeinschaften (unter Beibehaltung der Rassentrennung, wobei die schwarze Bevölkerung gegenüber der weißen noch „rückständig", d.h. hier zivilisationsanfällig, ist) bis zu jener rituellen Kriegsführung der Männer, deren „natürliche" Aggressivität und Heldenhaftigkeit bewundert und belohnt wird. Natürliches Leben ist aber auch Partnerschaft des Menschen mit seiner Umwelt: „Baum, mein Bruder!"

Dieser Roman bringt unter dem Motto des „ökologischen Gleichgewichts" Vorstellungen eines sogenannten alternativen Lebens, die aus den verschiedensten Kulturverwirklichungen, literarischen Utopien, wissenschaftlichen Erkenntnissen und gesellschaftlichen Ideologien bezogen werden. Insbesondere in seinen Vorstellungen vom „natürlichen" Leben der Geschlechter und der Ethnien und Rassen zeigt sich die konservative Ideologie des weißen Mannes, die unter Beibehaltung bestimmter „Werte" der westlichen Zivilisation auf eine diese Werte verstärkende Restauration des sogenannten Primitiven zielt. Dieses restaurative Element kommt in einem anderen amerikanischen utopischen Roman der Gegenwart noch stärker zum Tragen, in „Die drei Sirenen" von Irving Wallace (1979). Dieser Roman baut auf dem Tahiti-Mythos (vgl. Lange, Th. 1976, 193ff.; Bitterli, U. 1976, 381ff.) auf und macht aus dem „natürlichen Leben" der Eingeborenen in ihrer „natürlichen" Umwelt genau jenen kleinbürgerlich-trivialen Ferientraum, der Natur zur Abenteueridylle für fernöstliche Geschäftsreisende verkommen läßt.

Also doch Ende der Utopie oder gar, wie es Bloch ausdrückt, „Opiumgeschichte“ der Utopie für ein neugieriges Kleinbürgertum? Callenbachs „Ökotopia“ ist im Rotbuch-Verlag erschienen, dessen Leservorstellungen sicher nicht auf Kleinbürgertum zielen und dessen Kursbuchautoren zu den großen und kleinen undogmatischen Linken der bundesrepublikanischen Alternativszene zählen. Allen voran Robert Jungk, der als Autor, Beiratsmitglied und Vorwortschreiber in kaum einem ökologisch orientierten Projekt fehlt. Auch die deutsche Ausgabe der „Machbaren Utopien“ von Yona Friedman (1978) beginnt mit Jungk. Zentrale Aussage dieser Utopie ist, daß Natur als Umwelt synonym zu Gesellschaft gesetzt wird, daß der Mensch nicht mehr als derjenige gesehen wird, der sich aus der Natur befreien kann, sondern als derjenige, der sich als gleichwertiges Element in eine Gemeinschaft von Menschen und Dingen einfügen muß. Friedmans Plädoyer für die Gesellschaft einer „armen Welt“ geht von der Vorstellung einer neuen Autarkie und Selbstregulierung kleiner Gruppen aus. Das „Tier Mensch“, sagt er, muß seine eigenen Fähigkeiten als Tier wiederentdecken.

Von der Sehnsucht nach einem Naturzustand bis zur „Landnahme“

Der Ausdruck „das Tier Mensch“ und die dahinterstehende Mahnung erinnern an eine Wendung bei einem der großen Vorgänger unserer heutigen zivilisationskritischen Utopisten: J. J. Rousseau. Rousseau sprach vom Menschen als einem entarteten Tier. Auch bei ihm ist „das menschliche Tier“ nicht nur eine Metapher, sondern steht für die Realität der hominiden Zugehörigkeit zur Natur. Der von Rousseau beschworene natürliche Mensch oder der Mensch im Naturzustand ist gut, weil er in einer animalischen Harmonie mit der Umwelt lebte. Diesen natürlichen Menschen im Urzustand beschreibt Rousseau ausführlich mit Hilfe der Isolationsthese in seinem „Diskurs über den Ursprung der Ungleichheit“ (1755): er sei das vereinzelte Tier, dessen Trieb der Selbsterhaltung gegolten habe: Nahrung, Fortpflanzung und Ruhe. Durch das einzige Merkmal, das den Menschen vom Tier unterscheide – seine Willensfreiheit –, habe er sich schließlich immer weiter vom Naturzustand entfernt: „wohl verdorben, aber nicht zerstört". Zwischen dem Zustand des isolierten Wilden und dem Verfall der Gattung mit Beginn der Vergesellschaftung und damit der Ungleichheit siedelt Rousseau das „goldene Zeitalter" der Menschheit an, in dem die vereinzelten Menschen sich zwar zusammentaten, Wohnraum, Kleidung und Schmuck schufen und Feste feierten, aber nur Werte herstellten, die jeder allein auch machen konnte.

Inwieweit Rousseaus Schriften – von den beiden Diskursen bis zum Gesellschaftsvertrag – als Bruch oder als folgerichtiger Aufbau zu verstehen sind, bei dem durch die Erneuerung der Gesellschaft der soziale Zustand dem natürlichen angenähert wird, kann hier nicht erörtert werden. Der These von der Überwindung der Ungleichheit (Alter, Geschlecht, physische Eigenschaften) durch den Gesellschaftsvertrag stehen jedenfalls die Erziehungsvorschläge im „Emile", zumindest hinsichtlich der unterschiedlichen, dem „Gesetz der Natur" entsprechenden Erziehung der Geschlechter entgegen. Auch die in den Ausführungen „Wenn ich reich wäre" beschriebene natürliche Lebensweise entspricht mehr einer praktizierten Idylle, als einem neuen Modell natürlichen Lebens. Die Provinz erscheint hier als idyllischer Fluchtraum, wo man „der Natur so nahe wie möglich bleibt": die Jahreszeiten nach ihren Gegebenheiten genießt, natürliche Nahrung zu sich nimmt, in einfacher Kleidung ein einfaches Haus ohne Diener bewohnt, mit Freunden feiert und die Bauern, die auf dem Weg zur Arbeit vorüberkommen, durch einen freundlichen Zuspruch erfreut, sich bei ländlichen Festen unter das Volk mischt und alte Volksweisen singt. (Rousseau 1762)

Die gewisse Naivität, mit der Rousseau sowohl über den ihm sichtbaren Alltag, die Ungleichheit des Volkes, als auch über damals zugängliche Erkenntnisse zur Geschichte der Menschheitsentwicklung hinweggeht, ist nicht nur seine persönliche Attitüde, sondern utopischem Denken überhaupt inhärent. Das „Träumen nach vorwärts" ist kreatives, nicht sezierendes Tun, aber in seinen

Konkretisierungen von den jeweiligen Werten und Unwerten der eigenen Gesellschaft und des Individuums mit seinen Erfahrungen und Wünschen abhängig.

Auch der Gesellschaftstraum eines Zeitgenossen von Rousseau, Diderots „Nachtrag zu Bougainvilles Reise" (Diderot 1796), der als „aufklärerische Sozialutopie" gilt, selektiert aus dem Verhalten der Bewohner jener „glücklichen Insel" eben jene „Natürlichkeit", die aus der Kritik an den Barrieren der eigenen Gesellschaft ihre Bedeutung erhält: „Wir folgen dem reinen Trieb der Natur", heißt es in der Abschiedsrede des eingeborenen Greises. Für Diderot folgt die Idealgesellschaft in ihren Werten und Normen dem Naturgesetz, während in den zivilisierten Gesellschaften Staatsgesetz und Religionsgesetz dem Naturgesetz widersprechen. Das Naturgesetz wird allerdings im Hinblick auf den Menschen, die menschliche Natur und die ihr nützlichste Gesellschaftsform reflektiert, nicht im Hinblick auf das Ökotop Natur. Die Natur als Umwelt ist in den Utopien des 18. Jahrhunderts die Folie einer idyllischen oder exotischen Sehnsucht (Lange, Th. 1976), angesiedelt auf fernen Eilanden, Nahrung im Überfluß spendend und von „glücklichen", und das heißt anspruchslosen Wilden oder europamüden Gründern einer neuen Gesellschaft bewohnt. So finden auch die Siedler aus Schnabels „Insel Felsenburg" ein „irdisches Paradies" vor, versehen mit gutem Klima, Wäldern, Wiesen, frischen Quellen und Seen, einer Fülle von Tierarten und einer Vorkultivierung durch frühere Siedler mit Obst, Gemüse und Getreide. Allerdings zeichnen sich die Siedler dieser deutschen Utopie nicht nur durch die Moral der Hausväterliteratur des 18. Jahrhunderts, sondern auch durch ihren Fleiß in der landwirtschaftlichen Aneignung der Natur aus, so daß sie schließlich in einer Überflußgesellschaft leben und rund 14 erwachsene Felsenbürger „ohne Schaden gar wohl noch 100 andere Menschen ernähren können". (Schnabel 1979, 269)

Diese der menschlichen Aneignung geneigte Natur durchzieht vor allem die Sozialutopien des 19. Jahrhunderts und ihre vielfältigen Realisierungsversuche in der neuen Welt. (Vgl. Ungers 1972; Hayden 1976) Naturlandschaft wurde in eine dem Menschen dienstbare Kulturlandschaft verwandelt, und die kolonialistische

„Entschuldigung" gegenüber der eingeborenen Bevölkerung war dieselbe, die bereits Thomas Morus' „friedliebende" Utopier zu Eroberungskriegen gegen Völker führte, die Land unbebaut ließen. (Morus 1516)

Die ökologische Besinnung

Wenn der Indianer Vine Deloria in seinem Buch „Nur Stämme werden überleben" von einer obszönen Auffassung der Weißen gegenüber der Natur spricht, dann meint er damit jene Formen der Aneignung, in denen der Mensch sich zum Herrscher der Natur machte, sie „seinen Launen anpaßte". Auch Deloria fordert eine ökologische Besinnung: „Ich ziele auf eine Einsicht ab, die tiefer geht als die derzeitige ökologische Bewegung, weiter als die Wiederverwertung von altem Zeitungspapier und solchen Sachen. Es muß die Rückkehr zu einer sinnvollen Beziehung zu natürlichen Dingen erfolgen." (Deloria 1978, 123) Deloria bezieht sich auf jene indianischen Weisheiten, die das „natürliche Leben der Menschen" weniger auf die freie Entfaltung der sogenannten natürlichen Triebe und Bedürfnisse der Menschen reduzieren (denn er ist sich sehr wohl der Vielfalt indianischer Kulturen bewußt), sondern vielmehr auf die Notwendigkeit für den Menschen, sich in den Kreislauf der Natur als Mitglied, nicht als Herrscher, einzuordnen, d.h. das Gleichgewicht der Natur nicht zu stören. Redet er damit einer ökologischen Utopie das Wort, die auch in dem für ihn „wildgewordenen Westen" existiert?

Und ist diese ökologische Utopie tatsächlich ein Novum im utopischen Naturverständnis? Jost Hermand hat in einem Beitrag „Ganze Tage unter Bäumen" die Ansätze ökologischen Bewußtseins in den Utopien des 19. Jahrhunderts kritisch durchleuchtet und zahlreiche Parallelen zu den gegenwärtigen verbalisierten und praktizierten „ökologischen Alternativen" aufgezeigt. (Hermand 1981, 21 ff.) Den Grundwiderspruch dieser liberalen Utopien sieht Hermand in der Entscheidung für eine ichbezogene Freiheit, die eher ins Sektiererische tendiert. Das aber beinhaltet die Ablehnung des für eine globale Lösung erforderlichen politischen Denkens in einem Prinzip Ordnung, das sich nicht auf „die Stimme der Natur“ im Individuum und einen Umbau der Welt, insbesondere der Städte, zu einem Garten Eden reduzieren läßt. (Vgl. auch Frecot 1972)

Moos und Brownstein schreiben nach einem kritischen Überblick historischer Utopien und der detaillierten Analyse von vier utopischen Modellrealisationen – Oneida, Kibbuz, New Town von Columbia, Walden II: „Utopisten basieren in ihren Systemen weder auf einer Umwelttheorie noch erarbeiten sie die ökologischen Erfordernisse und Parameter ihrer zukünftigen Gesellschaften. Obgleich die Natur aus ästhetischen Gründen oft in die Utopien eingeht, ignorieren utopische Theoretiker weitgehend die Tatsachen, die ökologische Theoretiker in den Brennpunkt stellen... Obgleich Utopisten behaupten, daß ihre ‚Gesetze‘ der natürlichen Ordnung folgen, handeln sie tatsächlich äußerst eigenmächtig. Anstatt zu versuchen, die Gesetze der Natur zu entdekken, ziehen sie vor, diese einzuführen oder sie in den Zeugnissen alter Weisheit zu suchen.“ (Moos-Brownstein 1977, 200)

Moos und Brownstein plädieren für eine ökologische Utopie, die auf der Grundlage einer wissenschaftlichen Analyse der Limitation von Umwelt in Relation zu den menschlichen Bedürfnissen nach Stimulation und Veränderung basiert. Sie schlagen dafür ein Modell vor, das aus fünf Dimensionen besteht, die Merkmale der humanen Umwelt in Beziehung zu menschlichem Verhalten setzen: die ökologischen Dimensionen (sowohl klimatische und geographische Charakteristika als auch architektonisches und physisches Design), das menschliche Aggregat (d.h. die biologischen und soziokulturellen Merkmale der Bewohner), die Dimensionen der organisierten Struktur und Verhaltensformen, die behavior settings und das soziale Klima. Allerdings läßt uns die Untersuchung hinsichtlich der in einer neuen Realisation politisch-ökologischer Utopien zugrundezulegenden Unabdingbarkeiten weitgehend im Stich. Solange aber die Begriffe Vielfalt, Flexibilität, soziale und ökologische Kohärenz, Balance und weltweiter Maßstab nicht inhaltlich gefüllt werden, finden Gruppen, die hier und jetzt eine Alternative planen, wenig Anhaltspunkte.

„Natur heute" als gegengesellschaftliche Setzung

In den versuchten Realisationen einer naturverbundenen Utopie gewinnt die Natur eine Dimension, die so komplex und unterschiedlich ist, daß sie nur schwer unter den gemeinsamen Nenner einer kulturgeschichtlichen Setzung gebracht werden kann, es sei denn, wir sehen das Hauptkennzeichen des neuen Naturbegriffs in seiner Antinomie zur Zivilisation, als einem hier sowohl als Ausbeutung als auch Unterdrückung gesehenen Gesellschaftssystem. Diesen Naturbegriff allerdings müssen wir in die Kategorien „Natur als Umwelt", als „natürliches Dasein" und als „Natur des Menschen" unterteilen. Ihre Überschneidung ist ebenso einsichtig wie die Tatsache, daß in diesem heterogenen Naturbegriff Ideen und Modelle der alten Utopien wiederzufinden sind.

So läßt sich auch das breite Spektrum der Werte, von denen die kulturelle Bedeutung der „Natur" im utopischen Denken und in seinen Realisationsversuchen heute getragen wird, am besten in einer Gegenüberstellung der antinomischen Begriffe Zivilisation – natürliches Leben verdeutlichen:

Zivilisation	*Natürliches Leben*
Der Mensch als Beherrscher der Natur	Der Mensch als Glied der Natur
Ausbeutung der Ressourcen, Industrialisierung, Überflußproduktion	Recycling, primäre Wirtschaft, Bedarfswirtschaft
Technische Erschließung der Landschaft	Erhaltung/Schutz der Landschaft
Produktion künstlicher (chemischer) Lebensmittel im weiteren Sinne (Nahrung, Kleidung, Wohnung, Werkzeuge)	Bedarfsdeckung durch natürliche Lebensmittel

Kunststoffästhetik	Naturästhetik
Hierarchische Nationalgesellschaften	Autonome, nichthierarchische Kleingruppen
Eigentum an Grund und Boden	Gemeinnutzung
Institutionelle Versorgung	Selbstversorgung
Leistungsprinzip	Lustprinzip
Konkurrenzverhalten	Solidaritätsverhalten
Lineare Zeit	Zyklische Zeit
Arbeitsteilung	Allseitige Arbeitskenntnisse
Konsum- und normgelenktes Verhalten der Individuen	„Natürliches" Verhalten der Individuen
Kleinfamiliäre, rollenspezifische Lebensgemeinschaft	Großfamiliäre, rollenunspezifische Lebensgemeinschaft

Theoretisch gesehen, ergibt sich aus der Interdependenz dieser Prinzipien die Integration der Begriffe „Natur als Umwelt" und „Natur des Menschen" in einen Oberbegriff „Natur als natürliches Dasein". Dahinter steht eine spezifische weltanschauliche Sicht der Natur des Menschen, in der nicht nur die Überwindung des cartesianischen Dualismus – res extensa und res cogitans – entscheidend ist, sondern auch die von der romantischen Naturphilosophie auf die Anthropologie ausstrahlende Einordnung des Menschen in die Gesamtheit der Natur. So schrieb Steffens 1822 in seiner Anthropologie: „Man sage nicht, diejenige Ansicht, welche... den Menschen mit dem All der Natur verschmelzt, erzeuge den Materialismus... Der Materialismus ist die Aftergeburt eines verirrten Denkens... Aber jenes Gefühl, welches uns in die Fülle der Natur versenkt..., ist das Fundament der Anthropologie." (Steffens 1822, 14f.; vgl. auch Marquard 1973, 128ff.; Limbacher/Pathé 1983) Gleichzeitig muß neben diesen beiden Aspekten – der Mensch als physio-psychische Einheit und als Glied der Natur –

ein drittes Moment eingeführt werden, die These von den natürlichen Grundbedürfnissen und Grundverhaltensweisen der Gattung homo sapiens, um das „natürliche Dasein" als konkrete Utopie zu fordern.

Die Kulturnatur des Menschen

Mit diesen drei Grundlagen für eine Legitimierung der Forderung „Zurück zur Natur" kommt die Anthropologie der Gegenwart in erhebliche Schwierigkeiten. Ihre wesentliche Erkenntnis beruht ja gerade in dem Satz „Der Mensch durch die Sitte geformt, nicht durch den Instinkt", wie es Ruth Benedict formuliert. (Benedict 1934) Ob wir, auf dieser Einsicht aufbauend, nun mit der creatura creatix (Landmann) oder dem Mängelwesen (Gehlen) oder dem Wesen, das sich aus der Natur befreit (Marx), argumentieren, ob wir die Kultur des Menschen als Bestandteil seiner Natur anerkennen, ob wir für einen kulturellen Pluralismus oder für eine Weltkultur plädieren, so bleibt Kultur als menschliches Symbolschaffen die Ursache für die geschichtliche Veränderung der Natur als Umwelt, der Natur des Menschen und des sogenannten natürlichen Daseins.

„Natürliches Dasein" des Menschen ist nach dieser Erkenntnis eben Kulturdasein, und das heißt Wandel. Was bleibt, ist die Frage nach den Grenzen des möglichen Wandels – sowohl was die Natur als Umwelt als auch was die Natur des Menschen anbetrifft. Die Gegensetzungen der alternativen „Besinnungen" eines natürlichen Lebens zu den Merkmalen der Zivilisation sind Ideen solcher Grenzen. Verhältnismäßig einfach zu belegen sind jene von der naturwissenschaftlichen Ökologie ermittelten Verstöße gegen die Umwelt, die sich negativ auf die physische Natur des Menschen auswirken und unter dem Stichwort Umweltverschmutzung laufen. Schwieriger wird die Frage im sozio-kulturellen Bereich einer ökologischen Anthropologie: Wenn ich den Menschen als eine Ganzheit sehe, zu dessen Lebensverwirklichung Kultur gehört und der gleichzeitig interdependentes Glied eines natürlichen Weltzusammenhangs ist, dann muß ich sowohl die ihm als Gattungswesen inhärenten natürlichen Bedürfnisse berücksichtigen, die sicher über Nahrung, Ausgleich des Wärmehaushalts und Sexualität hinausgehen, als auch seine Funktion im Oikos Welt. Und schließlich muß man auch fragen, ob die Natur des Menschen nicht in einem widersprüchlichen Verhältnis zur Natur als seiner Umwelt steht, so daß die Reorganisation des ökologischen Gleichgewichts oder des Austauschs mit der Natur nur über eine erkenntnismäßige Restriktion seiner natürlichen Fähigkeiten und Bedürfnisse möglich ist. Für letzteres sprechen nicht nur die aus der Geschichte der Menschheitsentwicklung gewonnenen Fakten, sondern auch die Versuche, die Utopie des natürlichen Lebens zu praktizieren.

Daß das Scheitern, die Abhängigkeit oder die Gettosituation derartiger Alternativen nicht nur auf die Böswilligkeit der Machthaber einer kapitalistischen Zivilisation, sondern auch auf den menschheitsgeschichtlichen Prozeß der Zivilisation und die in diesem Prozeß selberverständlich, und das heißt „natürlich" gewordenen, Einstellungen und Verhaltensweisen der Menschen zurückzuführen sind, möchte ich an einigen konkreten Beispielen zu unserem Alternativkatalog aufweisen:

„Da man den Boden nicht essen kann, ist es gleichgültig, wem er gehört"

Diese Worte der !Kung-Buschleute (Marshall 1965) zeigen einen Bezug zum Boden, der weit von unserem marktwirtschaftlich orientierten Eigentumsbegriff entfernt ist. Die Gemeinnutzung von Grund und Boden ist auch ein erklärtes Ziel der meisten Alternativen, ebenso wie der meisten utopischen Modelle der Vergangenheit. Allerdings steht statt Gemeinnutzung zumeist Gemeineigentum. Und das ist ein Unterschied. Gemeinnutzung setzt „freies Land" voraus, das je nach Bedarf und sozialer Übereinkunft von verschiedenen Gruppen genutzt wird. Diese nur temporäre Inbesitznahme von Land hat sich bereits mit der agrarischen Revolution geändert. Das in Besitz genommene Land als wirtschaftliche

Grundlage wurde durch seine Bearbeitung, durch die Verwandlung der Natur in eine Kulturlandschaft, Besitz einer Gruppe – sicher zunächst Gemeinbesitz und nicht Privateigentum oder Staatseigentum in unserem Sinne, aber der Prozeß deutete sich bereits an. Und diesem Prozeß war auch der Rückgang des freien Landes, das in Besitz genommen werden konnte, inhärent, so daß Landnahme zur Vertreibung der Vorbesitzer und schließlich zur Ware wurde, für deren Erwerb und Rentabilisierung man Kapital benötigte. (Vgl. Bohannan 1963, 222ff.) Daß alle in unserem Merkmalkatalog der Zivilisation aufgeführten Prinzipien eine Folge dieser Rentabilitätsberechnung darstellen, brauche ich hier nicht weiter auszuführen. Daß die Natur als Umwelt – oder als „die anderen" im Sinne Friedmans – dabei vom Partner des Menschen immer stärker in die Rolle des Beherrschten gedrängt wurde, zeigt ihre Verwandlung in eine dem Menschen und seinen entwickelten Bedürfnissen dienende Kulturlandschaft. Wird die Mißachtung der Natur als Umwelt im Ersatz der Gemeinnutzung durch Gemeineigentum aufgehoben? Gemeineigentum bezieht sich ausschließlich auf die menschliche Gruppe: es reicht vom nationalen Territorium bis zum Kleingruppenterritorium von Landkommunen. Die ideologische Grundlage dieser Forderungen und Verwirklichungen geht zunächst von der spezifischen Natur des Menschen, nicht von seiner funktionalen Zuordnung in einen ökologischen Gesamtzusammenhang aus. Dieses Denken in menschlichem Gemeineigentum, das in extremen Utopien und temporär praktizierten Gemeinschaften natürliches Dasein mit dem totalen Fehlen von jeglichem Privatbesitz – aber auch sozialer Verbindlichkeiten – gleichsetzt, zielt weniger auf einen Verzicht an Bedürfnisbefriedigung, sondern vielmehr auf seine Steigerung: wenn mir nichts und gleichzeitig alles gehört, kann ich es je nach Bedürfnis nutzen, ohne für etwas anderes als für mich selbst verantwortlich zu sein.

Rousseaus fiktiver Naturmensch ist das extremste Beispiel dieses „freien Menschen", dessen einziges Ziel Selbsterhaltung durch die Bedürfnisbefriedigung Nahrung, Weib und Ruhe ist. Die Erhaltung der Art ist, bis auf den Geschlechtsakt, dann Sache des Weibes, das die Kinder zunächst säugt und dann bis zu deren Selbständigkeit aufgrund einer „teuren Gewohnheit“ ernährt. Bei den zahlreichen Beispielen, die Rousseau für die Natürlichkeit des Lebens aus der höheren Tierwelt erbringt, übersieht er allerdings, daß die Arterhaltung (als Aufzuchtverhalten) nicht Sache des isoliert lebenden Weibchens ist, sondern daß der Nachwuchs gewissermaßen als Gemeineigentum in der Obhut einer wie immer gearteten Gruppe steht. Wenn schon aus dem Vergleich mit den höheren Tierarten kein Beleg für die Isolationsthese des natürlichen Daseins gezogen werden kann, so schon gar nicht aus unserer Kenntnis menschlicher Verhaltensformen. Von seinem Zeitgenossen Diderot wird das natürliche Dasein zwar auch als Fehlen von Privateigentum angesehen, „hier gehört alles allen“, gleichzeitig wird aber der Gedanke des Sippenverbandes als notwendiger Produktions- und Fürsorgegemeinschaft betont: „Die ganze Insel bot das Bild einer einzigen großen Familie.“ (Diderot 1965, 54) Weiter heißt es, daß ein Sechstel der Früchte des Landes den Kindern und Alten zur Verfügung gestellt wird, das heißt denjenigen, die noch nicht oder nicht mehr an der Produktion beteiligt sind. Auf dieser glücklichen Insel fallen Gemeinnutzung und Gemeineigentum noch zusammen, aber die notwendige soziokulturelle Ordnung für die Erhaltung jenes von Bloch als Motto genommenen Anspruchs „die Erde gehört niemandem, ihre Früchte gehören allen“ wird durchaus gesehen.

Die Barrieren der äußeren und inneren Zivilisation

Daß der Traum von der glücklichen Insel noch nicht ausgeträumt ist, macht das alternative Großprojekt Sarakiniko auf Ithaka deutlich. Aber: die Insel ist kein freies Land sondern ein von einer verarmten Bevölkerung verlassenes; das Gelände für das Projekt wurde von einem in Athen lebenden Großgrundbesitzer für 1 Mill. DM gekauft; dafür mußte zunächst jeder der geplanten 200 Teilhaber 10000 DM aufbringen; der Rest der Summe sollte für den Bau der Häuser und die Überbrückung des Lebensunterhalts der Siedler bis zur projektierten Autarkie reichen. Das Land war kein freies Land zur Gemeinnutzung. Inwieweit das Ziel Gemeineigentum („weg vom Besitzdenken") zu verwirklichen ist, solange neben den Siedlern passive Gesellschafter ihr Ferienhaus planen und auch für die Siedler die Wohnmöglichkeit allein oder in Kleingruppen („Türen zumachen") eingeplant wird, muß dahingestellt bleiben, desgleichen einige weitere, auch nach zwei Jahren noch vage formulierte Alternativen, die in dem Satz gipfeln „Wir wollen lernen, demokratisch und liebevoll miteinander umzugehen und dies in Einklang mit dem Leben in der Natur bringen." Deutlicher als die Alternativvorstellung wird die Zivilisationskritik ausgedrückt, die im wesentlichen als „Einengung der Person" (durch Isolation, Rollenklischees, staatliche Eingriffe, Entfremdung der Arbeit, Konsumverhalten) formuliert wird.

Deutlich wurde, daß gerade die in eine personale Selbstverwirklichungsthese verwandelte Selbsterhaltungs-Isolationsthese bereits dem Konzept der humanökologisch gesehenen Stabilität einer neuen Gesellschaft entgegenstand: von der normalen Alterspyramide einer Gesellschaft fehlten, mit wenigen Ausnahmen, die Kinder und die Alten; die kleinfamiliäre, rollenspezifische Lebensgemeinschaft wurde weniger durch eine großfamiliäre ersetzt, als vielmehr durch gleichaltrige Sympatisanten; die Kleingruppe hatte ihre gewählten oder selbsternannten Führungspersönlichkeiten, deren Anordnungen oft weniger von Sachzwängen als von autoritär vorgetragenen Arbeits- und Solidaritätsmoralitäten getragen waren; das „natürliche" Verhalten (z.B. Nacktheit) wurde gegen die Ordnungen und Werte der Einheimischen (auch gegen Bezahlung von „Strafe") durchgesetzt; das individuelle Lustprinzip stand nicht nur den Anforderungen der Subsistenzwirtschaft, sondern auch denjenigen eines zyklischen Daseins entgegen, eines zyklischen Daseins allerdings nur, wenn der Mensch nicht von seinem individuellen (und hier von der westlichen Zivilisation geprägten) Zyklus ausgeht, sondern eben von demjenigen einer Natur, die im sommerlichen Griechenland einen Arbeitsbeginn vor Sonnenaufgang erfordert. Daß die versuchte Refertilisierung des Brachbodens nicht von allseitigen Arbeitskenntnissen zeugte und sich die Zelte und Wohnwagen gewiß nicht „behutsam und typisch in die

Landschaft einpaßten", mag als vorübergehende Schwierigkeit verstanden werden. Aber auch die vorgeschriebenen, in Zementfachwerk zu erstellenden erdbebensicheren Häuser werden mehr vom Menschen als Beherrscher der Natur, als von seiner Einfügung zeugen. Die Zivilisation hat ihre Barrieren gegen ein „Zurück zur Natur" so gründlich gebaut, daß alle Alternativen vorläufig „Inseln" bleiben werden.

Die „alternativträchtige" Landschaft

Die Sarakiniker betrachten diese Insel-Situation als Chance, ihr Projekt mit mehr Ruhe aufzuziehen. Ob Insel oder Berggebiete, verlassene Dörfer und unerschlossene „exotische" Landschaft, so wird in den meisten auf ein „Zurück zur Natur" bezogenen Projekten die spezifische Landschaft als eine Voraussetzung für die Realisierung neuer Lebensformen gesehen. Brennspiegel einer solchen, seit dem Ende des vorigen Jahrhunderts „alternativträchtigen" Landschaft war der Monte Verità bei Ascona. Anarchisten, Lebensreformer, Anthroposophen, Frauenrechtlerinnen, Künstler und Einsiedler sahen seine Natur sowohl als Fluchtraum als auch als Stimulator für ein neues natürliches Dasein. (Vgl. Landmann 1979; Szeemann 1978) Die Anziehungskraft dieses Ortes hat schließlich auch ihre wissenschaftliche Erklärung durch eine magnetische Anomalie gefunden. Allerdings bestätigt der Initiator der großen Ausstellung über den Monte Verità, Harald Szeemann, auch jenes Scheitern einer Hoffnung, das bereits 1905 Erich Mühsam artikulierte: daß die Utopie einer idealen Gesellschaft mit jenem „Raum für alle hat die Erde" eben nicht durch die Stilisierung einer Rückzugslandschaft zum Kultort der „Mutter Erde", zur spirituellen Verehrungsstätte primitiven Ackerbaus und zum Handlungsort individuell-lebensformerischen Gesellschaftsausbruchs durch einen neuen Körperkult zu lösen ist, sondern nur durch ein tätiges Sich-Einordnen in die Natur. (Mühsam 1905)

Ascona ist zum Ferien- und Dauerort reicher Europäer geworden, der Geist des Monte Verità lebt nicht mehr. Der Versuch, ihn in einem alljährlichen Fest – in einer „Wanderung zum Wahrheitsberg“ (Wegweiser) – über die Ideen des einsiedlerisch lebenden Außenseiters Gusto Gräser und Hermann Hesses (vgl. Leineweber 1981, 129ff.) neu zu beleben, ist durchsetzt von jener spirituellen Naturmystifikation, bei der Natur als Umwelt weder in der ökologischen Realität aufeinander bezogener Elemente noch diese Elemente als Partner in ihrem So-Sein gesehen, sondern zu Symbolen menschlicher Hoffnungen, Ängste und Seinsweisen verfremdet werden. Da gab es die „Mutterbäume“ zum Meditieren und Diskutieren (Spielbaum-Ernstbaum, Dulderbaum, Liebesbaum, Kämpferbaum bzw. Baum der Erkenntnis und Weltenbaum) und den Erdaltar, auf dem man kleine Gaben (Schmuck, Steinchen und Zweige) niederlegen sollte: „Dies als Zeichen, daß wir die Mutter Erde – so lange geschändet, entweiht, entheiligt, ausgebeutet, mißbraucht, vergiftet und in jeder Stunde und Sekunde von tödlicher Zerstörung bedroht –, daß wir diese uns allen gemeinsame, uns allen heilige Mutter Erde, den Grund und die Heimat unseres Lebens, wieder ehren, schützen und pflegen wollen.“ (Wegweiser, 87)

Die ökologische Realität des Lebenszusammenhangs wird in diesem utopischen Natur-Festival ohne Reflexion ihrer – nicht mehr vorhandenen – matriarchalisch-agrarischen Basis zu einem, mit psychoanalytischen Mutterbesetzungen durchdrungenen und gleichzeitig von den kosmisch-dualistischen Vorstellungen fernöstlicher Mystik geprägten Oikos von Seelenwesen.

Lebenszusammenhang zwischen Natur und Mensch

Der Versuch, Lebenszusammenhänge zwischen Natur und Mensch nicht nur in einer materiellen, sondern auch und vorrangig in einer geistig-seelischen Erfahrungsschicht zu finden, prägt einen großen Teil der heutigen alternativen Bewegung. Besonders deutlich wird dies in anthroposophischen Orientierungen. (Vgl. Limbacher/Pathé 1983; Blaser 1983) Das Problem „Natur und Mensch“ wurde in Jochen Bockemühls Einleitung zur Ausstellung „Natur als Partner“ eindrucksvoll dargestellt: „Wer ist unser ‚Partner Natur‘? In welcher Beziehung stehen wir zu ihm? Wir haben selbst Anteil an der Natur: Unser Körper baut sich aus ihren Stoffen auf. Als lebender Organismus teilen wir das Schicksal ihres Werdens und Vergehens. Darüberhinaus tragen wir etwas von ihrem Wesen in uns als Seele und stehen ihr anerkennend und schaffend gegenüber als geistiges Wesen. Auf diesen vier Ebenen muß daher das Verhältnis des Menschen zur Natur angeschaut werden.“ (Bockemühl o. J. 9)

Aus der anthroposophischen Weltanschauung haben sich inzwischen, über das Goetheanum als Lehrstätte und die pädagogischen Einrichtungen hinaus, viele ländliche Lebensgemeinschaften entwickelt, in denen versucht wird, diese Partnerschaft der Lebewesen untereinander so zu praktizieren, daß sie für die Gesamtheit des Einzelwesens, also einschließlich seiner organischen Bedürfnisbefriedigung, tragfähig wird. Allerdings spielen bei den Aussteigern in anthroposophische Lebensgemeinschaften jene auf Befreiung aus der „Einengung“ der Bedürfnisse des Individuums zielenden Vorstellungen zum Lustprinzip (von der Arbeit bis zu Partnerschaften) hier keine Rolle: die bio-dynamische Landwirtschaft erfordert eine ungeheure Arbeitsintensität, und die Zuwendung zu den Außenseitern unserer Gesellschaft, insbesondere zu den Behinderten, setzt eine Kraft und Geduld und ein Dabeisein voraus, die der individualistischen Bedürfnisbefriedigung konträr sind.

Trotz aller zu diskutierenden Einschränkungen (die m. E. vor allem durch die Trennung von Theorie und Praxis oder von elitär-szientistisch Verkündenden und alltagsweltlich Handelnden bedingt werden) könnte die anthroposophische Naturauffassung dem Anspruch des natürlichen Lebens als Austausch des Menschen (als kulturschaffendem Naturwesen) mit seiner Umwelt Natur am ehesten im Sinne einer wirkenden ökologischen Utopie gerecht werden. Aber auch diese Alternativen sind vorläufig ökologische Nischen, die sich auf einer nicht zur Gemeinnutzung freigegebenen Erde, oft mit hohen Investitionskosten, etabliert haben. In ihnen wird jedoch ein humanökologisches Prinzip – nämlich die alle Generationen umfassende Daseinsgewährung – verwirklicht, das die meisten Alternativkommunen der Gegenwart ausblenden, wenn auch nicht wie Ganghofer, der in seiner Utopie des „Staates der in Jugend Glücklichen“ die Lebenskranken und Verlorenen (und das sind diejenigen, die nicht jung, heil, gesund, natürlich sind) auf unwirtliche Inseln verbannt.

Utopische Verbannung? Unsere Gegenwart ist voll von Verbannungen dieser Art, wenn auch nicht in eine unwirtliche Natur, sondern in die Unwirtlichkeit der vermauerten totalen Institutionen von Heimen, Krankenhäusern und Gefängnissen. Es sind nicht die Mauern als solche, die natürliches menschliches Dasein verkümmern lassen, wie es auch die Natur als solche nicht ist, die verkümmertes Dasein heilt. Es ist auch nicht die Institutionalisierung einer Weltanschauung, die uns rettet, sondern die Erkenntnis, daß Leben Gegenseitigkeit bedeutet, Rechte und Pflichten zwischen Natur und Menschen und Menschen untereinander. Nicht „Natur als Therapie“, sondern das natürliche Dasein als Therapie versucht jene Gruppe in dem Tessiner Bergdorf (vgl. den Beitrag „Natur als Therapie“) zu verwirklichen. Auch sie in einer ökologischen Nische.

Im Sommer 1982 habe ich „The Farm“ besucht, eine inzwischen auf über 1 200 Mitglieder angewachsene, aus der Hippiebewegung gekommene spirituelle Landkommune in Tennessee. In ihr war nicht nur das Prinzip des erweiterten Oikos verwirklicht, in dem alle Mitglieder eines Lebenszusammenhangs, auch die Kinder, die Alten, die Kranken und Behinderten, in den gemeinsamen Lebensplan einbezogen waren, sondern es zeigte sich auch in den zahlreichen sozialen Außenprojekten eine über die Selbstgenügsamkeit des eigenen Gemeinwesens hinausgehende politische Verantwortlichkeit. Natur war hier nicht Rückzugsort für Aussteiger-Individuen, sondern individuelle Kraftquelle für soziale Offenheit. Ist Spiritualität, wie es ihr Lehrer Stephen Gaskin ausdrückt, dafür Voraussetzung? „We be spiritual, and that means that we believe that events take place coming from the spiritual plane toward the material place, which is to say if you want to influence the material plane at all you have to start from a spiritual place... I just go out to the woods and sit... I can do that a lot of ways and go to that peaceful place. But as soon as I go to that peaceful place and then get peaceful, I find out that what I have to do is get up and go back out and start taking care of business again, because there's a lot of folks that still need help and I can't rest yet. See, this is all commercial for God." (Hey Beatnik 1974)

Ina-Maria Greverus

Rückzug auf den Berg – Flucht oder Neubeginn?

die bergbäuerin

erschrocken
über ihre rauhe art,
ihre sehnigen, kräftigen arme
sah ich ihr vom berg geprägtes
gesicht, sah mit welcher kraft
sie pfähle in den steinigen
boden schlug,
sah wie sanft
sie käse in die form strich.

für sekunden wünschte ich
mir, ihre finger berührten
auch mein gesicht.

Ronald Maria Lutz

Das Bild der Berge

Die Schweizer Berge besaßen und besitzen für viele Menschen als „wunscherfüllende Landschaften" eine eigenartige Faszination. Sie werden besungen, vergöttert; sie werden zu Symbolen des Lebenssinns; auf ihren Höhen wird das nach dem Sündenfall entrückte Paradies vermutet; das Gefühl der Freiheit ist eng mit dem Bild des Berges verbunden. (Vgl. Hartl 1961) Über diese Idealisierung schreibt Richard Weiss: „Man suchte die unverdorbene zivilisationsferne ‚Natur', und wo konnte man diese eher finden als in den menschenfeindlichen, bisher gemiedenen Alpen! Hier glaubte man auch das natürliche, unverdorbene Menschentum in Harmonie mit der großen Alpennatur zu finden. . ." (Weiss 1962, 34)

Das Hohelied der Berge und ihrer Bewohner findet sich nicht

nur in Literatur und Dichtung, sondern auch in vielen volkskundlichen Arbeiten über die Bergbauern. Je weiter die Zivilisation in den Städten und Tälern fortschritt, desto mehr wurde das Leben auf den Bergen idealisiert und heroisiert. Stellvertretend für viele dieser euphorisch schreibenden Volkskundler sei eine Autorin zitiert: „Gerade solche Menschen aber, wie sie da auf vielen Berghöfen heranwachsen, widerstandsfähig, abgehärtet, zäh und arbeitsam, mit einer einfachen, klaren, natürlichen und festen Haltung, die braucht nicht nur unser Land, sondern wohl ganz Europa heute notwendiger denn je." (Hubatschek 1961, 160)

Neben dieser Funktion als „Projektionslandschaft" für Träume und Sehnsüchte haben die Berge, bzw. die Alpenlandschaft, eine zentrale Bedeutung für das Schweizer Nationalbewußtsein. Die Alpen sind „... nicht nur das geographische, sondern sozusagen das seelische Rückgrat der Schweiz ... Der alpine Tell als Schöpfer der Freiheit, das in den Bergen eingebettete Rütli als Geburtsort der Eidgenossenschaft, der Gedanke des alpinen Réduit als Konzeption einer Landesverteidigung vom Alpenraum aus (...), das alles sind geistige Kernstücke schweizerischer Existenz, welche ihren Wurzelgrund in der Alpenverehrung haben." (Weiss 1962, 235)Auch Albert Hauser spricht von dem „unbändigen Freiheitswillen" der Eidgenossen, von einem Willen, eigenes Land selbst zu regieren, und sieht dies in einem engen Zusammenhang mit der Schweizer Berglandschaft. (Vgl. Hauser 1941)

Im Bild der Berge, sei es nun ‚Wunschlandschaft' oder Teil des schweizerischen Nationalbewußtseins, ist der Gedanke der Freiheit untrennbar eingeflochten, aber auch ‚reine Natur' schwingt als Vorstellung oder gar als Antipode zur technischen Zivilisation der Städte mit. Hier fanden und finden die Sehnsüchte zivilisationsmüder und naturentrückter Städter ihren Ansatzpunkt, auch die Sehnsüchte zivilisationsmüder Städter der Gegenwart, der „Aussteiger", die ihr Leben auf den Berg verlegen und eine „Landschaft der Hoffnung" (Hartl 1961, 10) suchen. Sie verdichten aber ihre Träume nicht zu Liedern und Versen, sondern streben nach Wirklichkeit: der Berg soll zum Lebensraum werden, der die unterschiedlichsten Sehnsüchte tatsächlich erfüllt: Sehnsüchte nach

Freiheit, Natur, Unabhängigkeit und Heimat, – nach Werten, die mit dem Berg assoziiert werden.

Das Siedeln

Diese Aussteiger besiedeln verlassene Berghöfe und bearbeiten das brach liegende Land. Unter „siedeln" verstehe ich, was einer der Aussteiger, die ich von jetzt an analog Siedler nenne, folgendermaßen formulierte: „Ganzjährig in den Bergen leben und als Hauptbeschäftigung Landwirtschaft betreiben oder mit dem, was da ist, arbeiten."

Eine Basis des Siedelns und der angestrebten Selbstversorgung ist die bioorganische, in manchen Fällen sogar bio-dynamische Landwirtschaft, eine andere ist die Tierhaltung und der Verkauf von Käse oder Milch und Jungtieren. Die gehaltenen Tiere sind zumeist Ziegen oder auch Schafe, seltener finden sich Kühe oder Rinder.

Die angestrebte Selbstversorgung gelingt aber nur selten, die meisten Siedler sind zusätzlich auf andere Einkommensquellen angewiesen wie z. B. staatliche Subventionen für Berglandwirtschaft, Renten, Spenden, Einnahmen durch die Bewirtung von Gästen im Sommer, zeitweises Arbeiten in den Tälern (manche arbeiten im Winter in der Stadt und leben nur im Sommer auf dem Berg).

Unter den Siedlern sind viele junge Leute, Aussteiger aus der städtischen Jugendkultur: Studenten, Schüler, ehemalige Drogenabhängige, Arbeitslose, aber auch ausgestiegene Akademiker sowie andere ehemalige Berufstätige und Künstler. Fast alle kommen, soweit mir bekannt, aus den Städten und aus der bürgerlichen Mittelschicht.

Mehrere dieser Siedler habe ich in den zurückliegenden zwei Jahren besucht, mit ihnen geredet und mit ihnen gearbeitet, sie in ihrem Alltag erlebt. Insgesamt habe ich mich ca. 5–6 Wochen unter ihnen aufgehalten. Nicht verschwiegen sei, daß sich im Verlauf des Kontaktes zu den Siedlern eine gewisse subjektive Betroffenheit bei mir gebildet hat, die durchaus von meinen eigenen Sehnsüchten nach ‚reiner Natur‘ genährt wird. Ein wenig dieses Betroffenseins dürfte sich auch in diesen Zeilen niedergeschlagen haben.

Drei verschiedene Siedler, bzw. Siedlergruppen sollen hier kurz vorgestellt werden. Die erste Gruppe hat im Verlauf der zurückliegenden Jahre ein auf 1500 m Höhe liegendes Bergdorf, Elvo genannt, das seit Jahrzehnten völlig verlassen war, neu besiedelt und teilweise wieder aufgebaut. Neben einer stattlichen Ziegenherde besitzt die Gruppe einen großen und für diese Höhe erstaunlich ertragreichen Garten auf bio-organischer Grundlage. Die Gruppe besteht aus unterschiedlich vielen Leuten, es existiert jedoch eine Kerngruppe von 6–8 Leuten; ihre Organisationsform ist die einer Genossenschaft. Ihre Einnahmequellen sind unter anderem: Käseverkauf, Subventionen, Spenden, Einnahmen durch die Bewirtung von Sommergästen, Beiträge zur Genossenschaft. In dieser Gruppe (vgl. Beitrag „Wir hier oben“) empfing ich meine stärksten Eindrücke, hier entstand auch das einführende Gedicht. Das Faszinierende ist auf der einen Seite die majestätische Landschaft mit ihren gen Himmel ragenden Bergspitzen und auf der anderen Seite das Nebeneinander unterschiedlichster Menschen: manche bleiben nur kurz in Elvo, andere versuchen das Leben auf dem Berg für ein oder zwei Sommer, die Mitglieder der Kerngruppe überwintern und richten sich für einen dauerhaften Aufenthalt ein; kurz: Elvo ist ein lebendiges Dorf mit großartiger Bergkulisse.

Die zweite Gruppe ist eine Familie, Mann und Frau mit vier Kindern. Die Hellersens leben seit gut 8 Jahren auf einem kleinen Berghof, der auf 800 Meter an einem steil abfallenden Hang liegt, über eine abenteuerliche Bergstraße mit dem Auto zu erreichen ist und sogar über einen Telefonanschluß verfügt. Ihre Berglandwirtschaft ist klein, mit nur wenigen Tieren. Von den Erträgen könnten sie nicht leben, doch scheinen sie relativ begütert zu sein und über andere Einkommensquellen zu verfügen. Das Entscheidende für die Hellersens ist der ‚geistige Gehalt des Siedelns‘, daß man so nah an der Natur lebe und sie dadurch so intensiv erfahre.

Als dritte will ich die Siedlerin Ria vorstellen. Ihr kleiner Hof befindet sich in einem idyllischen, aber sich immer stärker entvölkernden Tal im südlichsten Tessin. Dort fand ich die wohl steilsten

Wiesen, aber auch den schönsten Weitblick: bei gutem Wetter konnte man weit nach Italien hinüberschauen.

Ria ist ein lebenslustiger Mensch, die eine starke innere Ausgeglichenheit ausstrahlt. Ihr Ausstieg war ein allmählicher; schon vor vielen Jahren hatte sie den Hof erworben und jedes Jahr, während ihrer Ferien oder an Wochenenden, ein bißchen weiter aufgebaut. Schließlich, vor etwa sechs Jahren, entschloß sie sich zu einem dauerhaften Aufenthalt. Zum Zeitpunkt meines Besuches hatte Ria zusammen mit ihrem Freund eine Ziegenherde und lebte vom Käseverkauf und von einer Rente aufgrund einer früher erlittenen Verletzung.

Der Tagesablauf dieser Siedler ist geprägt durch harte, körperliche Arbeit; ihr Leben ist, gemessen am Standard unserer technisierten Zivilisation, karg und primitiv. So fehlt es z. B. an elektrischem Licht, fließendem Wasser (das Wasser muß in manchen Fällen mit Eimern von einer Quelle herangeholt werden) und in unserem Sinne ausreichenden sanitären Anlagen. Der Alltag ist der eines Bergbauern; er erfordert ein hohes Maß an Arbeitskraft, an Zeit, bei dem täglich viele und zum Teil beschwerliche Wege zurückgelegt und die meisten Lasten auf den Schultern befördert werden müssen. (Vgl. Hubatschek 1961) Während der Heuernte ist so ein Arbeitstag nicht selten 14 Stunden lang. Da viele Siedler auf den Einsatz moderner Technik verzichten (z. B. auf Mähmaschinen, mit Benzinmotoren getriebene Lastenaufzüge oder Pumpen), um die ökologischen Kreisläufe möglichst wenig zu belasten, wird der Einsatz menschlicher Arbeitskraft noch vergrößert.

Aber auch am fehlenden Kleingeld scheitert der Einsatz von Technik. Ein Elektromotor, der umweltfreundlicher als ein Benzinmotor wäre, ist teuer; außerdem müßte dann elektrischer Strom verfügbar sein, was gleichfalls nicht immer der Fall ist.

Die wesentliche Arbeit des Sommers ist das Heu machen, aber auch Tiere und Garten müssen versorgt, Milch zu Käse verarbeitet werden. Der Mensch paßt sich in seinem Alltag dem Rhythmus der Natur an; er steht mit der Sonne auf und geht schlafen, wenn diese hinter den Bergen verschwindet und die Nacht sich über die Landschaft legt.

Im Winter verbleibt Zeit für Instandsetzungsarbeiten, aber auch für private Dinge. Doch die Versorgung der Tiere setzt auch hier den Rhythmus. Nicht selten sind manche Siedler im Winter längere Zeit eingeschneit, vom Tal abgeschnitten.

Von Naturromantik bleibt wenig, sobald man das Siedeln ernst nimmt. Den Alltag dieser Siedler erlebend, der in der Beschreibung nur unzulänglich vermittelt werden kann, fragt man sich: Was treibt diese Menschen auf die Berge, was treibt sie aus einem relativ angenehmen Leben in der Stadt in die harte Auseinandersetzung mit dem Berg? Werte und Begriffe wie Freiheit, Natur, Heimat und Erklärungsversuche wie Zivilisationsmüdigkeit, die sicherlich eine Rolle spielen, erscheinen dabei als nicht genügend.

Der Traum von einem anderen Leben

Lydia, eine junge Frau aus Zürich, die im Wallis mit anderen Leuten einen kleinen Hof mit Milchkühen betreibt, antwortete auf die Frage nach ihrer Motivation folgendes: „Für mich ist das Land, der Berg, der Bauer, die Tiere, das Landleben oder das Leben als Bergbauer überhaupt etwas faszinierend Fremdartiges; etwas, das mich lockt, das mich fordert, das mich anzieht. In den Städten gibt es das nicht, dort ist alles so einerlei. Das Land kannte ich nur aus Erzählungen, aus romantischen Berichten. Ich wollte wissen, was das ist, ich wollte es erleben, ich wollte dort arbeiten. Ich habe meinen Entschluß, hierher zu gehen, noch nicht bereut!"

In dieser Aussage wird den Städten das Land als Alternative gegenübergestellt, dem Einerlei die Farbigkeit, und diese Farbigkeit wird mit dem Wunsch, etwas zu erleben, verbunden.

Die Errungenschaften der Wissenschaft und Technologie haben Überfluß erzeugt, ein hohes Maß an sozialer Sicherheit ermöglicht und manches vereinfacht, das Leben scheinbar angenehmer gestaltet. Doch Überfluß kann Überdruß erzeugen, ein zu hohes Maß an Sicherheit kann Langeweile nach sich ziehen. Wenn Markovic schreibt, der Mensch sei all dessen entledigt, was er sein könnte und sein sollte, eröffnet er ein tieferes Verständnis dessen, was sich

Lydia, stellvertretend für viele, vom Landleben und vom Leben als Bäuerin erhoffen mag. (Marcovic 1968, S.7)

Der Einzelne ist kaum mehr er selbst, er wird zerteilt in verschiedene Funktionen, in denen er Handlungen zu vollführen hat, die ihm undurchsichtig bleiben, die er in ihrer Gesamtheit nicht mehr versteht, nicht mehr beeinflussen kann. Sich selber kann er in dem Produkt eigener Tätigkeit nicht mehr erkennen; er steht der Welt, in der er lebt, ohnmächtig und fremd gegenüber, ohne Einfluß und ohne Chancen zur schöpferischen Mitgestaltung. Das Ergebnis dieser Ohnmacht kann als Melancholie betrachtet werden, ihre Merkmale sind: Weltflucht, Innerlichkeit, Zurück zur Natur! (Vgl.: Lepenies, 1981) Melancholie als gesellschaftliches Lebensgefühl fand sich schon in anderen Epochen der Menschheitsgeschichte. Lepenies, dessen Melancholie-Begriff hier Pate steht, hat in seinem Buch „Melancholie und Gesellschaft" über das 18. Jahrhundert gearbeitet. Melancholie äußerte sich literarisch und in gesellschaftlichen Erscheinungen, wie den Salons. In diese Zeit fällt konsequenterweise die Entdeckung der Berge als Wunschlandschaften und die Suche nach dem Einsamkeitserlebnis.

Flucht aus der Welt, in der keine Einflußnahme mehr möglich scheint, das ist offensichtlich auch die Reaktion der Siedler. Nur äußert sich diese Flucht nicht literarisch oder in gesellschaftlichen Zirkeln, in denen das melancholische Gefühl nicht überwunden, sondern im Gegenteil gepflegt wurde, sie gestaltet sich vielmehr als Versuch, sich gegen die Melancholie zu stemmen. Sie setzt bei den eigentlichen Ursachen an: man wird wieder aktiv, man will wieder mitgestalten. Dabei folgt sie zunächst aber melancholischen Bahnen: man geht zurück in die Natur, in jenes Terrain, das Romantik suggeriert und Erfüllung der Träume verspricht, in dem die Welt noch im Ur-Zustand ist.

Melancholie als Ausgangspunkt der Weltflucht; Natur als Terrain des Rückzugs, in dem die Träume Wirklichkeit werden sollen – die Weltflucht kommt vom Kopf in die Beine, dadurch kann sie echte Systemkritik mit utopischen Elementen werden. Es wird versucht, sich jenem zu nähern, was in den Möglichkeiten des Menschen als kulturellem Wesen verborgen liegt. Das Siedeln ist eine

Suche nach Arbeit, nach Aktivität, nach der eigenen Natur, nach der Stimulation durch die Umwelt; es ist eine Suche danach, sich und sein Wirken im Produkt der Tätigkeit wiederzufinden. Ria drückte das recht drastisch aus: „Und es war eine kolossale Erleichterung, etwas zu tun, und nicht so viel zu reden. Es hat kein fließendes Wasser, es hat kein Holz, es hat nichts. Alles, was du brauchst zum Leben, mußt du dir erschaffen. Du kannst gar nichts konsumieren. Nicht einmal das Wasser, nicht einmal die Wärme, gar nichts." (Tonprotokolle Schweiz 1980, Bd. 53)

Ria hatte lange als Krankenschwester in einem psychiatrischen Krankenhaus gearbeitet und dabei ständig an Konzepten herumdiskutiert, mit denen aber wenig erreicht wurde. Sie fühlte sich ohnmächtig und suchte nach anderen Möglichkeiten des Lebens. „Nicht mehr so viel reden, tun!" – dieser Satz fällt im Gespräch mit ihr oft, er ist ein Teil ihrer neuen Lebensphilosophie: „Für mich ist das jetzt einfach viel konkreter. Ich bin fast erstickt an Theorie, am Ändern der Gesellschaft, daß man weit weg von den Leuten über Wirklichkeit diskutiert und dabei immer mehr Abstand bekommt von den Realitäten." (Tonprotokolle Schweiz, 1980, Bd. 53) Im Arbeiten, in der Aktivität, in der Überwindung einer von außen bestimmten und oft einzig auf die Wahrung von Besitztümern und Prestige hin orientierten Mentalität offenbart sich m. E. das „andere Leben" als der Versuch eines weniger entfremdeten Lebens, eines Seins, in dem man „seine Fähigkeiten produktiv nutzt". (Fromm 1976, 29)

Mitglieder der durch vielerlei Veröffentlichungen mittlerweile zu einigem Ruhm gelangten Schweizer Landkommune Villeret im Jura (vgl. Jarchow/Klugmann, 1980) antworteten auf die Frage, was ihnen das Landleben bringe: 1. man gestalte sich selbst, 2. man gestalte sein Leben, auch wenn es hart ist, 3. man besäße einen ganzheitlichen Überblick über das, was man eigentlich will, und 4. stelle sich ein Verhältnis zur Natur ein, in dem man in der Natur eine gewisse Ruhe fände, eine gewisse Geduld. (Vgl. Beitrag „Das neue Dasein") Und Hellersen: „Man möchte wieder irgendwo selber eine Rolle spielen; in der Stadt kann man das vielleicht nicht, die wenigsten hatten eine übergeordnete Rolle. Ich will mein eigener Herr sein; Freiheit, oder wie man das etwas naiv versteht." (Tonprotokolle Schweiz 1980, Bd. 31) Und Ria: „Ich brauchte einfach ganz konkret etwas, etwas zu tun, etwas wirklich zu verändern und nicht zu reden. Wir haben uns einfach zu Tode geschnödelt." (Tonprotokolle Schweiz 1980, Bd. 54)

Für die Suche nach diesem anderen Leben bietet sich in der Schweiz das Berggebiet an, in dem nicht nur verlassenes Land zur Verfügung steht, sondern auch und weil sich mit dem Berg Gefühle und Ideologien verbinden, die essentielle Bestandteile der Träume sind: die gesuchte Freiheit, die gesuchte Natur, die gesuchte Herausforderung und Stimulation.

Flucht auf die Berge – eine Suche nach Heimat?

„Der Mensch benötigt (...) einen Raum, der ihm Satisfaktion gewährt, in dem er vorgebildete und erlernte Strebungen verwirklichen kann." (Greverus, 1972: 50) Wie auch immer dieser Raum kulturspezifisch beschaffen und umgrenzt sein mag, das Bedürfnis nach einem Identität, Sicherheit und Aktivität gewährenden Raum kann als ein menschliches Konstituens verstanden werden. (Vgl. Greverus 1972, 51) So gesehen, erhält auch der Terminus Heimat als kulturanthropologischer Begriff eine neue Wertigkeit und neue Relevanz für das Verstehen menschlichen Handelns. Jene beschriebene Flucht auf die Berge könnte als Suche nach Heimat verstanden werden, die in der städtisch geprägten Zivilisation nur noch, wenn überhaupt, in Nischen möglich scheint. Diese Reduktion hat zu einem Unbehagen geführt, das sich eben in Langeweile, Öde und Melancholie äußern kann. Das Gefühl des nicht ganz bei sich Seins wird als „Heimatlosigkeit" beschrieben. (Vgl. Berger/Berger/Keller 1975, 159) Was in der verordneten Heimatlosigkeit kaum noch möglich scheint, nämlich Gestaltung und Aneignung der Umwelt nach eigenen, menschlichen Bedürfnissen und das Gefühl der Sicherheit und des Aufgehobenseins in einem sozial und kulturell gegliederten und überschaubaren Raum, das wird als Traum auf die Berge verlegt. Heimat als „Imperativ des Menschseins" kann dabei zur Leitidee werden, ohne daß es dem Einzelnen völlig bewußt zu werden braucht.

Für Aneignung und Umbau der Umwelt, damit sie als „Lebenswelt durch ihr Selbstverständnis zur Eigenwelt" (Greverus 1972, 54) wird und der Mensch aus dem von ihm bewohnten und bebauten Territorium Verhaltenssicherheit und damit Identität als soziales Wesen erfährt, ist aber Aktivität allein nicht ausreichend. Das Territorium ist als Identitätsraum zu sehen, wobei sich unter das raumbezogene Identifikationsbedürfnis Sicherheits- und Aktivitätsbedürfnisse nahezu subsummieren lassen. (Vgl. Greverus 1979, 57) Des Menschen Identität bedeutet, „daß er sich aktiv einen Raum aneignet, ihn gestaltet und sich in ihm ‚einrichtet'" (Greverus 1979, 28), aber dieser eingerichtete muß, um zur Heimat zu werden, Identitätsraum sein. Und ein solcher kann beim Menschen als einem kulturellen Wesen nur ein kulturell gegliederter Raum sein, ein Raum, der sich nicht einfach durch harte Arbeit und fieberhafte Aktivität konstituiert. Hinzukommen muß, daß dieser Raum über eine kulturelle Ordnung verfügt, in der man die Menschen und Dinge seiner Umgebung in bestimmter Weise erfährt und dabei mit ihnen interagiert und kommuniziert. Identität bedarf des Gegenübers, da sie ein reziprokes Verhältnis zwischen den Menschen eines Raums ist. Die Gruppe gibt ihren Mitgliedern Identität, und diese bestätigen durch ihre Identität die Gruppe. Kulturelle Identität objektiviert sich in Symbolen, die sowohl Wertorientierungen darstellen als auch Verhaltensmuster. Diese müssen durch die an der Interaktion beteiligten Individuen erkannt und anerkannt werden. Geschieht dies nicht, dann ist das Individuum ein Fremder im eigenen Territorium. Und genau hier beginnt die Tragik der Siedler!

Auf den Bergen finden wir, grob vereinfacht, derzeit drei verschiedene soziale Gruppierungen von Siedlern: Gruppen, Familien und Einzelsiedler. Bei den Gruppen herrscht eine hohe Fluktuation, es gibt immer wieder neu hinzustoßende Mitglieder, die zunächst einmal als Fremde zu begreifen sind, die die Wertorientierungen und Verhaltensmuster der Gruppe kaum oder höchstens unzureichend kennen. Umgekehrt bringt dieser ständige Neuzugang Unruhe und permanenten Wandel, damit Verunsicherung in die Gruppen. Das führt zu einem leichten Mißtrauen seitens der „Alten", manchmal auch zur Abkapselung. Unter solchen Bedingungen erscheint es fraglich, in welchem Umfang das bebaute und abgegrenzte Territorium zum Identitätsraum und damit zur Heimat wird. Viele verlassen die Gruppen wieder, weil sie sich auf Dauer nicht wohlfühlen, nicht „heimisch" werden.

Die Gruppen, und weitaus stärker Familien und Einzelsiedler, müssen sich aber noch mit einem weit gewichtigeren Problem auseinandersetzen: sie befinden sich fast immer in der Situation des Eindringlings, des Fremdlings in bestehenden Territorien, in bestehenden kulturellen Infrastrukturen. Besonders deutlich zeigt sich dies im Tessin: die meisten Siedler sind Deutschschweizer, das Tessin ist italienisch, sprachlich und kulturell. Sie sind Fremde im fremden Territorium, obwohl sie auf eigenem Land sitzen, Land, das ihnen allerdings nicht durch eine ungebrochene Generationsfolge vererbt wurde, sondern das sie kauften. Zwar pflegt man nicht selten gute Nachbarschaft, die bis zu gegenseitiger Hilfe gehen kann, aber von einer Integration, von der Teilhabe an einer kulturell geprägten Gruppe kann keine Rede sein.

Während bei Gruppen durch den Aufbau einer schrittweise funktionierenden kulturellen Eigenwelt der Fremdheit gegengesteuert werden kann, scheint das bei Familien und Einzelsiedlern kaum realisierbar. So drängt sich die Frage auf, ob der Rückzug dieser Siedler nicht doch in einer Nische endet, die „Heimat" nur im familiären oder häuslichen Idyll ermöglicht. Der Ausstieg hätte nur eine neue Landschaft beschert; aber neue Lebensqualität? Heimat würde eine Aufhebung des Unbehagens bedeuten, aber gerade das scheint mir nicht immer erreicht zu sein.

Heimat bedeutet auch Vertrautheit, Vertrautheit mit den Menschen, aber auch mit dem Raum, in dem man lebt. Nur über Vertrauen stellt sich ein Gefühl der Sicherheit, des Aufgehobenseins ein. Der Mensch muß sich der Grenzen des von ihm bewohnten Territoriums sicher sein, er muß aber auch sicher sein, daß der Boden ihn ernährt. Wie weit ist es mit dieser Vertrautheit auf den Bergen bestellt? Einer der Gründe, warum einige jener neubesiedelten

Bergbauernhöfe verlassen wurden, ist, daß die Existenz auf den Bergen letztlich zu unsicher ist. (Vgl. Bernhard 1928) Hirten oder Bauern sind immer überraschenden Attacken der Natur ausgesetzt, auf den Bergen ist dies besonders eklatant. Rentable Berglandwirtschaft, die auch einen gewissen Komfort ermöglicht, die Unwägbarkeiten der Bergnatur abschwächt und Gefahren verringert, bedarf eines relativ hohen Maschineneinsatzes. Ein Berglandwirt, Besitzer eines voll mechanisierten Hofes, äußerte: „Ich mache den Betrieb alleine mit meiner Frau. Wir haben ziemlich rationalisiert, wir haben praktisch alle Maschinen, vielleicht auch etwas übermechanisiert. Aber es ist jetzt so in der Landwirtschaft. Die Zeit ist kurz und in dieser kurzen Zeit muß so viel Arbeit geleistet werden, da muß es einfach schnell gehen. Und wenn man nicht mechanisiert ist, dann geht das nicht... Und ich finde, heutzutage sollte der Landwirt ebensoviel Recht auf Freizeit und Ferien haben, wie die anderen es verlangen und auch haben." (Tonprotokolle Schweiz 1980, Bd. 38) Der Einsatz technisierter Hilfsmittel wird aber von den Siedlern abgelehnt oder scheitert an nicht vorhandenen Geldmitteln.

Die ständige Auseinandersetzung führt sicher zu jener Stimulation, jenem Gefordertwerden, das ein Teil der Aussteigemotivation ist; es stellt sich aber die Frage, wie lange der einzelne Siedler die unsichere Situation seiner Existenz ertragen kann. Erschwert wird die Situation noch dadurch, daß gerade die Berglandschaft starke Existenzängste hervorruft. Ein tagelanger Regen zermürbt den Menschen seelisch, die Berge werden übermächtig, bedrohlich.

So gibt es mittlerweile einen langsam wachsenden Trend, aus dem Ausstieg wieder auszusteigen, also in die stinkenden Täler und trostlosen Städte zurückzukehren. Was sich letztendlich dahinter verbirgt, läßt sich noch nicht genau sagen. Aber einer der Gründe könnte sein, daß Heimat, als Traum von einem anderen Leben, Vertrauen und Sicherheit im bewohnten Territorium mit einschließt und daß gerade dies unter den Bedingungen des Berges und den entweder von außen oder innen auferlegten Sachzwängen kaum realisierbar scheint. So ist es auch nicht erstaunlich, daß diejenigen, die sich auf einen längeren (dauernden?) Aufenthalt einrichten, gewisse Formen von Technologie allmählich doch einführen. Es handelt sich dabei um Werkzeuge und Maschinen, die teilweise von den Altvorderen übernommen oder in Anlehnung daran selbst entwickelt werden und das ökologische Gleichgewicht wenig oder gar nicht belasten.

Ein weiteres Problem des Lebens auf den Bergen liegt in der Nichterfüllung kultureller Bedürfnisse. Familie Hellersen würde gerne hin und wieder ins Theater gehen, aber das nächste deutschsprachige befindet sich in Zürich, somit kaum erreichbar. In Elvo kommt im Frühjahr regelmäßig der Wunsch nach mehr selbstgestalteter Kultur, aber in der Heuernte werden die Vorsätze, mehr zusammen zu musizieren oder Theater zu spielen, ziemlich in den Hintergrund gedrängt, untergetaucht unter dem Primat täglicher Knochenarbeit, die kaum Zeit und Muße für künstlerisch-kulturelle Betätigung läßt. Auch der Mehraufwand an Zeit, im Vergleich zu traditionellen Bergbauern, hat seine Wirkungen. Ria sagte: „Aber du hast nicht Zeit mal ein Buch zu lesen, du bist ein Neuling in dieser Arbeit, du brauchst einfach 10 × länger und bist abends müder". So bleibt denn das nagende Gefühl, daß in diesem Alltag etwas fehlt, vielleicht sogar etwas sehr Entscheidendes.

Heimat bedarf der Geschichte, der Tradition; ein emotionaler Bezug zum Raum stellt sich erst im Verlauf eines Prozesses her. Die Bauernhöfe, die neu besiedelt werden, haben eine Geschichte, die aber mit der Geschichte der Region und der dort ansässigen Bevölkerung eng verbunden ist. In dieses kulturell-historische Gefüge brechen die Siedler als Fremde ein und stören die Kontinuität. Das Leerstehen und Zerfallen des Bauernhofes hat in der Geschichte der Region seine Logik, damit aber auch seine symbolische Bedeutung für die Menschen. Die Geschichte wird in ihrer Selbstverständlichkeit gebrochen; daraus erwachsen nicht nur Probleme für die Bevölkerung, sondern auch und besonders für die Siedler selbst. Beginnt durch ihr Eindringen die Geschichte der Bauernhöfe bei Null? Oder führen sie die Geschichte nur fort? Ein Fortführen der Geschichte würde aber eine gewisse Integration in die emotionale Symbolwelt der Region beinhalten. Im Bewußtsein der Siedler klafft hier eine empfindliche Wunde: sie kommen sich nicht selten wie Eindringlinge vor, was für ihren emotionalen Bezug zum Raum und damit für die Vertrautheit mit der Umwelt nicht gerade förderlich ist. Nach den Papieren ist es zwar ihr Bauernhof, aber geprägt wurde er von anderen Menschen, mit deren Tradition die „Neuen" wenig zu tun haben.

Auf der anderen Seite müssen die Siedler aber für sich selbst eine neue Geschichte schreiben, die die bisherige integrieren kann. Sie müssen das deshalb, da nur im Verlauf menschlicher Umweltaneignung, also im historischen Vollzug, Vertrautheit über symbolischen und emotionalen Bezug zum Raum entsteht. Inwieweit diese Geschichte eine Zukunft hat, ist noch nicht entschieden, allein schon deswegen, da Kinder auf den Höfen relativ selten sind. Und bei den inzwischen geborenen sind sich die Eltern manchmal nicht sicher, ob die Nachkommen das Leben der Eltern weiterführen werden. Ist damit die Geschichte beendet, bevor sie richtig begann?

Für viele war das Siedeln nur eine Zwischenstation auf ihrem Weg zwischen Suche und Flucht, oft eine Zwischenstation, die ihnen allerdings zeigte, wo in Zukunft ihr Weg entlang geht, was ihnen fehlte, als sie sich auf die Berge zurückzogen. Insofern hat das Siedeln für das Individuum oft eine fordernde, klärende, man könnte fast sagen kathartische Wirkung: „Was vielleicht der Vorteil beim Siedeln ist, man wird relativ stark mit sich selbst konfrontiert, so daß eine große Chance besteht, und die sollte man nicht vertun, sich selber oder seinen Wesenskern zu enthemmen. Sei es nun, daß die Erkenntnis dazu führt, daß man weitersiedelt oder noch konsequenter in dieser Richtung lebt, oder sei es, daß man zur Einsicht kommt, das ist es nicht, was ich suche. Und dann war das Siedeln nämlich auch sehr wertvoll, weil es diesen Erkenntnisschritt ermöglichte." (Hellersen, Tonprotokolle Schweiz 1980, Bd. 24)

Die Faszination des Siedelns: Natur und Mensch

Die Faszination des Siedelns liegt in der Hoffnung, in direkter Nähe zur Natur, in direktem Austausch mit ihr neue Lebensformen zu ermöglichen. Nicht Ausbeutung der Natur, sondern Harmonie mit ihr ist der geistige Kern des Siedelns. Gerda Kurz diskutiert im Zusammenhang mit amerikanischen Landkommunen die Zurück-zur-Natur-Phase, was sich auch auf die Siedler im Berggebiet der Schweiz übertragen läßt: „Ihr Ziel war der direkte, intensive Kontakt zur Natur, die Harmonie mit der Erde und die Ausschaltung entfremdender Zwischenstationen und -instanzen. Sie wollten einen natürlichen Lebensrhythmus als Basis der Selbstbefriedigung und Befreiung der Gesellschaft ... Diese ländlichen Kommunen sind charakterisiert durch ein neues Naturgefühl: der Mensch ist nicht Beherrscher, sondern Teil der Natur, er hat sich ihr also einzugliedern...“ (Kurz 1978, 85)

„Das Siedeln ist eine der reichsten Zeiten, da man doch sehr nah an der Natur eine ganzheitliche Lebensweise lebt. Angefangen beim Erleben der Jahreszeiten, Kälte im Winter, Hitze im Sommer, das Heuen; daß man sieht, was es heißt, das eigene Brot zu backen, das eigene Brot zu essen. Das ist doch schon etwas sehr eigenartig Bewegendes“, sagte einer unserer Schweizer Gesprächspartner. (Tonprotokolle Schweiz 1980, Bd. 31) Die Natur der Bergwelt kann als natürliche, vom Menschen nur teilweise umgestaltete Landschaft begriffen, in ihrer Funktion als Rückzugsgebiet aus der Zivilisation sogar als „Urgrund alles Seienden“ (Vgl.: Wormbs 1976, 11) verstanden werden. Und was liegt dem in seinen Lebensvollzügen eingeengten und gestörten Menschen näher, als ein besseres Leben zu erträumen und sich von dem Ballast der Zivilisation zu befreien? Die Natur in ihrer Funktion als Urgrund bietet Gewähr für einen möglichen Neuanfang, für den Versuch, fernab der Zivilisation ein anderes Leben zu führen. Die so zu verstehende Natur ist auf den Bergen gegenwärtig, sie ist auch den Siedlern gegenwärtig; sicherlich zunächst in ideologischer Verpakkung, aber weil die Menschen in direktem Austausch mit der Natur und von ihr leben, verliert sie allmählich ihre mythische Färbung, das Verhältnis wandelt sich zu einem realen. Aus diesem Austausch resultiert dann auch die Erkenntnis, daß die Natur nicht nur Freund ist, sondern auch Feind und Gegner sein kann, wie es Ria darstellt: „Siehst du, wenn Leute in die Ferien kommen, dann sagen sie: wunderbares Wetter, hoffentlich bleibt's. Ich versteh das. Aber wir haben vielleicht sechs Wochen schönes Wetter und keinen Regen. Und alles zittert um Regen, weil sonst die ganze Heuernte kaputt ist. Du hast einfach andere Interessen. Man betet da schon einmal zu einem irrealen Gott und fängt an, Dialoge mit ihm zu führen. ... Im Verhältnis zur Natur bist du so lächerlich klein. ... Du hast das nicht mehr, die Natur, die schöne Natur; die ist hart und grausam. Du mußt auch Zeit haben zu überlegen, wie du mit dieser Natur fertig wirst." (Tonprotkolle Schweiz 1980, Bd. 53/54)

Ohne den Einsatz technischer Hilfsmittel ist der Mensch den Urgewalten weit stärker ausgeliefert, die Auseinandersetzung wird zu einem Überlebenskampf. Das so Erkämpfte erhält dadurch aber auch einen weitaus anderen symbolischen und emotionalen Stellenwert im Leben der Menschen; die selbst angebauten und geernteten Kartoffeln sind mehr als nur ein Nahrungsmittel.

In dieser Auseinandersetzung wird der Mensch stärker gefordert als anderswo, er wird auch stärker abgenutzt, sein Muskel-, Sehnen- und Knochenapparat unterliegt zum Teil extrem hohen Belastungen – das gilt in besonderem Maß für die Siedler, die nicht von Geburt an auf dieses harte Leben vorbereitet waren. Die Natur schafft Abhängigkeiten, schafft Unsicherheiten! Angesichts dieser Aspekte stellen sich Fragen: Wo ist die Balance im Verhältnis Natur und Mensch? Wieviel Technik kann der Mensch einsetzen, um das Leben angenehmer zu gestalten und ohne die Harmonie mit der Natur zu stören?

Ich habe mit Siedlern gesprochen, die sagten: Eigentlich sollten wir aufgeben, der Berg ist zu hart für den Menschen, er verlangt zu viel und gibt zu wenig; er ermöglicht zu wenig Freiheit, da er den ganzen Menschen den ganzen Tag fordert. Die Natur ist aber nicht nur Urgrund, nicht nur Feind; sie ist auch gewährende, gebende Mutter. Sie verfügt über einen ungeheuren Reichtum, den man oft nur vom Boden aufzulesen braucht. Es gibt riesige Heidelbeerfelder, es finden sich Unmengen von Beeren aller Art, von Pilzen und Kräutern. Ein gut angelegter und gepflegter Garten kann zu einer riesigen Ernte führen, die Vorräte für ein Jahr schafft. Die Blätter für den Tee kommen nicht aus der Dose, sondern wachsen in der Nähe des Hauses.

Im direkten Kontakt mit der Natur erlebt der Mensch deutlicher den Zyklus von Werden und Vergehen; er sieht Geburt, Alter und Tod. Vielleicht erfahren Altern und Sterben so eine schrittweise Enttabuisierung. Der unaufhörlich und mit stetiger Gleichmäßigkeit ablaufende Kreislauf der Natur mag stimulierende, aber auch beruhigende Wirkung auf den Menschen haben. Mir sind unter den Siedlern sehr viele in sich ruhende und ausgeglichene Individuen begegnet, starke und sichere Persönlichkeiten, mit klarem, unkompliziertem Auftreten; offen für vieles, aber nicht aufdrängend, sondern zurückhaltend.

Die Allgegenwart der Natur, die enge Verbindung mit ihr führte zur Bildung von Legenden, Mythen und Ritualen, mit denen man sie sänftigen und zu mehr Fruchtbarkeit anregen wollte. Die Geschichte der traditionellen Bergbauern belegt dies tausendfach. Erste Ansätze solcher Prozesse glaube ich unter Siedlern feststellen zu können, die schon lange auf dem Berg leben. Vielleicht zeichnet sich hier so etwas wie eine mythische Ordnung der Dinge ab, eine Gliederung des Raumes, was ein Aspekt von Heimat wäre. An einem Ort wird am gleichen Platz zu bestimmten Anlässen ein indianisches Schwitzzelt aufgebaut; ein anderer Platz erhielt den ersten Hauch von Mythos durch den tragischen Absturz eines Siedlers; viele andere Plätze erhalten Bedeutungen, werden mit Symbolen belegt, und wenn es nur einfach Plätze sind, wo man besonders viel Pilze findet. Die Natur wird geordnet, sie wird belebt; aus der Auseinandersetzung wachsen Legenden, es häufen sich Erfahrungen und Geschichten, die sich formen und zur Überlieferung werden können.

Eine Verbindung besonderer Art zur Natur stellen die Tiere dar. Ria erzählte mir, daß sie ohne ihre Tiere, die sie brauchten, den schrecklich langen und harten Winter in einem der letzten Jahre kaum durchgestanden hätte. Tiere sind Gefährten und Freunde, sie bereiten Sorgen und Spaß, sie beeinflussen die Stimmung, ihr Rhythmus prägt den Rhythmus des Menschen. Im Verhalten der Tiere zeigt sich die Lebendigkeit der Natur, ihr Wandel und ihre Tiefe. Die Tiere beleben den Hof, prägen sein Bild und seine Atmosphäre. Sie sind Ansprechpartner, aber auch Nahrungsspender. Das Schlachten, das in unseren städtischen Schlachthöfen so grausam kalt und durchrationalisiert geschieht, wird bei den Siedlern zum Fest, zum herausragenden Ereignis, mit dem starke Emotionen verbunden sind. Das Schlachten eines Tieres, mit dem man zusammenlebte, ist etwas anderes, als das Töten eines Tieres, das man zum ersten mal sieht und das vielleicht schon das zehnte an diesem Tag ist. Das Schlachten hinterläßt seltsame Gefühle, es ist Fest und Trauer zugleich. Der Verzehr des Fleisches erhält einen neuen Wert, man ißt bewußter, vielleicht nachdenklicher. Als ich Ria besuchte, hatten sie und ihr Freund eigens zu diesem Anlaß zwei Hühner geschlachtet. So etwas täten sie nicht alle Tage, ein Besuch aus der Stadt und noch dazu aus einem anderen Land wäre der richtige Grund, sich etwas zu gönnen.

Was geschieht mit den Menschen, die durch das Siedeln so nahe mit der Natur leben? Welche Auswirkungen hat diese Nachbarschaft, die eine Partnerschaft ist, auf Körper und Geist? Die sichtbarsten Veränderungen sind die am Körper; der Mensch wird kantiger, muskulöser, kräftiger. Sein Habitus, seine Bewegungen, sein Gang passen sich dem Berg an; sein Schritt wird ökonomischer, sparsamer, er setzt seine Kräfte gezielter und zweckorientierter ein. Die Sinnesorgane werden geschärft, werden empfänglicher für Reize der Umwelt. Mit der Zeit erhält der Mensch aber auch einen anderen Bezug zu sich selbst und zu seinem Körper. Er spürt sich, er fühlt seine eigene Natur, er erlebt ihren Wandel, ihre Veränderung. Für viele der Siedler, die fast ausschließlich aus der Stadt kommen, stellt dies alles einen Prozeß der Regeneration der eigenen Natur dar. Und diese Regeneration ist für so manchen das Wesentlichste am Siedeln. Der sich vollziehende Prozeß kann, bildlich gesprochen, als ein Sich-Reinigen vom Industrie- und

Zivilisationsmüll beschrieben werden: „Der von der modernen, technischen Entwicklung ganz besonders seelisch bedrohte Mensch findet Heilung und Erneuerung im Naturerlebnis. . .“ (Egli 1970, 140)

Dieses Naturerlebnis, in dem die Faszination des Siedelns sich verbirgt, wirkt auf den Menschen in seiner Gesamtheit ein, verändert, wandelt ihn. Aus dem Versuch, sich der Zivilisation durch Flucht zu entziehen, kann ein neuer Anfang, aus dem Ausstieg ein Einstieg und aus dem Traum Realität werden.

Das Siedeln als Versuch, in Harmonie mit der Natur andere Lebensformen zu praktizieren, ist gewiß ohne Relevanz für die gesamte Gesellschaft. Es könnte aber, und hierin sehe ich seine größere Bedeutung, ethische, geistige und moralische Wertigkeit für ein Überdenken des Verhältnisses unserer technisierten Zivilisation zur Natur überhaupt bekommen. Denn eins ist all diesen Siedlern klar, was Naturvölkern, aber auch unseren Vorfahren selbstverständlich schien: „Man beutet keine Natur aus, die zu einem spricht.“ (Duerr 1978, 113)

Ronald Lutz

Wir hier oben

Gedanken zum Zusammenhang zwischen Raumstruktur und Lebensweise, gründend auf Erfahrungen während eines längeren Aufenthalts in einem Alternativdorf im Tessin

Einige hundert Meter östlich des Weilers, in welchem ich seit sechs Monaten als Gast der Genossenschaft Elvo wohne, erreicht man einen Geländekamm, der durch das Einmünden unseres Seitentals in das Haupttal geformt wird. Es ist einer der Orte in der Umgebung, der auf jeden eine starke Faszination ausübt. Es ist ein Mittelpunkt der großartigen landschaftlichen Szenerie, in der man sich hier oben ohnehin ständig wie auf einer Bühne bewegt. Die Gegensätze in der Raumstruktur erreichen hier ihr Maximum und ihren Ausgleich.

Wie auf einer Kanzel thront man genau auf halber Höhe der Südflanke des Monte Corvo, 1200 m unter dem Gipfel, 1200 m über dem Tal. Es verläuft – tief eingeschnitten – an der linken Seite des Beobachters und öffnet sich vor ihm, breiter werdend, nach Südosten. Verkehrsadern, Fabriken, Dunst und in der Nacht ein Teppich von Lichtern füllen es aus. Nur selten, bei bestimmter Windrichtung, dringen Geräusche hier hinauf, Glockentöne oder, als leises Summen, das Donnern der schweren Eisenbahnzüge. Das Getriebe der Zivilisation ist auf einen schmalen Kanal zusammengedrängt, – umgeben, überragt und beherrscht von einer wilden, formenreichen Berglandschaft.

Jenseits des Haupttals, gegen Osten, eine lange, gleichmäßige Bergkette, auf deren Flanke die horizontale Gliederung der verschiedenen Vegetationsstufen zwischen Wald- und Felsregion sichtbar ist. In 1000 bis 1200 m Höhe verläuft dort eine Straße, an welcher viele kleine Dörfer aufgereiht sind. Ganz anders die rechte Talseite: Hier münden, nah aufeinander folgend, sieben schluchtartige Seitentäler ein, die jede horizontale Verbindung zwischen den einzelnen bewohnten Terrassen unmöglich machen. Die steil abfallenden Bergrücken schieben sich wie Kulissenteile hintereinander. Nach Süden und Südwesten einige hundert Meter weit die Weideterrassen von Elvo. Eine scharfe Kante, dahinter der dunkle Abgrund der Schlucht unseres Seitentals. Jenseits türmen sich, bei manchen Wetterlagen in fast bedrückender Nähe, die Felspyramiden des Cima Nero und des Monte Matto. Es ist erstaunlich, daß diese Gipfel nochmals 1 000 m höher sind als unser Standort. Bei starken Regenfällen verwandelt sich die abweisende Fassade dieser Berge in ein einziges Wasserspiel, dessen Tosen das ganze Tal erfüllt. Nach Westen hat das Auge wieder etwas mehr Weite. Der halbkreisförmige Kessel, in welchem das Seitental beginnt, wird von einer wildgezackten Bergkette gekrönt, die nach rechts zum Monte Corvo ansteigt. Ihre Formen bilden einen scharfen Gegensatz zur ruhigen, langgestreckten Kette im Osten.

Zu dieser statischen Bewegtheit des Raumes, der einen hier, anders als in der Ebene, nicht kreis-, sondern beinahe kugelförmig umgibt, kommt der ständige Wechsel der Ansichten in der Zeit. Die Massen von Licht und Schatten wandern schnell im Tagesverlauf. Wettereinflüsse verändern Distanzen und Stimmungen. Ein Herbstnachmittag taucht die ganze Landschaft in Grün, Rot und Gold. Am folgenden Tag hat man ein flächiges schwarz-weiß Bild vor sich. Ein Nebelmeer im Tal verstärkt den Eindruck der Weite und Abgehobenheit. Wird man selbst tagelang von ihm eingehüllt, geht es einem wie dem Kind, das mit den Händen die Augen verdeckt: Man hat das Gefühl, längst aus dieser Gegend weg- und ins Nichts eingetaucht zu sein.

Der Einfluß des umgebenden Raumes auf das Lebensgefühl und die Lebensweise einer Gruppe: Elvo erweist sich als geeigneter Studienort für diese Frage. Der Raum ist geradezu aufdringlich präsent; die extremen Bedingungen des Ortes verlangen Anpassung; die fünfjährige Dauer des Projekts ist lang genug, um Wirkungen sichtbar werden zu lassen, und kurz genug, sich dieser Prozesse zu erinnern.

Aufstieg

Will man einem Besucher mitteilen, wie er nach Elvo gelangt, braucht man dazu mindestens eine Seite Text, einige Skizzen sind hilfreich. Bereits vom Tal aus, noch auf 300 m ü. M. – einzelne Palmen illustrieren Tessin – hat er zwar sein Ziel schon vor Augen, doch es trennen ihn noch vier Stunden Wegs davon. Auf der Flanke des knapp 3000 m hohen Monte Corvo erkennt man bei gutem Wetter unterhalb eines Waldes, dessen Rand die Form von ausgebreiteten Schwingen eines riesigen Vogels hat, zwei helle Punkte: das Kirchlein und daneben ein weißgetünchtes Haus. Die andern zwölf Häuser sind aus dunklem Lärchen- und Tannenholz gebaut und heben sich kaum vom Hintergrund ab.

Dort wo man den Zug auf einer kleinen Bahnstation verläßt, ist das Tal enger geworden, vollgepfropft mit „Infrastruktur", mit den Anlagen, die dem Transport von Menschen, Gütern, Wasser und Elektrizität dienen. Kaum jemand steigt hier aus oder hält mit seinem Wagen an, es sei denn, einer der Staus, die im Sommer die Regel sind, zwingt ihn dazu. Diesem Übel abzuhelfen, opfert man nun noch die letzten Stücke unüberbautes Land. Unaufhaltsam schiebt sich das gewaltige Kunst-Werk der neuen Autobahn über die zerstörte Landschaft hinweg. Diese neue Achse wird, im Gegensatz zu allen früheren Verbindungen, den Bewohnern des Tals außer Lärm und Gestank kaum etwas bringen. Ihre Anlage ist der Kommunikation, dem Austausch zwischen Reisenden und Einheimischen feindlich. Die Verkürzung der Reisezeiten verschlechtert die Verständigung zwischen den Völkern, da sie die langsame Annäherung, die schrittweise Angewöhnung an das andere Land – einst wichtiger Aspekt des Reisens – verhindert. Drei Stunden sind es nur von hier aus mit dem Wagen nach Mailand, drei Stunden auch nach Elvo . . .

Ein VW-Bus dient fünfmal am Tag als öffentliches Verkehrsmittel. In zehn Minuten gelangt man damit nach Cabione. Das Dorf, etwa 400 Einwohner, im Sommer anspruchslose Feriengäste, ist 800 m hoch auf einem kleinen Plateau gelegen, das in

Urzeiten durch einen Bergsturz gebildet wurde. Es gibt eine Post, ein Gemeindehaus, ein Schulhaus, zwei Kirchen, doch keinen Laden. Zweimal in der Woche kommt der Migros-Verkaufswagen. Immerhin drei Gastwirtschaften, man kann wählen, wo man die letzte Stärkung vor dem Aufstieg zu sich nehmen will. Ist man in der Gegend schon bekannt, wird man Briefe, Pakete, Aufträge und alle möglichen Mitteilungen für Elvo aufgeladen bekommen.

Zuerst ebenen Wegs, dann leicht ansteigend, führt eine schmale Straße in das enger werdende Seitental. Zur Rechten türmen sich Felswände von mehreren hundert Metern Höhe auf, über denen Elvo und die andern Degagne (Maiensäßen) von Cabione liegen. Links der Fluß, auf der andern Seite Heuwiesen. Weiter hinten wird das Tal zu Schlucht. Nach zwei Kilometern ist die Straße zu Ende, einige Autos von Fischern und Bergsteigern füllen den kleinen Parkplatz.

700 m Höhendifferenz sind noch zu überwinden. Der Weg führt, gut unterhalten, im Zick-Zack durch Gebüsch und Wald am Fuße der Felswand. Nach einer Viertelstunde verzweigt er sich bei einer kleinen Kapelle. Die sicherere, doch längere Route, führt über das Nachbardorf, der direkte Weg durchquert die Felsen auf einem schmalen Band. Es ist eine wild-romantische Gegend mit Wasserfällen, Schluchten, Stegen, schauerlichen Tief- und erhebenden Ausblicken, und man versteht, wieso die Alten kurz darauf eine weitere Kapelle an den Weg gesetzt haben.

Nach diesem Durchstieg führt der Weg weiter steil hinauf, über Weiden und vorbei an kleinen Weilern von einigen Häusern oder Ruinen, die früher alle in wirtschaftlichem Zusammenhang mit Elvo standen. Einige Häuser werden von einzelgängerischen Neusiedlern bewohnt, andere sind als bescheidene Wochenendhäuser umgebaut. Über kleine Terrassen klettert man immer höher hinauf, die Landschaft wird weiter, die Felswände der gegenüberliegenden Berge weichen zurück, die Luft wird klarer, Stille macht sich bemerkbar. Wer Elvo schon kennt, dem wird jetzt vieles vertraut: der Heustall gehört der Genossenschaft; hier der Obstgarten auch; da geht man Haselnüsse sammeln; der Weg nach rechts führt in die Felsen zu einem beliebten Aufenthaltsort der Ziegen. Das Dorf kommt erst weit oben in Sicht.

Eng zusammengedrängt stehen die Häuser und das Kirchlein am steilen Hang, und man versteht, warum die Leute früher bei extrem starken Regenfällen fürchteten, sie könnten eines Tages oder Nachts mit allem Hab und Gut in den Abgrund rutschen. Ob ihre Furcht wirklich unbegründet war?

Die physische (nur durch körperliche Anstrengung zu überwindende), vornehmlich vertikale Distanz zur „Außenwelt", die optisch so nah bleibt, erzeugt ein „Wir-hier-oben"-Gefühl, welches für die Gruppenidentität konstitutiv ist. Es verringert den Bedarf nach sonstiger, z.B. ideologischer Gemeinsamkeit. Diese ist in der Tat wenig ausgeprägt, außer etwa als gemeinsamer Wille, diesen Ort wieder zu beleben und neue Formen des Zusammenseins und -wirtschaftens im Sinne der Alternativbewegung zu erproben. In diesem Rahmen kann jedoch jeder nach seiner Façon selig werden.

Doch auch die wichtigste materielle Grundlage des Projekts, die leerstehenden Häuser und das ungenutzte Land, hätten zur Zeit der Gründung der Genossenschaft nicht zur Verfügung gestanden, wäre das Dorf nur leichter erreichbar. Es ist auch im Tessin selten, daß ein ganzes Dorf, welches in seiner baulichen Substanz noch zum großen Teil erhalten ist, völlig leersteht und daß es einer Gruppe gelingt, eine ganze Reihe von Häusern zu niedrigen Preisen zu erwerben. Dies beweist das Nachbardorf von ähnlicher Größe und Lage, welches durch eine Warenseilbahn mit dem Tal verbunden ist.

In Elvo wohnt außer einem einzelnen jungen Bauern aus der Deutschschweiz und den Genossenschaftsmitgliedern niemand dauernd. Die Besitzer der andern Häuser kommen selten herauf. Dies erleichtert es, einen eigenen, den räumlichen und wirtschaftlichen Verhältnissen und den Vorstellungen der Gruppe entsprechenden Lebensstil zu entwickeln. Er tritt wegen der Abgeschiedenheit auch nicht ständig in unmittelbare Konkurrenz zum üblichen Lebensstil unserer Zivilisation. Man braucht also auch nicht dauernd eine Abwehr- oder Rechtfertigungshaltung einzunehmen. Waren aus den Geschäften im Tal sind nicht nur teuer, sie sind vor allem nicht oben! Trägt man sie auf dem Rücken, wird der Aufstieg noch beschwerlicher. Die Seilbahn ins Nachbardorf muß bestellt und bezahlt werden, und zuletzt ist es dann immer noch eine halbe Stunde zu Fuß mit der Ware. Wenn's nicht anders geht, bei Baumaterial etwa, muß der Helikopter kommen; das kostet über 100 Franken pro Flug. Diese Situation bringt es mit sich, daß man möglichst vieles selbst anbaut, sucht oder fertigt, daß man alles mehrfach verwendet, den letzten Gebrauchswert aus den Dingen auspreßt. Damit wird eine hohe Selbstversorgung erreicht, ohne daß diese durch eine den Gegebenheiten fremde Ideologie abgestützt werden müßte. Die Idee der Autarkie um ihrer selbst Willen hat in Elvo nie Fuß fassen können; Puristen machen große Augen, wenn sie sehen, daß während der Tragezeit der Tiere Trockenmilch verwendet wird, weil man nicht auf den Milchkaffee verzichten will!

Gäste, Besucher, Neugierige, Freunde kommen im Sommer zahlreich, im Winter seltener. Doch verhindert die mühevolle Anreise, daß der Besucherstrom für die Gruppe existenzgefährdend wird. Wer in seinem Urlaub nur mal kurz vorbeischauen möchte, wer auf billige Verpflegung und Unterkunft spekuliert, der wird kaum Elvo als Ziel wählen. Von vielen wird außerdem, wohl nicht zu Unrecht, die räumliche auch als soziale Distanz empfunden, deren Überwindung nochmals eine andere Form von Energie braucht. Etliche sind wohl deswegen auf halbem Weg umgekehrt.

Südabdachung

Wie ist nun die Umgebung des Dorfes gestaltet? Elvo liegt auf der südlich bis südöstlich gerichteten Flanke des Monte Corvo auf 1540 m ü. M. Das bedeutet, zumal auf der Südabdachung der Alpen, viel Sonne, starke und direkt einstrahlende Sonne. Selbst am kürzesten Tag verwendet sie, gutes Wetter vorausgesetzt, sieben Stunden darauf, Leute und Häuser zu bräunen und das Wasser in den schwarzen Schläuchen auf 50° zu erwärmen. Der Berg schirmt die Gegend gegen die kalten Nordwinde ab, Windenergienutzung fällt daher aus. Auf dieser Höhe kann die Temperatur zwar nachts fast das ganze Jahr über unter Null sinken, sie steigt jedoch mit der Sonne steil an. Auch im Winter arbeitet man dann, etwa beim Schneeschaufeln, im Hemd draußen, im Sommer zieht sich über Mittag alles zur Siesta in den Schatten zurück.

Oberhalb von Elvo liegt ein breiter, steiler Waldgürtel von Tannen und Lärchen, darüber Weiden, Felsen, der Gipfel. Das Dorf liegt, in eine leichte Mulde gebettet, am oberen Rand eines Wirtschafts- und Siedlungsgebiets von etwa 60 ha Fläche, welches im Laufe der Zeit gerodet worden war. Die Rodung lieferte das Bauholz und schaffte Anbauflächen. Da dieses ganze Hanggebiet eine durchschnittliche Neigung von 40% hat, war Ackerbau fast ausschließlich auf künstlich angelegten, kleinen Terrassen möglich, die zum größten Teil noch erhalten sind. Überall hat sich jedoch inzwischen Buschwerk breitgemacht, Vorstufe einer erneuten Verwaldung. Elf kleine Häusergruppen sind in der Gegend verstreut. Auf 1200–1400 m geht dann dieser Hang unregelmäßig in die Felswände über, die in die Schlucht des Seitentals abfallen.

Dieses Siedlungsgebiet von Elvo, dieser süd-südöstlich gerichtete Hang, ist keineswegs eine gleichmäßige Fläche, sondern kleinräumlich wieder vielfach gegliedert. Einige Wasserläufe, die sich unten in den Felsen vereinigen, geben ihm eine Fächerform. Größere natürliche Terrassen wechseln mit Steilhängen und Abbrüchen. Einige Minuten unterhalb des Dorfes liegt der große Garten ausgebreitet, geschützt in einer Mulde. Über dem Dorf zwei „Pianas“, Ebenen, auf denen Ballspiele ohne große Risiken für den Ball stattfinden können.

In alle Richtungen führen Wege vom Dorf weg. Nach Osten und dann nach Norden gelangt man zu zwei weiteren Dörfern, die etwas tiefer liegen. Zum ersten ist eine kleine Schlucht zu queren. Der Weiler liegt, fast ganz zerstört, auf einem großen Plateau. Nur einmal im Jahr, zum Fest des Heiligen der Dorfkirche, kommt etwas Leben in die Ruinen. Zwanzig Minuten weit zur andern Seite, nach Südwesten, liegt das Dorf, das am meisten aufgesucht wird: Die Warenseilbahn endet dort, es gibt ein Telefon, und Lino wohnt da, der letzte Tessiner Bauer auf diesen Bergen. Man hat viel von ihm gelernt, vor allem Ziegenhaltung. Mit dem Verkauf seiner Klassetiere nach Elvo ist er jedoch zurückhaltend, zu fremd scheint ihm die Lebensweise dieser „Giovani“ immer noch.

Ein ganzes Netz von Wegen verbindet die vielen Weiler um Elvo. Andere führen über das Dorf hinaus, in die Wälder und auf die Alpen, auf denen im Sommer Rinder gehütet werden; Ziegen und Schafe suchen sich hier ihr Fressen alleine. Geröllhalden und Lawinenzüge haben tief hinunter Schneisen durch Weiden und Wälder gezogen. Sie stammen aus der abweisenden Felswildnis, in die hinauf sich manchmal die Ziegen versteigen.

Es ist zu fragen, ob Eigenarten der Siedlergruppe auf diese Raumparameter, auf Lage und Gestaltung der Umgebung zurückgeführt werden können. Am deutlichsten wohl sind solche Zusammenhänge durch die Ökonomie der Gruppe gegeben. Es läßt sich hier wenig für den Austausch produzieren, der ja durch den Transport stark erschwert ist. Das war ja auch das Problem der Alten: Landwirtschaft ist zwar möglich, die kurze Vegetationsperiode und die Erschwerung der Arbeit durch das steile Gelände verhindern jedoch die Produktion größerer Überschüsse.

Das ursprüngliche Modell der Gruppe sah keine ganzjährige Besiedlung vor. Im Winter würde man in der Stadt leben und Geld verdienen. Der Gartenbau würde im Sommer eine minimale Selbstversorgung ermöglichen. Im Vordergrund standen die Ziele des Gruppenlebens, der Kommunikation, der Ausbildung und der Begegnung. Doch dieses Modell setzte sich nicht durch. Auf der einen Seite, weil das so geteilte Leben die Gruppenbildung erschwerte, auf der andern Seite, weil einige Mitglieder starkes Interesse an Landbau und Tierhaltung gewannen. Die Eigendynamik der Landwirtschaft verhalf dieser bisher zu einem Übergewicht. Tierhaltung bedeutet Ganzjahresbetrieb, bedeutet längerfristige Planung, bedeutet, daß die Landwirte wenig mehr Zeit haben, anderswo Geld zu verdienen. Das wiederum heißt, die Tierhaltung ökonomisch zu betreiben und den Selbstversorgungsgrad zu erhöhen.

Auf biologisch-dynamischer Grundlage werden Versuche gemacht, welche Nutzpflanzen man mit welchen Mitteln dazu bringen kann, in diesen klimatischen Verhältnissen zu gedeihen. Die Liste der Gartenprodukte ist in der Tat beeindruckend, nicht zuletzt für die früheren Bewohner. Diese Erfolge sind Quelle einer reichhaltigen Versorgung mit Gemüse und eines berechtigten Stolzes. Der Entschluß zur Landwirtschaft bedeutet weiter, die Tierhaltung professionell zu betreiben. Die Fragen, wieviel Heu mit wievielen Leuten und welchen Hilfsmitteln eingebracht werden kann, wieviele eigene Ziegen also durchgefüttert werden können, für wieviele Kühe es dann noch reicht, wieviele fremde Ziegen man zur Sömmerung übernimmt, damit die Käseherstellung sich lohnt, führen, neben vielen andern, zu einem Gleichungssystem mit mehreren Unbekannten, dessen Auflösung durch die Berücksichtigung der differenziert gestalteten Subventionen für die Berglandwirtschaft kompliziert wird. Die daraus sich ergebenden Sach- und Arbeitszwänge stehen teilweise im Gegensatz zu den ursprünglichen Zielen der Gruppe, führen jedoch zu einer Ernsthaftigkeit des Projekts, ohne welche es vielleicht längst gescheitert wäre.

Doch sind auch andere Vorstellungen, die ebenfalls auf den Gegebenheiten des Ortes aufbauen, lebendig geblieben, sowohl bei den Landwirten wie auch bei den Genossenschaftern und Gästen, die nicht das ganze Jahr über hier leben: freie, unkontrollierte, vielseitige Betätigung, Entwicklung neuer Formen des Zusammenlebens, intensiver Kontakt mit der Natur, Erschließung neuer Bereiche des körperlichen, sinnlichen und emotionalen Erlebens. Die unterschiedlichen Auffassungen haben zur Bildung von zwei Gruppen innerhalb der Genossenschaft geführt, zu zwei Haushalten, zwischen denen das anfängliche Verhältnis der Spannung nun dem der Ergänzung gewichen ist.

Das Lebensgefühl in Elvo ist stark bestimmt durch die extremen Ausprägungen, in denen Natur und natürlicher Lebensraum hier auf den Menschen einwirken. Auf der einen Seite die Natur als großzügig Gewährende, als dem Menschen gemäßer, seinen Bedürfnissen entgegenkommender Lebensraum. Es ist erstaunlich, welche Mengen und Arten von Kräutern, Pilzen, Beeren, Nüssen und Früchten in der Umgebung wachsen. Die verschiedenen Vegetationsstufen führen zu dieser Vielfalt, die Verlassenheit des Gebiets zur Fülle. Die Bewohner kennen in einem weiten Umkreis die besten Plätze, das Sammeln wird oft mit Ausflügen verbunden. Weiter gibt es Holz, Brennholz in der Nähe des Dorfes für Jahre, Bauholz billig nach Absprache mit dem Förster. Zur Herstellung von Möbeln und Geräten findet man den Kirschbaum, die Tanne, die Lärche, die Esche, die Birke, die Erle, den Hasel und andere. Steine brauchen kaum erwähnt zu werden, zum Bauen sind sie unerläßlich, besonders die flachen Platten zum Decken der Häuser.

Ein weiterer Reichtum ist die Vielfalt räumlicher Gestalten, die Aussichtspunkte, die Waldlichtungen, die Bergseen, die Gipfel. Viele Plätze sind mit besonderen Ereignissen verbunden und mit Erinnerungen belegt, oder sogar mit einem Fluch, wie man von den Alten hört. Die Landschaft wird zur Szenerie für die Veranstaltungen des Gruppen- und des Innenlebens; ein Raum, der die Natur unseres Körpers bewußt werden läßt; eine Lebensweise ähnlich der, auf die hin unsere Organe und Sinne konzipiert worden sind. In der Folge tritt Ich-Bewußtsein auch wieder als Körperbewußtsein auf, Glücksgefühl auch als Körpergefühl, Raum mit therapeutischer Wirkung.

Ebenso drastisch wird man mit der lebens- und menschenfeindlichen Seite der Natur konfrontiert. Die Arbeit, das Tragen schwerer Lasten an den steilen Hängen, führt schnell an die Grenze der Kraft, zumal wir dies nicht von Kindheit an gewohnt sind. Hitze und Kälte sind zusätzliche Belastungen. Man ist Gefahren ausgesetzt: Verirren im Nebel und Absturz, Erfrieren, Steinschlag und Schneebretter. Diesen Einflüssen kann man sich nicht entziehen. Sie wirken direkt auf das Befinden und beeinflussen die Dynamik der Gruppe. Mal verbreitet sich zähe, schweigende Niedergeschlagenheit, außen und innen ist alles schwer, hart und kalt. Dann wieder sitzt man auf einem Pulverfaß von Emotionen und Spannungen, Streit kann losbrechen wie Windböen. Es folgen Tage einer gleichmäßigen, ruhigen, im Grundton fröhlichen Zusammenarbeit. Und von Zeit zu Zeit nimmt man alle Kraft zusammen, backt, schlachtet, schmückt, macht Feuer, kocht, stimmt die Instrumente und feiert ein großes Fest auf dem Dorfplatz.

Hagazussa

Das war der Name einer kleinen Theatergruppe, die vor drei Jahren von Elvo aus auf die Straßen einiger Städte ging. „Hagazussa, diejenige, die auf dem Hag, der Hecke, dem Zaun saß", erläutert Dürr in seinem Buch über Wildnis und Zivilisation. Dieses Thema stellt sich in der Tat in Elvo. Es soll hier kurz beleuchtet werden, da schon rein räumlich Elvo auf einer solchen Grenze liegt.

Sie ist relativ und verschiebbar, im Raum und in der Zeit. Das Dorf bildete einmal einen vorgeschobenen, hier höchsten Außenposten der Zivilisation gegen die Wildnis des Hochgebirges. Dann wurde es von den Menschen verlassen, zerfiel, die Natur begann, sich ungeduldig vorzuschieben. Das heutige „roll-back" durch die Neusiedler wird von diesen selbst verschieden beurteilt. Voll Genugtuung betrachten die Landwirte die nun wieder grünen, sauberen Heuwiesen. Andere verstehen sich mehr als Verbündete der Wildnis, in die mitten hinein sie sich setzen wollten.

Man hat das Gefühl, sich von der Zivilisation fortzubewegen, wenn man aus der Stadt kommt und nach Elvo aufsteigt. Für die Rinderhirten ist es umgekehrt: Wenn sie von der Alp, wo sie in improvisierten Verschlägen hausen, nach Elvo hinunterkommen, um Lebensmittel und Post zu holen, erscheint ihnen das Leben da leichter, komfortabler, wenn auch schon etwas eng, kurz, zivilisiert. Wo liegt die Grenze?

Die Gegend war seit vielen Jahrhunderten besiedelt gewesen. Die Spuren der Investitionen, die über viele Generationen hinweg in diesen Raum gesteckt worden waren, sind überall sichtbar. Es ist kaum zu ermessen, wieviel Arbeit in die Anlage der Ackerterrassen ging, die Humusschicht ist teilweise über einen halben Meter tief. Das Anbaugebiet ist von einer kilometerlangen Mauer umgeben, zum Schutz der Kulturen vor den Tieren, die nur „draußen" weiden sollten. Auch die Häuser sind zwei-, dreihundert Jahre alt. Die Blockbauweise hat sie so stabil gemacht. Die ältesten sind in bestem Zustand, da zuerst noch genügend Lärchenstämme zur Verfügung gestanden hatten. Später brauchte man Tannenholz. Auch dies ist kaum zu fassen: Wie neben der übrigen Arbeit für den Lebensunterhalt die unzähligen Stämme mit der Axt zu Balken verarbeitet wurden, so exakt, daß bis heute kaum eine Ritze zwischen ihnen sich auftut.

Die paar Jahrzehnte, während welcher die Gegend verlassen war und keine Unterhaltsarbeiten mehr gemacht wurden, reichten zwar nicht aus, diese Anlagen zu vernichten, doch wohl, um sie in den Zustand eines Dornröschenschlosses zu versetzen. Die neuen Siedler begannen damit, den Zerfallprozeß aufzuhalten, die Ruinen zu räumen, die Äcker wieder zu bestellen. Jedermann war klar, daß man nur einen Teil der Häuser, nur wenig Land gekauft hatte. Da man das Dorf jedoch wieder aus seinem schon fast tödlichen Schlaf aufweckte, hatte man das Gefühl, von ihm ganz Besitz ergreifen zu können. Einige Ruinen gehörten auch niemandem mehr, und keiner hatte etwas dagegen, wenn man sie ausschlachtete. Raum, Land, Holz und Steine waren im Überfluß vorhanden.

Doch bald zeigten sich die Schranken dieser Art Landnahme. Die Nachkommen der früheren Bewohner, die noch Besitz da oben haben, wurden aufmerksam auf das frohe Treiben. Sie reklamierten dies und kritisierten jenes. Die Wiedererweckung hauchte auch den alten Rechten neues Leben ein, und bald konnte man keinen Stein mehr verschieben, ohne die Ansprüche eines fernen Eigentümers zu verletzen. Ein neuer Gartenzaun kreuzte ein altes Wegrecht, vom Weg selbst war zwar nichts mehr zu sehen. Ein Dach wurde abgedeckt, um das Haus vor dem Zusammenbruch zu bewahren. Das paßte jedoch einem andern Teileigentümer nicht. Der Förster kam nun öfter vorbei und schaute sich genau um, woher denn das Holz käme. Einige Polizeibeamte in Zivilkleidung hatten gerade zufällig in der Gegend zu tun und schauten dabei eben mal rein ... Man war der Zivilisation also nicht entronnen; man brachte sie im Gegenteil an einen Ort zurück, den sie schon fast vergessen hatte.

Diese zuerst nicht erwünschten Kontakte bewirkten dennoch, daß man begann, sich mit den Bewohnern der Gegend auseinanderzusetzen, in Austausch mit ihnen zu treten. Es war viel zu lernen von ihnen. Inzwischen genießt aber auch der Ziegenkäse aus

Elvo im Tal den besten Ruf, es gibt keine Absatzprobleme. Ein reger Tauschhandel hat eingesetzt: Käse gegen Heu, befruchtete Hühnereier gegen die Vermittlung der Geheimnisse des Baus von Tragehutten, Würste aus eigener Schlachtung gegen die Überlassung der Wurstmaschine zum Gebrauch.

Man wohnt also in den Häusern, in denen viele der älteren Leute aus dem Tal aufgewachsen sind. Man kommt ins Gespräch. Die Skepsis, die Ablehnung ist verständlich, denn man stellt sich gegenseitig in Frage: Wenn die den Ort verlassen haben, warum sollten wir hier auf Dauer leben können? Wenn die wieder da oben leben, war es falsch wegzugehen? Die Distanz zwischen Elvo und dem Tal ist groß und stabil genug, um sich wieder unbefangener mit Zivilisation auseinandersetzen zu können. Zunächst mit der noch fremden, der der neuen „Wahlvorfahren“ in der Gegend, dann auch mit der eigenen, der verinnerlichten. Gesellschaftliche Formen und Strukturen können nun teilweise wieder als Lösungen von Problemen begriffen werden. Also kein Reich der Freiheit, aber eines der Einsicht in Notwendigkeiten.

Dieter Freiburghaus

„Nicht nur das Befehlen, auch das Gehorchen muß man verlernen“

Zur genossenschaftlichen Basis alternativer Projekte in der Schweiz

Erstaunlich viele alternative Projekte zeigen genossenschaftliche Ansätze in der von ihren Mitgliedern gewählten Art des Zusammenlebens und -arbeitens. In der Schweiz reicht die Spanne der im weitesten Sinne genossenschaftlich zu nennenden Betriebe der Alternativszene von jener Gruppe der Lebensgemeinschaften, die üblicherweise als Landkommunen bezeichnet werden, über Organisationen, die auf unterschiedliche Weise die in ihrer Existenz bedrohte Berglandwirtschaft wiederzubeleben trachten, bis zu städtischen Handwerksbetrieben und Dienstleistungsgenossenschaften, die beispielsweise Stadtbewohner mit bio-dynamisch angebauten Lebensmitteln versorgen oder alternative Gasthöfe betreiben.

Hier sollen aus der Fülle der Beispiele nur diejenigen herausgegriffen werden, bei denen die Übernahme genossenschaftlicher Strukturen mit der Ablehnung städtischer Lebensformen und dem Bemühen um den Aufbau eines „neuen Daseins“ auf dem Lande Hand in Hand geht. Wenn andere Ansätze in diesem Rahmen nicht berücksichtigt werden können, bedeutet das nicht, daß sie einen geringeren Anteil an dem hätten, was man die „neue Genossenschaftsbewegung“ der Schweiz nennen könnte. Im Gegenteil, insbesondere bei Projekten wie den Genossenschaftsbeizen – den im Kollektiv bewirtschafteten Gasthöfen – haben die „genossenschaftlichen Elemente“ durchaus nicht zufällig ihren Weg in den alternativen Alltag gefunden; man trifft hier – wie bei anderen Projekten auch – auf ein bewußtes Sich-Zurückbesinnen auf die Genossenschaftsbewegung des letzten Jahrhunderts, verbunden mit der Unterstützung neuzeitlicher politischer Forderungen nach Dezentralisierung und Selbstverwaltung.

In dieser „neuen Genossenschaftsbewegung“ wird die Behauptung aufgestellt (LPG-Info 1974; vgl. auch Holenweger/Mäder 1979, Niederhauser 1979), daß man, wenn die Arbeits- und Lebensbedingungen der Menschen so unerträglich werden, wie sie es nach Meinung der „Alternativler“ in der heutigen Industriegesellschaft sind, nach neuen, besseren Formen des Lebens und Arbeitens suchen müsse und daß Genossenschaften solche Modelle anbieten könnten.

Was ist zunächst unter „genossenschaftlich“ zu verstehen? Genossenschaften sind Aktionsgemeinschaften gleichberechtigter Individuen zum Zweck der Selbsthilfe, wobei die Selbsthilfe in den meisten Fällen auf ein wirtschaftliches Ziel ausgerichtet ist. Genossenschaften sind also Teil des Wirtschaftslebens. Diese „ökonomischen Zweckgebilde“, deren Spanne von Kleinstgruppen bis zum Großunternehmen reicht und die inhaltlich einen Rahmen bieten können für sämtliche Aktivitäten des Menschen als Produzent, Konsument und Gesellschaftsmitglied, unterscheiden sich von allen anderen Unternehmensformen und Wirtschaftsgebilden durch besondere Eigentumsstrukturen und Sozialbeziehungen zwischen den Mitgliedern. Sie sind am einfachsten zu erläutern durch die Tatsache, daß im Idealfall die Mitglieder einer Genossenschaft gleichzeitig Besitzer und Arbeiter im genossenschaftlichen Betrieb sind, daß also Arbeitnehmer und Unternehmer in der Person des Genossenschafters vereint sind. Die Genossenschafter sind, was die Beteiligung an Entscheidungsprozessen angeht, gleichberechtigt; die Verantwortung für die Konsequenzen der gemeinsam getroffenen Entscheidungen wird von allen getragen.

Kurzer Abriß der Geschichte der europäischen Genossenschaftsbewegung

Wo liegt der Ursprung der Genossenschaftsidee? Zu allen Zeiten haben sich Menschen freiwillig zu Verbänden zusammengeschlossen, um gemeinsam als gleichberechtigte Teile einer Gruppe eine Aufgabe zu verrichten, die der Einzelne allein nicht oder nur unter

Schwierigkeiten bewältigen könnte. Wenn man jedoch von Genossenschaftsbewegung spricht, meint man im allgemeinen das, was im 19. Jahrhundert „als Reaktion auf gravierende ökonomische Notlagen bestimmter benachteiligter Bevölkerungsgruppen entstanden ist" (Giordano/Hettlage 1979, 58). Die ersten Genossenschaften waren zumeist Notgemeinschaften von Arbeitern, die in der Folge von Entlassungen, Aussperrungen oder nach der Schließung von Fabriken arbeitslos geworden waren. Ihre Vorbilder waren die genossenschaftlichen Theorien und Experimente von Männern wie Owen, Fourier, Buchez und Blanc, die in den Genossenschaften ein Mittel zur Verbesserung der Lage der Arbeiterschaft sahen und einen Beitrag zur Lösung der sozialen Probleme, die die Industrialisierung mit sich brachte. Fourier (1772–1837) gründete die „phalanstères", eine Art von Siedlungsgenossenschaften, die wohl die ersten Versuche in dieser Richtung waren. Ähnlich wie bei Fourier waren die Vorstellungen von Owen auf eine Verbindung von genossenschaftlich organisiertem Betrieb und Lebensgemeinschaft ausgerichtet. Als Owen die Baumwollspinnereien seines Schwiegervaters in Schottland erbte, erkannte er die Chance, den Gedanken von der selbstverwalteten, sich selbst versorgenden „community" zu verwirklichen: Den Industriebetrieb und die Arbeitersiedlung verknüpfend, gründete er die Gemeinschaft „New Lanark" (1799). Seine siedlungsgenossenschaftlichen Projekte scheiterten jedoch; Owen konzentrierte sich nun auf die Entwicklung von Konsumgenossenschaften, die durch das Angebot billiger Waren in genossenschaftseigenen Läden gegen die Praktik der Unternehmer angingen, den Arbeitern Lebensmittel zu überhöhten Preisen und auch gegen Zurückbehalten des Lohnes zu verkaufen. Eines der bekanntesten Beispiele dieser Art war in Großbritannien der 1844 eröffnete Genossenschaftsladen der „Redlichen Pioniere von Rochdale".

Etwa zur gleichen Zeit wurden die ersten Produktivgenossenschaften, die als „typische" Genossenschaftsform der Arbeiterbewegung angesehen werden, gegründet. Buchez (1776–1865), einer der hervorragendsten Theoretiker dieses genossenschaftlichen Ansatzes, gab ihnen eine zentrale Rolle bei der von ihm angestrebten Vergenossenschaftlichung der gesamten Wirtschaft. Blanc (1811–1882) führte diesen Gedanken weiter und behauptete, daß sich auf längere Sicht die genossenschaftlichen Betriebe – durch die höhere Motivation der Beschäftigten – im Wettbewerb mit privatkapitalistischen Unternehmen als die Stärkeren erweisen und diese vom Markt verdrängen würden. Marx, der dem Erfolg der Genossenschaftsbewegung eher skeptisch gegenüberstand, ließ ihr zwar im Oktober 1864 in der „Inauguraladresse" der Ersten Internationalen höchstes Lob zuteil werden; doch tat er dies weniger, um den Genossenschaftsgedanken zu unterstützen, als auf dessen Anhänger in den eigenen Reihen Rücksicht zu nehmen. Tatsächlich war er der Meinung, daß die Gründung von Genossenschaften vollkommen unsinnig sei, solange die Arbeiterklasse nicht die politische Macht errungen hatte. Genossenschaften mochten zwar eine solidarische Gesellschaftsordnung im Kleinen verwirklichen oder, wie manche meinten, vorwegnehmen, an den übergeordneten Zusammenhängen änderten sie wenig. Sie waren somit nicht nur sinnlos, sondern unerwünscht.

Genossenschaftsgründungen ließen sich jedoch zumindest in der Schweiz keineswegs verhindern. So kehrte die Federation Jurassienne, der Verband der genossenschaftlich organisierten Uhrmacher des schweizerischen Jura, bei denen die Worte des russischen Anarchisten Bakunin auf offene Ohren gestoßen waren, 1870 der Ersten Internationalen den Rücken. Insgesamt wurden in der Schweiz zwischen 1869 und 1911 achtundsiebzig Produktivgenossenschaften gegründet, abgesehen von unzähligen Konsumvereinen, insbesondere im Zusammenhang mit der Basler und Zürcher Arbeiterbewegung.[1] (Vgl. Hettlage 1979, 349ff.)

Wer seine Hoffnung in die Genossenschaftsbewegung als gesellschaftsverändernde Kraft gesetzt hatte, sah sich aber spätestens nach der Jahrhundertwende enttäuscht: viele Genossenschaften gaben unter dem Druck ökonomischer Zwänge Teile der Genossenschaftsideologie auf; Delegierung von Macht und Verantwortung, Einstellung von Angestellten sowie Umwandlung in Privatbetriebe waren nicht selten. Die Arbeiterschaft wandte ihr Interesse zunehmend den politischen Parteien und den Gewerkschaften zu.

Die Schweiz – ein Genossenschaftsland?

Die Schweiz wird in einem Zug mit den sogenannten Genossenschaftsländern genannt, zu denen auch die Bundesrepublik zählt. Tatsächlich kann sie mit beeindruckenden statistischen Daten aufwarten; so wurden mehr Genossenschaftsmitgliedschaften als Haushalte gezählt. Auch über die rein zahlenmäßigen Relationen hinaus scheint der Begriff Genossenschaftsland seine Berechtigung zu haben, denn „in der Eidgenossenschaft ist die Genossenschaftsdemokratie bemerkenswert komplex, höchst differenziert; sie erwies sich bis jetzt als besonders wandlungsresistent". (Trappe 1966, 122) Hier ist das entscheidende Wort gefallen: Eidgenossenschaft. Im Unterschied zu anderen Genossenschaftsländern kann sich die Schweiz neben einer hervorragenden Bedeutung von Genossenschaften im Wirtschaftsleben auch auf das Vorhandensein von genossenschaftlichen Strukturen und Gedankengut als konstituierende Elemente des Staates berufen.

Die genossenschaftliche Tradition der Eidgenossenschaft

„Als älteste Form der Genossenschaft ist die Markgenossenschaft bekannt. Sie beruhte auf der Gemeinsamkeit des Grundbesitzes, insbesondere der Ackerfelder, Weideplätze und Wälder ... Die schweizerische Eidgenossenschaft entstand auf dem Boden der Markgenossenschaft. Die Eidgenossen verteidigten ihre freie Scholle gegen die Herrschaftsgelüste der Feudalherren ... Ihre Zugehörigkeit zur freien Markgenossenschaft war ihnen Quelle jener heldenmütigen Kraft, mit welcher sie sich siegreich ... zur Wehr setzten." (Hunzinger 1947, X) Wo immer in der schweizerischen Literatur die Rede von der Gründung der Eidgenossenschaft ist, wird solch ein verklärender Bogen geschlagen von allenthalben zu jener Zeit vorhandenen Nutzungsgemeinschaften freier Bauern, also genossenschaftlichen Wirtschaftsformen, und dem Freiheitswillen der ersten Eidgenossen. Stolz wird darauf hingewiesen, daß viele traditionellen Strukturen wie Allmend- und Alpgenossenschaften, Wasser- und Wegeverbände bis in die Neuzeit überlebt haben. Diese Tatsache wird zum Gradmesser der Persistenz genossenschaftlichen Handelns in der Schweiz gemacht. Unbeachtet bleibt dabei, daß in diesem Zusammenhang nicht so sehr diese primär wirtschaftlich orientierten Gebilde von Bedeutung sind, als vielmehr die genossenschaftlichen Merkmale der lokalen Selbstverwaltung in den Gemeinden im besonderen und dem föderalistischen Staatsaufbau der Schweiz im allgemeinen; diese beiden Merkmale charakterisieren die genossenschaftliche Tradition der Eidgenossenschaft weit deutlicher als das jahrhundertelange Vorhandensein eines als Allmend bezeichneten Stückes Weide in einer Gemeinde.

Gasser, der in seinen allerdings eher idealtypisch zu verstehenden Ausführungen auf den direkten Zusammenhang zwischen Gemeindeautonomie und demokratisch gelenktem Staatswesen am Beispiel der Eidgenossenschaft hinweist, begreift die Schweiz als eine der „altfreien Nationen", wo die Ansprüche des Staates vor der Selbständigkeit der kleinen kommunalen Einheit zurücktreten. „Die freie Gemeinde bildet vor allem auch deshalb eine unentbehrliche Schule für Freiheit und Demokratie, weil sie eine auf das Maß des Menschen zugeschnittene Organisation ist. Nur in einer übersichtlichen, lebensnahen Gemeinschaft vermag sich der Durchschnittsbürger das zu erwerben, was man als politisches Augenmaß, als Sinn für die richtigen Proportionen zu bezeichnen pflegt." (Gasser 1976, 86) Der Gedanke, daß gleichberechtigte Individuen innerhalb der überschaubaren Gemeinschaft einer Gemeinde über all die Dinge bestimmen, die sie betreffen, zieht sich, nach Gassers Meinung, stringent durch die Jahrhunderte des Bestehens der Eidgenossenschaft. Man mag einschränkend behaupten, daß manche dieser genossenschaftlichen Prinzipien bis in die heutige Zeit nicht überlebt haben; mangelnde Partizipation der Einwohner an Entscheidungsprozessen innerhalb der Gemeinden und die Notwendigkeit der Umwandlung von direkter in repräsentative Demokratie als Folge der Unüberschaubarkeit von Großgemeinden sind nur zwei von zahlreichen Anzeichen für die zunehmende Bedeutungsentleerung dieser tradierten Strukturen. (Vgl. auch Germann 1975, Kriesi 1980)

Bestimmend ist jedoch der Stellenwert, den genossenschaftliches Denken im nationalen Bewußtsein der Eidgenossen offenbar einnimmt. Wichtig ist in diesem Zusammenhang nicht, inwieweit man heute und schon damals von dem von Gasser beschworenen Idealtyp in der Praxis abgewichen ist; was zählt, ist die – manchmal recht realitätsferne, schwärmerisch-romantisch rezipierte – Vorstellung von der Verwurzelung des Staates im Genossenschaftsgedanken; diese Verwurzelung bedingt in der Schweiz eine „allgemein genossenschaftsfreundliche Einstellung“, die sich nicht zuletzt auch in einer günstigen gesetzlichen Regelung für Genossenschaften in der Schweiz niedergeschlagen hat.

Das schweizerische Genossenschaftsrecht

Der Artikel 828 des Schweizer Obligationsrechtes enthält die in der Schweiz gültige Legaldefinition der Genossenschaft: „Die Genossenschaft ist eine als Körperschaft organisierte Verbindung einer nicht geschlossenen Zahl von Personen oder Handelsgesellschaften, die in der Hauptsache die Förderung oder Sicherung bestimmter wirtschaftlicher Interessen ihrer Mitglieder in gemeinsamer Selbsthilfe bezweckt. Genossenschaften mit einem zum voraus festgesetzten Grundkapital sind unzulässig.“[2] Das ursprünglich aus dem Jahre 1881 datierende Genossenschaftsrecht erhielt nach einer Revision 1937 seine jetzige Form. Die Neuregelung enthält, mehr als die alte gesetzliche Fixierung, zwingende Bestimmungen, die die Genossenschaft klar von jedem anderen Unternehmenstyp abgrenzen, um somit sicherzustellen, daß nur Zusammenschlüsse mit Selbsthilfecharakter, die einen sozialen und wirtschaftlichen Förderungsauftrag erfüllen, in den Genuß der für Genossenschaften vorbehaltenen Erleichterungen und Unterstützungen kommen.

Trotz dieser Verschärfung läßt sich feststellen, daß sich die Legaldefinition der Genossenschaft seit Ende des letzten Jahrhunderts nur unwesentlich geändert hat. Daß jedoch die gesellschaftliche Wirklichkeit heute eine andere ist als vor hundert Jahren, dürfte unbestritten sein. Die Tatsache, daß offenbar „Rechtsnormen, einmal gesetzt, ideenkonservierende Wirkung haben, also hinter der sozialen Entwicklung zurückbleiben können" (Trappe 1970, 277), ist für die immer deutlicher werdende Diskrepanz zwischen Genossenschaftsrecht und -ideologie auf der einen und der gegenwärtigen genossenschaftlichen Realität auf der anderen Seite weitgehend verantwortlich. „Das Genossenschaftsrecht bietet mehr denn je den ausschließlich formalen Rahmen, der sich aus der traditionellen Genossenschaftsideologie erklären läßt – der Rahmen wird durch die Prozesse, die ihn heute füllen, in neuen, fast ideologiefremden Weisen ausgefüllt." (Trappe 1970, 278)

Genossenschaftliche Realität in der Schweiz heute

In der Schweiz macht sich – insbesondere bei den großen Konsumgenossenschaften – eine Tendenz bemerkbar, die auf einen Bedeutungsverlust der Genossenschaft als Sozialgebilde hinausläuft. Ähnliche Prozesse, wie sie im Zusammenhang mit der Gemeindeselbstverwaltung und dem föderalistischen Staatsaufbau der Eidgenossenschaft angesprochen wurden, sind auch hier zu beobachten. Trappe hat nachweisen können, daß bei den großen Konsumgenossenschaften, die anteilsmäßig die wirtschaftlich bedeutendsten Genossenschaften in der Schweiz sind, die ursprünglichen Merkmale der Genossenschaft durch Strukturen der modernen Massengesellschaft überdeckt werden. Im Verlauf seiner Untersuchungen zu den Einstellungen von Mitgliedern konsumgenossenschaftlicher Großgebilde hat er feststellen müssen, daß in diesen „Genossenschaft" genannten Unternehmen „die alten Genossenschaftsprinzipien, wie Selbsthilfe, Gegenseitigkeitshilfe, Selbstverantwortung und Selbstverwaltung – kurzum jene intensiven Sozialbeziehungen der zahlen- und arbeitsmäßig überschaubaren Aktionsgemeinschaft, die sich – sachlich recht verschwommen als Solidarität bezeichnet, doch faktisch gruppenbindend – bei den Mitglieder einstellen" (Trappe 1966, 117), keine Rolle mehr spielen. Ein nicht übersehbares Merkmal dieser durch „ökonomische Sachzwänge und organisatorische Notwendigkeiten" begründeten Veränderung ist die deutlich zurückgegangene Partizipationsbereitschaft der Mitglieder. Sie nehmen immer weniger die ihnen zustehenden Möglichkeiten der Einflußnahme auf das Geschäftsgeschehen und die sozialen Einrichtungen der Genossenschaft in Anspruch. Die Mitgliedschaft muß selbst mit Sondermaßnahmen (Gratisessen u. ä.) zur Beteiligung an Versammlungen mobilisiert werden, wenn wichtige Entscheidungen anstehen. Diese Abstinenz läßt sich teilweise aus der durch die Unüberschaubarkeit der riesigen Konsumgenossenschaftsunternehmen resultierenden „Anonymität der Mitglieder des Großintegrats" (Trappe 1970, 295) erklären. Zugleich wird es aber auch für die in bezug auf betriebs- und gesamtwirtschaftliche Fragen ungeschulten Normalbürger zunehmend unmöglich, Sachverhalte klar zu erkennen und Entscheidungen treffen zu können. Die Konsequenz dieser Situation ist ein Gefühl der Machtlosigkeit unter den Mitgliedern und eine freiwillige Übertragung von Mitgliederrechten an höhere Ebenen. Weitere Schritte wie die Fusionen ehemals unabhängiger kleiner Einzelgenossenschaften zu übergeordneten Verwaltungseinheiten oder die Tendenz zur Umwandlung von Genossenschaften in Aktiengesellschaften finden ihre Rechtfertigung in der Tatsache, daß sich die Genossenschaft in Konkurrenz mit anderen Marktpartnern befindet.

Zusammengefaßt präsentiert sich das Bild so: „Die für die Primärgruppe konzipierten Werte reichen für die große Gruppe nicht mehr aus; was dort ständige soziale Kontrolle der Mitglieder wesentlich trug, verschwimmt hier – häufig fehlinterpretiert oder gar überhaupt geleugnet – in der sachorientierten sozialen Beziehung und Anonymität. Spontane soziale Kontrolle weicht ... offensichtlich zwangsnotwendig – anonymer, abstrakter Legalität." (Trappe 1966, 127) Die Tatsache, daß die aus dem vorigen Jahrhundert überlieferte, in Legaldefinitionen fixierte Form der Genossenschaft diese Entwicklung nicht aufzuhalten vermocht hat, macht die Notwendigkeit deutlich, den Genossenschaftsgedanken auf seine Anwendbarkeit unter den Bedingungen der heutigen Industriegesellschaft zu überprüfen und neue Formen seiner Umsetzung in die Praxis zu finden. Die Alternativen, deren neue Genossenschaftsbewegung von dem Bedürfnis nach überschaubaren, selbstbestimmten Sozialgebilden getragen wird, machen hier offensichtlich den Anfang.

Alternative Projekte auf genossenschaftlicher Basis: Genossenschaftliche Strukturen bei der Gemeindeerneuerung

Bei diesen genossenschaftlichen Strukturen handelt es sich weder um neue Ansätze von Seiten der Alternativbewegung noch um „konventionelle“ Produktivgenossenschaften und Konsumvereine; vielmehr soll auf vorhandene, seit Jahrhunderten überlieferte genossenschaftliche Formen der Zusammenarbeit von Bergbauern auf Gemeindeebene hingewiesen werden. Diese Strukturen wurden insbesondere von Vertretern jener Bewegung, die im Sinne der Zentrum-Peripherie-Diskussion auf stärkere politische und ökonomische Dezentralisation pocht, wiederentdeckt, neu bewertet und teilweise re-aktiviert. Man sieht hier eine reale Möglichkeit zur Wiederbelebung der Berglandwirtschaft, die vor allem durch die Abwanderung der jüngeren Arbeitskräfte und durch eine immer stärkere Verschiebung der wirtschaftlichen Aktivitäten in Richtung Tourismus in ihrer Existenz bedroht ist. Hand in Hand mit der Rettung der für die Alpenregionen typischen Landwirtschaft geht die Erhaltung der Kulturlandschaft und der traditionellen Berggemeinden in ihrer baulichen und soziokulturellen Substanz, die durch diese Wirtschaftsweise entstanden sind.

Eine in Alpenländern nicht unbekannte Erscheinung ist das „polygenossenschaftliche Dorf, bei dem es sich einmal um recht individualistische aber kooperierende Familienbetriebe handelt, bei dem zum anderen die einzelnen Genossenschaften autonom und sachlich von anderen deutlich unterschieden sind.“ (Trappe 1966, 126) Bei den Genossenschaften eines Dorfes, die voneinander abweichende Mitgliederlisten und Intentionen haben, handelt es sich um Verbände, zu deren Aufgaben Milchverwertung, Rinderzucht,

Viehversicherung, Baugewerbe, Absatz von Agrarprodukten u. ä. zählen. Hinzu kommen noch die traditionell vorhandenen Allmend-, Alp-, Wasser- und Brunnenverbände sowie Wald- und Holzkorporationen.

Grundsätzlich existieren in den Berggemeinden Genossenschaften für alle diejenigen Arbeiten, die der Einzelne nicht allein leisten kann. Man mag nun einwenden, daß die Existenz solcher Genossenschaften an sich noch nicht beweist, daß auch genossenschaftliche Sozialbeziehungen vorhanden sind. Vor allem erscheint es zweifelhaft, ob diesen Verbänden ein solch innovatorisches und die Betroffenen aktivierendes Potential innewohnt, das die angesprochene Revitalisierung der Berglandwirtschaft leisten könnte. Dem setzt Albonico entgegen, daß in den von ihm untersuchten Graubündner Gemeinden über diese eher konventionellen Genossenschaften hinaus andere solidarische Formen der Zusammenarbeit, der Selbsthilfe, Gegenseitigkeitshilfe, Selbstversorgung und Selbstbestimmung, wie sie für genossenschaftliche Sozialbeziehungen typisch sind, zu finden sind. Wie diese im konkreten Fall aussehen, hat er in einem Aufsatz über die Berggemeinde Vrin illustriert: „Knappheit prägte die Vriner. Sie wissen noch . . ., wie man sich organisiert, wenn genügend Arbeitskräfte da sind, alles andere – außer frischer Luft – aber knapp ist. Über Jahrzehnte und Jahrhunderte hinweg haben sich hier Formen des Zusammenarbeitens, des kollektiven Geldsparens entwickelt . . . Vrin überlebt, weil die Vriner sich zu helfen wissen und weil sie ihre materiellen Bedürfnisse im Zügel halten." (Albonico 1975)

Daraus jedoch den Schluß zu ziehen, daß sich die alpine Bauernmentalität durch überaus große Genossenschaftsfreundlichkeit auszeichnet, wäre voreilig. Sicherlich kann man davon ausgehen, daß, wenn Menschen unter so harten Bedingungen ihren Lebensunterhalt zu erwirtschaften gezwungen sind wie viele Bergbauern noch heute, gewisse Formen der Zusammenarbeit, der Selbst- und Gegenseitigkeitshilfe lebensnotwendig sind. Wenn ein junger Mann, der im Engadin – allerdings unter alternativen Vorzeichen – die Zusammenarbeit mit anderen Bauern anstrebte, auf die Frage, ob man sich unter den Bauern des Tales normalerweise gegenseitig aushilft, antwortet: „Sehr selten. Es kommt eher vor, daß Nicht-Bauern anderen Bauern helfen" (Tonbandprotokoll Schweiz 1980, 55), und die Reaktion auf ein genossenschaftliches Angebot mit den Worten darstellt: „Sie alle waren skeptisch, und sagten ... etwas zusammen geht nie, es hat noch nie geklappt ..." (Tonbandprotokoll Schweiz 1980, 55), so ist dies sicher eine übertriebene negative Sicht.

Man darf aber in diesem Zusammenhang nicht die Tatsache aus den Augen verlieren, daß für viele Bauern eine Genossenschaft weniger ein auf Gemeineigentum basierendes Sozialgebilde darstellt, als vielmehr die Möglichkeit, durch rationelle, geldsparende Zusammenarbeit mit anderen die eigene Existenz zu sichern und den eigenen bäuerlichen Betrieb zu fördern. Weinberg spricht angesichts dessen von der sogenannten „sagesse paysanne", der Bauernmentalität, die auf dem Prinzip des Privateigentums beruht und kollektivistischen Projekten eher mißtrauisch gegenübersteht. (Weinberg 1970, 41)

So besehen, ist die Gemeinde Vrin vielleicht doch nicht mehr als ein hoffnungsvoller Einzelfall (der möglicherweise auch anderswo Parallelen hat), was aber die Vorbildfunktion dieses Beispiels keineswegs abwertet.

Assoziationen von Produzenten und Konsumenten

In genossenschaftlicher Form haben sich alternative Landbetriebe, die biologisch-dynamischen Anbau betreiben, mit Gruppen von Nicht-Bauern und Stadtbewohnern, die Wert legen auf gesunde Ernährung, zusammengeschlossen, um unter Ausschaltung des Zwischenhandels die landwirtschaftlichen Produkte direkt vom Hersteller zum Verbraucher gelangen zu lassen.

Ein Beispiel ist das „Kornhaus" in Dussnang, ein weiteres die Genossenschaft Rheia (die heute in dieser Form allerdings nicht mehr existiert), die im folgenden dargestellt werden soll. Zu ihr gehörten neben vier landkommuneartigen Höfen ein Verkaufsladen bzw. Reformhaus, zwei Informationsstellen zu Themen der Ökologie und Biodynamik sowie offene Ateliers und Aktionsbereiche für künstlerische Betätigung im Raum der Nordwestschweiz. Zudem war die Einbeziehung von Sozialarbeit und Heilpädagogik in das Tätigkeitsfeld der Genossenschaft projektiert. Aus den aufgezählten Punkten geht hervor, daß sich die Genossenschaft keineswegs auf die Tätigkeit der Vermarktung beschränken wollte; das vielfältige soziale und kulturelle Angebot sprengt eindeutig den Rahmen des rein Wirtschaftlichen.

Auf jeden Fall bedeutet die genossenschaftliche Regelung des Direktverkaufs eine Erleichterung für den Bauern, der häufig schon ohne die Distribution seiner Waren überfordert ist, und eine Dienstleistung gegenüber dem Verbraucher, für den die Beeinflussung von Preis und Frischequalität der Ware durch den Zwischenhandel wegfällt. Darüberhinaus sollte aber auch eine direkte Kommunikation zwischen Landwirt und Stadtbewohnern, zwischen Produzent und Konsument, ermöglicht werden, indem diese beiden Gruppen im Rahmen vielfältiger Aktivitäten – Feste, Erntehilfe, Bildungsangebot – zusammengeführt werden. Hierin wird die entscheidende Chance gesehen, dem Städter ein neues Naturverständnis zu vermitteln. Besondere Rolle wird dabei dem Produkt selbst zugeschrieben; man strebt sozusagen einen Rückgewinn von Natur über das natürliche Nahrungsmittel an, verbunden mit einer Erziehung zum Wissen um das Eingebundensein des Menschen in den zyklischen Jahreslauf. Ein Mitglied einer bio-dynamisch wirtschaftenden Hofgemeinschaft in der Nordwestschweiz meint: „Da ist eigentlich immer mehr der Wunsch des Konsumenten, zu wissen, woher die Nahrung kommt, und auch unter welchen Umständen ihre Nahrung hergestellt wird!“ (Tonprotokoll Schweiz 1980, Bd. 21)

Abgesehen von den idealistischen Zielen war die Gründung der Vermarktungsgenossenschaft auch eine ökonomische Notwendigkeit. Biodynamisch anbauende Landbetriebe müssen, wenn sie ihre Produkte nicht in die gleichen Vermarktungskanäle gelangen lassen wollen wie die konventionelle, mit Kunstdünger und Pestiziden operierende Landwirtschaft, eine eigene Distribution aufbauen, wobei eine Genossenschaft die effizienteste, für Konsument und Produzent gleichermaßen vorteilhafteste Form ist. Durch die Subventionspolitik in der Schweiz werden solche Eigeninitiativen jenseits der konventionellen landwirtschaftlichen Absatzgenossenschaften alles andere als honoriert.

Das mag einer der Gründe gewesen sein, weswegen sich die assoziierten Hofgemeinschaften innerhalb kurzer Zeit in ökonomischen Zwangslagen befanden, die die Genossenschaft nach Kräften zu lindern suchte, was eine weitgehende Reduzierung ihrer Aktivitäten auf den wirtschaftlichen Bereich bewirkte. Konsequenz dieser Entwicklung war, daß sich die Genossenschaft als solche auflöste. Von allen Aktivitäten wurde einzig die Vermarktung als reine Gegenseitigkeitshilfe der Höfe nach gemeinsamer Absprache über die im Rahmen der Genossenschaft bereits geöffneten Kanäle weitergeführt.

Einer der Initiatoren der „Rheia“ begründet sein gleichzeitig erfolgtes Aussteigen aus der Gruppe mit der Manager-Stellung, in die er sich während der Umstellung der Genossenschaft auf eine Hilfsinstitution für die gefährdeten Höfe fast zwangsläufig begeben mußte. Er glaubt, „daß die Dominanz, die eigentlich so ein zentral gesteuertes genossenschaftliches Gebilde hat, innerhalb des einzelnen Hofes auch gefährlich sein kann. Es gibt dann ... Mechanismen des Sich-Anhängens, des fraglosen Sich-Verbindens und des Abhängigwerdens. Ich habe gespürt, daß da gewisse Erwartungshaltungen aufgekommen sind, die eigentlich nie gemeint waren.“ (Tonprotokoll Schweiz 1980, Bd. 22) Man könnte vermuten, daß, wenn in einer Genossenschaft, deren Tätigkeit hauptsächlich eine Dienstleistung betrifft, die Mitglieder zu der dazu nötigen organisatorischen Arbeit entweder nicht bereit oder nicht in der Lage sind, die Hauptaktivität immer von einem oder mehreren „Managern“ oder „Machern“ ausgehen muß.

„Ganzheitliche" Lebensgemeinschaften auf genossenschaftlicher Basis

In der Schweiz sind nicht wenige der Gemeinschaften, die man üblicherweise als Landkommunen bezeichnet, eingetragene Genossenschaften. Insbesondere diejenigen Projekte haben die Rechtsform der Genossenschaft übernommen, die in ihrem Versuch, kleine autonome Gebilde auf vorwiegend agrarischer Basis aufzubauen, (trotz personeller Verschiebungen und Ortswechsel) schon auf einige Jahre Geschichte zurückblicken können – deren Anfänge also in die Zeit fallen, wo im direkten Anschluß an die Studentenbewegung der späten 60er Jahre die erste Welle der Landbewegung erfolgte. Beispiele für solche Projekte sind Populo Doro im Tessin, die LPG Villeret im Jura, der Neu-Walser-Bund im Wallis.

Die Ziele des letztgenannten Projektes, das verlassene Berggebiete durch Wiederbesiedlung und ökologisch verantwortbare Landwirtschaft vor der Vergandung[3] bewahren wollte, umreißt einer seiner Gründer mit den Worten: „Wir wollen das Leben auf eine neue Basis stellen. Das ist in der Industriezivilisation, in der städtischen Gesellschaft, im Konkurrenzkampf nicht möglich ... Dazu braucht es einen Freiraum, in dem die geltenden Gesetzmäßigkeiten weniger wirken. Diesen Freiraum haben wir hier ... Wenn die Gesellschaft und die Zivilisation so weitermachen wie bis anhin, wird die Basis des Lebens zerstört. Wir müssen eine neue Lebensform suchen." (Zit. nach Schilling 1975) Dieser in den ersten Jahren bestehende Anspruch, durch das Zusammenleben und -arbeiten in der Gruppe, durch den verantwortungsvollen Umgang mit der Umwelt, der auf dem Bewußtsein beruht, selbst Teil der Natur zu sein, nicht nur für sich selbst einen menschlicheren Lebensraum zu schaffen, sondern auch anderen Vorbild und Beispiel zu sein, – das alles ist in den Überresten der Gemeinschaft, die sich auf zwei unabhängig voneinander wirtschaftende Kleinbetriebe reduziert hat, kaum mehr zu spüren. Die drei Menschen, die als Nachfolger der früheren Gruppe einen der Höfe bewirtschaften, streben keine Wirkung nach außen mehr an. Wenn sie etwas verändern wollen, dann noch am ehesten sich selbst. Nicht die Bergbauern zur Alternative bekehren, sondern selbst immer mehr ihnen zu gleichen (Tonprotokoll Schweiz 1980, Bd. 24), ist eine Absicht, die sich sicherlich vor dem Hintergrund der desolaten wirtschaftlichen Lage der Genossenschaft verstehen läßt. Hierfür war neben zwischenmenschlicher Problematik und Autoritätskonflikten die Diskrepanz zwischen der eher starren Rechtsform der Genossenschaft, die auf finanzielle und personelle Stabilität ausgerichtet ist, und der Realität eines alternativen Projekts, das durch hohe Fluktuation derjenigen, die dort leben und arbeiten, gekennzeichnet ist, verantwortlich. Beim Neu-Walser-Bund hatte man seinerzeit versäumt, Vorsorge zu treffen für den Fall, daß austretende Mitglieder durch die Forderung nach Auszahlung bzw. Rücknahme ihres eingebrachten Kapitals die Genossenschaft ökonomisch in die Knie zwingen.

Ganz anders dagegen in Villeret. Hier hat man viel bewußter die Rechtsform der Genossenschaft als Finanzierungsmodell verstanden, wo die kleine Gruppe der in Villeret lebenden „Siedler" eine große Anzahl von nur finanziell zur Genossenschaft beitragenden „Genossenschaftern" im Rücken hat. Somit kann sich die Lebensgemeinschaft auflösen, ohne daß die Existenz der Genossenschaft unmittelbar berührt wird. Auch wenn hierbei vom genossenschaftlichen Assoziationsprinzip Abstand genommen wird, das besagt, daß nach Möglichkeit die Gruppe der Teilhaber und der im genossenschaftlichen Betrieb Beschäftigten weitgehend deckungsgleich sein sollte, um die Einflußmöglichkeiten von nicht im Arbeitsprozeß stehenden Personen auszuschalten, hat man in Villeret seit der Gründung Bezug genommen auf Genossenschaftsdemokratie, Selbstverwaltung und Gemeinbesitz.

Ausgehend von dem Gedanken, daß nur in kleinen überschaubaren Gemeinschaften, die dezentral wirtschaften, die Abkehr von der streßgeplagten, konsumorientierten Massengesellschaft möglich ist, daß sich nur dort das selbstbestimmte, nicht-entfremdete Individuum verwirklichen kann, wurde 1974 die Genossenschaft gegründet, 1975 die ersten Gebäude in Villeret bezogen. Manche genossenschaftlichen Idealvorstellungen fielen schon nach dem ersten Jahr der Auseinandersetzung mit der Realität des alternativen Alltags zum Opfer. Man mußte feststellen, daß die Durchführung des Prinzips, daß Entscheidungen möglichst nahe am Ort der Ausführung getroffen werden sollten, unglaublich zeitaufwendig ist und auf Kosten von Effizienz und Produktivität geht. Weiterhin schaffte auch der Wegfall der Trennung zwischen Wohnbereich und Arbeitsplatz, die enge Verknüpfung von Freizeit und Arbeit, zusätzliches Konfliktpotential. Dieser Abbau von entfremdeter Arbeit und der Rückgriff auf Produktionsweisen des „Urkommunismus" sind Chance und Herausforderung zugleich, da es unmöglich wird, Konflikten im Arbeitsbereich auszuweichen, indem man sich nach Feierabend ins individuelle Schneckenhaus zurückzieht; andererseits werden auch Streitigkeiten aus der Privatsphäre in den Arbeitsprozeß hineingetragen.

Also unterwarf sich die Produktionsgemeinschaft einer rigiden Straffung und Rationalisierung. „Daß wir uns dabei oft an den Grenzen von (Selbst)Ausbeutung, Arbeitslager und Zwangsbevormundung bewegten, war uns nur halb bewußt und schien um der idealen sozialistischen Gesellschaft willen nötig" (LPG-Info 78/2), heißt es in einem Rückblick auf das zweite Jahr der Genossenschaft.

Das Zurückbleiben der Lebensgemeinschaft hinter der Produktionsgemeinschaft, das Übergehen zwischenmenschlicher Probleme zugunsten der Produktivität, die Duldung von (wegen des egalitären Anspruchs freilich verschleierten) Hierarchien zugunsten der Effizienz der Entscheidungsprozesse – all das machte die Gemeinschaft zu einem Pulverfaß, das auch folgerichtig im dritten Jahr des Bestehens durch Übernahme der Prinzipien der AAO (Aktionsanalytische Organisation) zur Explosion kam. In dramatischen Umwandlungsprozessen wurde die vollständige Kollektivierung eingeleitet und ein neuer Autoritäts- und Eigentumsbegriff erarbeitet, in dessen Zentrum die freie Sexualität stand. „Gemeinsames Wohnen, gemeinsame Arbeit und Produktion scheinen uns seit langem eine Selbstverständlichkeit. Dagegen hüteten wir unseren wertvollsten Besitz, den Besitz am Menschen, die Zweierbeziehung, die Privatsexualität, wie unseren Augapfel. Erst nach und nach ist uns bewußt geworden, daß sich Kollektiv und Zweierbeziehung gegenseitig ausschließen.“ (LPG-Info 77/16) Trotz des starken wirtschaftlichen Aufschwungs, den die LPG nicht zuletzt durch den personellen Zuwachs während der AAO-Zeit erfuhr, zerbrach die Gemeinschaft Ende 1978 – wohl an der inneren Dynamik des Gruppenprozesses. Die Restgruppe suchte sich ein neues Domizil in Zürich, während in Villeret eine neue Gruppe einzog, die unter Zurückbesinnung auf die Gründungsgedanken der LPG die verschiedenen Produktionszweige – biodynamischer Landbau, Schreinerei, Bäckerei, Nähatelier – genossenschaftlich bewirtschaftet. (Vgl. Beitrag „Das neue Dasein“)

Insbesondere die Landkommunen machen deutlich, daß in den alternativen Lebensformen Ziele angestrebt werden, die in der alten Genossenschaftsideologie in dieser Form nie gemeint waren oder zumindest weit über sie hinausgehen. Wenn man jedoch die Ziele des „neuen Daseins“ als eine Weiterentwicklung der alten genossenschaftlichen Forderungen begreift, die mit Gleichberechtigung, Gemeineigentum, Basisdemokratie überschrieben sind, läßt sich feststellen, daß sowohl bei der gegenwärtigen Landkommune als auch bei der Produktivgenossenschaft des 19. Jahrhunderts als Endziel des Gruppenprozesses das Gleiche erreicht werden soll: eine solidarische Gemeinschaft gleichberechtigter Individuen.

Eine neue Genossenschaftsbewegung?

Innerhalb der Alternativszene formiert sich so etwas wie eine „neue Genossenschaftsbewegung“, die sich politisch verstanden wissen möchte. Daß die Motivation dieser sich in heutiger Zeit konstituierenden Bewegung eine grundsätzlich andere ist als die der politischen Genossenschaftsbewegung des letzten Jahrhunderts, versteht sich von selbst. Damals schlossen sich beispielsweise Arbeiter zu Selbsthilfeorganisationen zusammen, um ökonomischen Notlagen zu begegnen und die eigene Existenz zu sichern. In der neuen Genossenschaftsbewegung mag man dem entgegensetzen, daß alternative Projekte auf genossenschaftlicher Basis nicht weniger Notgemeinschaften sind als jene frühen Initiativen, da diejenigen, die in ihnen Zuflucht suchen, die heutige Industriezivilisation als inhuman und lebensfeindlich begreifen.

Jedoch nicht wegen dieser Argumente stehen die neuen Projekte in der Tradition der Genossenschaftsbewegung, sondern weil sie in ihrem Bemühen, Zusammenleben jenseits von Kleinfamilie und Geschlechterrollen und Zusammenarbeiten jenseits von Hierarchien und Entfremdung zu realisieren, Kleingruppen aufbauen, die dem Menschen das Maß an Übersichtlichkeit, Geborgenheit und Gemeinschaft bieten, das ihm die Strukturen der Massengesellschaft zunehmend versagen. Der Gedanke, auf den sich die neue Genossenschaftsbewegung bezieht, daß nämlich genossenschaftsähnliche Gebilde der Anonymisierung und Vereinzelung des Menschen in unübersichtlichen Großgesellschaften entgegenwirken können, ist keineswegs neu. Seit bald hundert Jahre weisen Gemeinschaftsideologen und mehr soziologisch denn wirtschaftlich orientierte Genossenschaftstheoretiker darauf hin, daß die Genossenschaft ein funktionales Äquivalent zu den traditionellen, zunehmend zerfallenden Gemeinschaftsformen wie Nachbarschaft oder Sippe darstellen könnte. Die Reihe derer, die die Genossenschaft als das Ziel einer Suche nach neuen intensiven Sozialbeziehungen begreifen, reicht von Tönnies mit seinem eher romantischen Verständnis von Gemeinschaft als vorindustrieller Lebensform über Vierkandts Vorstellung von der Genossenschaft als herrschaftslosem Bezirk, wo Macht und Besitz zwischen den einzelnen Individuen weitgehend gleich verteilt sind, bis hin zu Theoretikern wie Trappe und Hettlage, die das Partizipationsmodell der Genossenschaft als Mittel zum Aufbau einer solidarischen Gesellschaftsordnung ansehen. (Tönnies 1926, Vierkandt 1959, Trappe 1966 u. 1970, Hettlage 1979)

In der neuen Genossenschaftsbewegung wird versucht, das zu praktizieren, was in der Theorie schon seit langem vorgezeichnet ist. Daß dabei nicht selten Enttäuschungen erfahren werden, liegt wohl vor allem daran, daß der Mensch nicht mehr „genossenschaftsfähig“ ist, wenn er die für unsere Gesellschaft typische Sozialisation durchlaufen hat, d.h. sich Fähigkeiten der Selbstverteidigung und des Durchsetzungsvermögens im Konkurrenzkampf mehr oder minder erfolgreich angeeignet hat. Er wird diese Fähigkeiten in einer Gemeinschaft, die für Sicherheit und Stabilität keinerlei Garantien geben kann, nur unter Zögern und mit Mißtrauen aufgeben. Einem Menschen, der es versteht, seine Bedürfnisse zu artikulieren und seine Interessen zu vertreten, werden auch in einer nach genossenschaftlichen Prinzipien organisierten Gemeinschaft größere Chancen eingeräumt als jenem, der diese Fähigkeiten nicht aufweisen kann.

Auf solchem Boden gedeihen Hierarchien und Privilegien, Macht und Herrschaft. Die Genossenschaft ist also nur im Modellfall herrschaftsloser Bezirk im Vierkandtschen Sinne; Verwirklichung kann nie mehr als größtmögliche Annäherung an den Idealtypus sein. Die Schuld daran ist nicht allein dem „Machthunger" einiger weniger zuzuschreiben, sondern gleichzeitig auch der gewohnheitsmäßen Passivität derer, die Verantwortung und Entscheidungsbefugnisse bevorzugt anderen überlassen. Schließen wir mit den Worten, die Niederhauser in seinem Buch „Das Ende der bloßen Vermutung" der Genossenschaftlerin Maja in den Mund gelegt hat: „Man dürfe sich das nicht zu ideal vorstellen. Tatsächlich sei es so, daß ein paar Leute den Laden führen. Jeder habe zwar das Recht auf Selbstbestimmung im Kollektiv, aber das müsse gelernt werden. Auch seien nicht alle gleich stark engagiert. Nicht nur das Befehlen, auch das Gehorchen müsse man verlernen, und das sei oft schwieriger." (Niederhauser 1979, 123).

Gisela Welz

Auch wir in Arkadien ...

Toskana – eine Formel für „Hoffnung"?

Seit den frühen siebziger Jahren mehrten sich die Anzeichen, daß Italien bevorzugt ein Land für deutsche Aussteiger wurde. Entscheidende Impulse gingen dabei von Italien selbst aus, da sich – auch im Hinblick auf die Landkommunenbewegung – die Diskussion um die „zwei Kulturen" (Asor Rosa 37ff.) insofern innovativ auswirkte, als zum einen die Diskussion um die hinter diesem Begriff stehenden Inhalte auch in der Bundesrepublik Deutschland außerordentlich anwuchs (Glotz o.J., 110ff.; Huber 1980, 70ff.), zum anderen in Italien offensichtlich Möglichkeiten des Aussteigens, mehr noch des aktiven Einsteigen-Könnens geboten wurden. Joseph Huber hat in der Theoriediskussion um die Begriffe „Aussteiger" und „Einsteiger" u.a. darauf verwiesen, wie wenig das aktive Einsteigen in eine identitätsgebende, intermediäre Kultur in der Bundesrepublik Deutschland möglich sei, da die Angehörigen der etablierten Kultur nur zu gerne das Zwei-Kulturen-Modell aufgreifen, um alle Versuche alternativer Lebensmodelle als Subkultur zu stigmatisieren und damit außerhalb der „eigentlichen Gesellschaft" zu lokalisieren, d.h. unwirksam zu machen. (Huber 1980, 70ff.)

Die Anziehungskraft Italiens als Alternative zur Bundesrepublik lag auch in der Entwicklung einer auf Gramsci aufbauenden sozialen Bewegung, die anhand ihrer, zumindest nach 1968/69 zeitweise vorhandenen gesamtgesellschaftlichen Integrationskraft (Kallscheuer o.J., 13ff.) die Hoffnung erweckte, daß man auch als Ausländer daran teilnehmen könne. Der Berliner TUNIX-Kongreß kann in diesem Zusammenhang als offiziell gewordenes Fanal angesehen werden: „Wir, die wir schon eine Weile auf unseren gepackten Koffern sitzen, schlagen vor, daß alle sich bis zum

30. März 1978 aus diesem Deutschland verpfeifen. Wir flaggen unsere Traumschiffe mit den buntesten Fahnen und segeln in den Süden davon, zum Strand von TUNIX." (Pflasterstrand Nr. 22, 1977/78, 24 ff.) Dieser Aufruf zur Teilnahme am Kongreß war zugleich ein Anstoß für den großen Aufbruch in eine, wie es schien, realisierbare Utopie, in der sich Sehnsüchte jedoch nicht nur der jüngeren Generation verdichteten.

Im Gegensatz zu den Arbeitsemigranten, die aus den mediterranen Ländern in die Bundesrepublik kamen und u. a. aufgrund ihrer schwachen ökonomischen Potenz und ihres niedrigen Bildungsstandes meist in die westdeutsche Aufnahmegesellschaft unterlagernde Gruppen mit der Tendenz zur ethnischen und sozialen Gettobildung abgedrängt werden, verlassen die neuen, vorwiegend den Mittelschichten entstammenden deutschen Abwanderer freiwillig eine vom materiellen Überfluß gekennzeichnete Gesellschaft, an der der größte Teil von ihnen direkt oder indirekt partizipiert hat. Privilegiert, weil sie die Freiheit haben, sich zu entscheiden, siedeln sie sich auch, unabhängig von industriellen Arbeitsplatzkonstellationen, in den ländlichen Gebieten Italiens an, wobei insbesondere die Toskana sich der Bevorzugung erfreut. Warum, so mag man sich fragen, gerade die Region Toskana?[1]

Der deutsche Traum vom Süden

Die deutsche Sehnsucht nach der mediterranen Kultur hat in vielen Schichtungen und Wandlungen Formen von Lebensgefühlen entwickelt und tradiert,[2] die, als Lust oder Last empfunden, jeden begleiten, der sich Italien zur Wahlheimat bestimmt. Über Jahrhunderte – man ist geneigt, über Jahrtausende hin – fand und findet ein Prozeß gegenseitiger Anziehung statt, wobei als Begleiterscheinung elitär übergeordneter politisch-strategischer, ökonomischer und sozio-kultureller Kontakte sich immer wieder Einzelne oder Gruppen von Deutschen in Italien niederließen, so daß sich zwischen den Immigranten und der umgebenden Residenzgesellschaft langfristig Formen alltäglicher Kommunikation entwikkeln konnten. (Graevenitz 1902) Die Bereitschaft zur gegenseitigen Tolerierung könnte dafür mitverantwortlich sein, daß sich trotz aller Überlagerungen durch deutsche oder deutschsprachige Machthaber im Verlauf der Geschichte zumindest in Mittelitalien kein explizites deutsch-italienisches Feindbild entwickelt hat, was für die deutschen Fremden heute lebenswichtig ist. Bereits seit dem 9. Jahrhundert gab es in Rom eine feste deutsche Niederlassung; während des ganzen Mittelalters lebten zahlreiche deutsche Gruppen in Rom, und ihr „Einfluß auf die Gestaltung der öffentlichen Dinge" (Graevenitz 1902, 64) war relativ stark. So schrieb Aeneas Sylvius Piccolomini, der spätere Papst Pius II., von den Deutschen: „Die Deutschen machen überall die Wirtsleute. Ihr Verdienst ist es, daß man ziemlich allenthalben in Italien ein Gasthaus findet, wo es aber keine Deutschen gibt, da gibt es keine Herberge." (Graevenitz 1902, 65)

Das bis heute wirkende Italienbild wurde allerdings verstärkt erst durch die vielen Italienaufenthalte von deutschen Künstlern und Kunstreisenden im 18. Jahrhundert geprägt. Unter dem Eindruck einer apolitisch rezipierten Antike setzte eine Verherrlichung des mediterranen Lebensraumes ein. „Arkadien" wurde von und für die Deutschen als Traumland entdeckt (vgl. u. a. Kuhn 1966), das mit den Alltagsrealitäten der Bewohner des Landes wenig zu tun hatte.[3] Zwar entdeckten auch die Deutschen im Zusammenhang der Aufklärung die italienische Landschaft als Ergebnis intensivster menschlicher Arbeit (vgl. Kuhn 1966, 5), aber trotz aller geradezu emphatischer Zuwendung zum „Land" veränderten sich die Lebensgewohnheiten deutscher Immigranten nicht, denn ihre Existenzmöglichkeiten in Italien waren vorwiegend an die Städte gebunden.

Daran hat sich im Prinzip bis nach dem Zweiten Weltkrieg nichts geändert. Erst der wachsende wirtschaftliche Reichtum Mitteleuropas, einschließlich Nord- und Mittelitaliens (vgl. Schinzinger 1970), und die Aufspaltung des Lebens in Arbeits- und Freizeit hat für die Industrienationen auf breiter Basis die Bedürfnisse nach ländlichen Ferien- und Aussteigeregionen wachsen lassen. Reziprok dazu verliefen in den traditionell landwirtschaftlich genutzten Regionen Italiens Verschiebungen im Sozial- und Wirtschaftsgefüge, die Funktionsverluste bäuerlicher Wohn- und Produktionsanlagen zur Folge hatten. Damit war die Voraussetzung gegeben, daß sich auch viele Deutsche, stellvertretend für kollektive Sehnsüchte, den Traum vom mediterranen Lebensgefühl erfüllen konnten, wobei mittelitalienische Regionen schwerpunktartig hervortreten. Wenngleich die echten „Aussteiger" von Goethe oder gar Eichendorff und der jahrhundertealten bildungsbürgerlichen Sehnsucht nach Italien nichts wissen wollen, gehen auch sie lieber in die Toskana und nicht in die Emilia-Romagna. Sind sie trotz aller Ablehnung der Werte ihrer Elterngeneration doch von dem verweigerten Schichtenbewußtsein geprägt, oder wo liegen die Gründe für die Bevorzugung der Toskana?

Landflucht als Voraussetzung „alternativer" Landnahme

Die Emilia-Romagna mit den dicht beeinander liegenden bäuerlichen Streusiedlungen hatte schon relativ früh eine Industrie-Landwirtschaft-Mischkultur entwickelt. Dies wurde möglich durch den Ausbau der Verkehrswege, der im Gegensatz z. B. zu dem der Toskana relativ früh erfolgte; die Industrie war an Arbeitskräften interessiert. Die gute Bodenqualität und die Mechanisierung der Landwirtschaft machten die Nebenbewirtschaftung kleinerer Gehöfte möglich, die Familien hatten keinen Grund wegzuziehen. Anders dagegen in der Toskana. Die Zusammenhänge in der Toskana sind vom Prinzip her auch auf Umbrien zu übertragen, das, ähnlich wie die Toskana, ein bevorzugtes Land für alternative Siedler ist.

Die Region Toskana besteht aus drei Großräumen: dem toskanischen Anteil am nordwestlichen Apennin, der Toskana Urbana und den Maremmengebieten. Abgesehen von den geologisch von rutschenden Tonen und Sanden geprägten baumfeindlichen Gebieten um Volterra und Siena, handelt es sich bei der Toskana Urbana um unterschiedlich fruchtbare Hügellandschaften, die, jahrhundertelang von der Agrartechnik der Mischkultur geprägt, jenes

Bild von schönen Fruchtgärten abgegeben haben, das das deutsche Italienbild bestimmt, mit jener klaren, „vom Menschen gebändigten Landschaft, mit Weiden und Ölbäumen und Weingärten, Herden und Bienenkörben, wo unter den wechselnden Gestirnen Menschen und Götter zu einem harmonischen Ganzen zusammenwirken". (Kuhn 1966, 5) „Arkadien" also im wahrsten Sinne, eine Landschaft, die seit der Entdeckung der gotischen Maler aus Siena zum Synonym für Kulturlandschaft schlechthin geworden ist. Dem wohlhabenden Teil der mittelalterlichen Bewohner der toskanischen Städte waren die anmutigen Hügellandschaften Rahmen für Kurzweil und Jagd und – vor allem mit Hilfe des Mezzadriasystems – Grundlage städtischen Reichtums.

Der Mezzadriavertrag zwischen dem Concedente, dem Eigentümer, der in der Stadt wohnte, und dem Pächter, wies als sozialen Fortschritt gegenüber dem ausbeuterischen Feudalsystem der Leibeigenschaft die Beteiligung des Pächters an Erntegewinn und Risiko aus. Daraus ergab sich ein beiderseitiges Interesse an einer schonenden Behandlung der Böden und einer möglichst langen Dauer des Pachtverhältnisses. Der Vertrag legte das Bestimmungsrecht des Concedente in bezug auf Arbeitsabläufe, Fruchtfolgen etc. fest. Durch die ebenfalls geregelte Einflußnahme des Concedente auf die Größen der Pächterfamilien war langfristig eine Überbesetzung der Pachthöfe vermieden worden, während die Eigentumshöfe, nicht zuletzt aufgrund der hohen Einschätzung des Familienzusammenhaltes, oft bis über die Grenze der Wirtschaftlichkeit überbewohnt waren.

Meistens gehörten einem Grundeigentümer mehrere beieinanderliegende Höfe, die unter einer übergeordneten Fattoria zusammengefaßt waren. Im räumlichen Zusammenhang mit diesem Verwaltungs- und Lagerungszentrum befand sich meist auch eine Villa, in der der Concedente während der Sommer- und Erntemonate wohnte, um die Arbeiten auf seinen Poderi zu überwachen. Das Landschaftsbild der Toskana Urbana wurde deshalb nicht nur von den intensiven Mischkulturen geprägt, sondern auch von den weitverstreuten Einzelhofsiedlungen in Einödlagen und den zum Teil außerordentlich repräsentativen Fattoria-Villa-Komplexen. Die

Mischkulturen weichen zunehmend großen, mit Maschinen bestellten Monokulturen, während die verstreuten Gebäudekomplexe nach wie vor das Landschaftsbild bestimmen.

Im Gegensatz zur Toskana Urbana dominiert in den nördlichen Gebirgsregionen das große, geschlossene Haufendorf mit urbanem Charakter, es gibt kaum Einzelhöfe. Die wenig ertragreichen, aber intensiv bewirtschafteten Böden befinden sich vorwiegend in Händen von Klein- und Kleinsteigentümern, die ihr Land selbst bearbeiten. (Hetzel 1951) Durch die Überbesetzung der Höfe und die Zersplitterung aufgrund des Realerbteilungssystems setzte bereits ab etwa 1910 eine starke Abwanderung ein, zunächst als Stufenwanderung in klimatisch und geologisch günstigere Lagen und dann als endgültiger Überwechsel in die industriellen Gebiete.

Als Sabelsberg 1975 seine Untersuchungen in der Toskana durchführte, fiel ihm als ein herausragendes Merkmal die starke Heimatbindung der Bewohner der Apennin-Toskana auf. Man nahm weite Anfahrtswege zu den Industrie-Arbeitsplätzen in Kauf, um im Nebenerwerb weiter die kargen Felder zu bestellen. Auffallend sei auch die Rückkehrwilligkeit vieler Abgewanderter, die bei Beibehaltung von Heimatkontakten ihre Rückkehr langfristig vorbereiten. (Sabelsberg 1975, 107) Dieses Beharrungsvermögen einer kleinbesitzenden Bevölkerung dürfte ein Grund sein, weshalb in der nördlichen Toskana relativ wenig ehemals bäuerlicher Hof- und Landbesitz für neue Nutzungen, u. a. durch alternative Landkommunen, zur Disposition steht.

Im Süden und Südosten schließen sich an die Toskana Urbana die Gebiete der Maremma an. Vorherrschende Siedlungsform ist die der großen Agro-Städte; ältere Einzelhöfe fehlen so gut wie ganz. Die Landwirtschaft wird hier überwiegend von dem in Latifundienwirtschaft betriebenen Großgrundbesitz bestimmt.[4] Die extensive Nutzung prägt das Landschaftsbild. Ein neues Element dieser Agrarlandschaft sind die jungen, nur wenige Jahrzehnte alten Kleinbetriebe auf Einzelhöfen, die durch die Landreform, besonders in der Provinz Grosseto, entstanden sind.[5]

Durch die Agrarreform erhöhte sich zwar die Anzahl der selbständigen Höfe, aber trotz der gewaltigen Landmassen war die

Ausstattung der einzelnen Höfe mit Land und Kapital so gering, daß die Siedler schnell in Schwierigkeiten gerieten. Personelle Überbesetzungen der Höfe und Zerstückelung des Landes durch das rasch einsetzende Realerbteilungssystem führten bereits nach kurzer Zeit zu Betriebsaufgaben und zur Abwanderung der arbeitsfähigen Bevölkerung in die Industriegebiete. Die Landflucht in den Maremmen ist gekennzeichnet durch eine geringe Rückkehrwilligkeit der Arbeitsemigranten; in der zu kurzen Siedlungstätigkeit hat sich offensichtlich keine Identität mit dem eigenen Territorium ausbilden können.

Wenngleich das Mezzadriasystem der Toskana Urbana mit der Forderung einer Ertragsabführung von meist 50% an den Concedente und der starken Arbeits- und Personenkontrolle eine wachsende Unzufriedenheit der Pächter zur Folge hatte und inzwischen durch die italienische Regierung verboten wurde, galt die Toskana Urbana nie als agrarisches Krisengebiet. Noch bis 1947 wurde durch Neurodungen Platz für neue Poderi geschaffen.

Zeitlich liegt der entscheidende Einschnitt für alle drei Agrarzonen um 1950 mit dem Beginn der steigenden Nachfrage nach Arbeitskräften in den Industriegebieten. Die Abwanderung betraf und betrifft auch gute Agrarbereiche. Während die Kleineigentümer nicht die Mittel aufbringen konnten, durch Investitionen sich den neuen europäischen Marktbedingungen anzupassen, wirkte sich die gesetzliche Neuregelung des Pachtrechts zunächst auch auf die Investitionswilligkeit der Concedenti hemmend aus. Zwar konnten nun ehemalige Mezzadri den von ihnen bewirtschafteten Hof erwerben, was sich in der Praxis selten als möglich erwies, da die Pächter nur sehr mühsam Barvermögen hatten ansammeln können. So wurden nach 1950 mit steigender Tendenz nicht nur kleine Eigentumshöfe aufgegeben, sondern auch durch die Abwanderung von Mezzadri und ihren Familien viele Halbpachthöfe frei – zunächst vor allem in den weniger rentablen Hügelgegenden, von wo die Pächter oder Eigentümer in freiwerdende Höfe in günstigere Lagen abwanderten. In den besseren Ertragslagen gerieten die Kleineigentümer unter einen weiteren Druck. Die Hofaufgaben im Mezzadriasystem hatten dazu geführt, daß in steigender Zahl ehemals in den Städten lebende Concedenti begannen, die in Fattoriabindung blockartig zusammenliegenden Ländereien von der zentralen Fattoria aus selbst zu bewirtschaften, d. h. vor allem die Produktion zu spezialisieren. Viele der Kleinbetriebe gaben unter dem Konkurrenzdruck auf; die Männer im arbeitsfähigen Alter verdingen sich als Lohnarbeiter in den neu entstehenden Großbetrieben, die Frauen arbeiten vorwiegend saisonal. Die freigewordenen Poderi dienen, liegen sie in der Nähe der jeweiligen Fattoria, als Wohnungen für die Lohnarbeiter. Die entfernter liegenden Gehöfte werden bzw. wurden zu Ställen oder Lagerräumen oder, falls zu beidem untauglich, werden sie aufgegeben und dem Verfall überlassen. Liegen sie landschaftlich und verkehrsmäßig günstig, erfolgte in vielen Fällen der Verkauf an in- und ausländische Interessenten.

Da jedoch u. a. in der Toskana Urbana nur 41% der Halbpachthöfe einem Fattoriasystem angehörten, ergeben sich unterschiedliche Angebote. War der Hof Bestandteil eines Fattoriasystems, wurde zwar der Hof verlassen, das Feld aber, nunmehr mit Lohnarbeitern, zentral weiter bewirtschaftet. Handelte es sich dagegen um einen Halbpachthof ohne Fattoriabindung oder um einen Eigentumshof, wurde in vielen Fällen Haus und Land zugleich verlassen. Damit kamen verstärkt Immobilien zum Verkauf, die aufgrund des vorhandenen Landes bäuerliche Produktionsmöglichkeiten, d. h. Chancen für auch alternativen Neuanfang boten.

Der Ausverkauf der Toskana

Der Ausverkauf der Toskana verlief bei umfangreichem Angebot zunächst relativ langsam. Die große Nachfrage, insbesondere aus der Schweiz und der Bundesrepublik, setzte erst mit den 70er Jahren ein, wobei es sowohl konventionelle Interessenten als auch individuelle Aussteiger aus den gehobenen Mittelschichten waren, die das zunächst niedrige Preisniveau veränderten; aber auch die steigende Zahl von Verkäufen an alternative Gruppen hat die Preisentwicklung beeinflußt.

Verglichen mit den üblichen Touristen, die für ein paar Wochen kommen, um wieder unbeachtet zu verschwinden, bewirken die sich auf dem Lande niederlassenden Städter – es ist relativ gleichgültig, ob sie aus dem Inland oder Ausland kommen – in der ländlichen Gesellschaft eine latente Verunsicherung. Durch die ständige Wiederkehr an den gleichen Ort, in das gleiche lokale Beziehungsnetz, findet ein sehr viel wirkungsvollerer interkultureller Kontakt statt, als im zwar quantitativ eindrucksvolleren, aber personal eher verschwommen wahrzunehmenden Tourismus. Vor allem für Mitglieder des um 1970 zwar auch nur noch survivalhaft vorhandenen, autoritär strukturierten bäuerlichen Großfamiliensystems dürften sich bereits in der eigenen Gesellschaft vorhandene Konfliktpotentiale verstärkt haben. Damit beschleunigte sich die Umorientierung, besonders der Jüngeren und der Frauen auf Werte und Arbeitsbedingungen der industriellen Gesellschaft. Für die älteren, noch stärker in traditionelle Wertvorstellungen eingebundenen Menschen vergrößerte sich die Desorientierung. Sie verloren ihre, ihnen durch Tradition zugestandene, Führungsposition innerhalb der Familie, oder, falls sie die Hofgemeinschaft mitgetragen hatte, ihren sozialen Schutz. In den mit Abfindungssummen gekauften Eigentumswohnungen ist für altgewordene Großmütter und Knechte kaum oder nur noch geduldet Platz. Der Austausch in den landwirtschaftlich genutzten Gebieten ist deutlich: Die Einheimischen weichen den Städtern aus dem Norden, die mit ihrer Sehnsucht nach Sonne und Wärme, aber auch nach der als menschlicher empfundenen südlichen Lebensart an der Zerstörung derselben mitwirken, um eines Tages mit deutlicher Enttäuschung festzustellen, daß ihre Nachbarn inzwischen keine ruralen Toskani mehr sind.

Die bürgerliche Sehnsucht nach der „Harmonie" des Landes

Verweilen wir einen Augenblick bei den „konventionellen Aussteigern", die einen großen Anteil der in der Toskana angebotenen Höfe bisher gekauft haben. Sie werden bei Beschreibungen alternativen Daseins nicht beachtet, obwohl sie in der Gesamtheit der Versuche, eine Alternative zu dem weitgehend fremdbestimmten Leben in der Industriegesellschaft zu finden, nicht ausgeklammert werden sollten. Steht doch auch hinter der Anschaffung eines ländlichen Hauses durch sogenannte Bürger oft die Hoffnung, ein einfacheres Leben beginnen zu können. Da ist eine deutsche Gruppe: drei Maler, ein Graphiker, ein Architekt und ein Psychotherapeut, teilweise mit Familien. Gemeinsam kauften sie 1969 ein 2 ha großes Grundstück im Umland von C. C. Die Gemeinde ist die flächenmäßig größte in der Provinz Livorno und besteht aus zwei historischen und einer modernen Siedlung, wobei in den beiden historischen Dörfern vorwiegend nur noch alte Menschen wohnen. Die das Dorfbild von C.C. negativ beeinflussenden Wohnblocks, von der Kommune errichtet, können den Wegzug der arbeitsfähigen Generationen in die Ebene in den Ortsteil D., eine jener gesichtslosen Siedlungen im langweiligen Rastergrundriß ohne Mittelpunkt, aber mit einem größeren Arbeitsplatzangebot, nicht verhindern. Der Bergort mit seiner noch immer bewohnten Feudalanlage hat trotz Überalterung und sinkenden Einwohnerzahlen noch immer eine vielfältige Infrastruktur vorzuweisen. Es gibt viele Trattorie und Läden, eine Bankfiliale, zwei Tankstellen, eine Schule, ein Postbüro, und auch die Rathausfunktionen wurden nicht nach D. verlagert, sondern blieben im alten Dorf. Trotzdem ist die Überfremdung nicht aufzuhalten, ganze Straßenzüge im historischen Ortskern sind von Deutschschweizern aufgekauft worden; die Deutschen, so auch die erwähnte Gruppe, und andere Ausländer wohnen mehr im Umland in den Einzelhöfen.

Die Mitglieder der deutschen Gruppe waren fast ausnahmslos Sympathisanten der 68/69er Studentenbewegung, d.h., bereit, ihr bisheriges Leben in Frage zu stellen und sich engagiert den Reformbestrebungen zuzuwenden. So verwundert es nicht, wenn die frühen Pläne zur Bebauung des gemeinsamen Grundstücks eine ringartige Anlage um eine gemeinsame Piazza vorsahen. Vorstellungen vom gemeinsamen Alltagsleben standen hinter dieser Planung, die nicht nur wegen des Widerstandes der Genehmigungsbehörden nicht zur Ausführung kam, sondern an der Unfähigkeit der Gruppe zum langfristigen gemeinsamen Handeln scheiterte. Nicht nur im Hinblick auf das räumliche Zusammenleben war man von utopischen Vorstellungen ausgegangen, sondern mehr noch bei der Hoffnung auf Durchführbarkeit des Ausstiegs. Hinter dem Konzept eines neuen gemeinsamen Lebens stand die Vorstellung, das Leben auf dem Land realisieren zu können, ohne die bisherige materielle Existenzbasis in der Großstadt aufzugeben. So schwach auch diese Konzeption war, sie zeigt zu einer relativ frühen Zeit, daß der Aufbruch aus der bundesdeutschen Wirklichkeit nicht nur als Vision von Angehörigen der intermediären Kultur gewertet werden kann. Zwei Einheiten aus der Gruppe sind inzwischen ganz ausgestiegen, der Zusammenhalt hat sich reduziert auf ein unverbindliches Nebeneinander. Einige haben intensiv die Annäherung an die Einheimischen betrieben, sind angenommen worden von den Bauern der Nachbarschaft, sicher auch, weil Nachbarschaft bei so weit auseinanderliegenden Gehöften noch immer eine wichtige Rolle spielt, selbst dann, wenn die Nachbarn nur mit Unterbrechungen anwesend sind. Im Laufe der Zeit bildeten sich enge Freundschaften, zumal relativ viel italienische und auch andere ausländische Aussteiger in mittelbarer Nachbarschaft leben.

An sich wäre dieses Beispiel nichts besonderes, wiese nicht der Ort C.C. in fast allen der weitverstreuten Siedlungsbereiche ähnliche Phänomene der Überfremdung auf. So fand innerhalb von sechs Jahren eine Liegenschaftsreihe in einem kleinen Tal im Außenbereich von C.C. entlang eines gemeinsamen Fahrwegs eine gänzlich neue Eigentümerbesetzung. In einem der Höfe wohnte seit den 60er Jahren eine amerikanische Kunsthistorikerin, die gänzlich aus ihrem früheren Beruf und den dazugehörenden Lebensbeziehungen ausgestiegen war. Sie bewirtschaftet alleine mit gelegentlichen Aushilfen den erworbenen alten Wein-, Obst- und Olivenbaumbestand biologisch-organisch mit wechselndem Erfolg. Eines der beiden angrenzenden Grundstücke wurde um 1975 von einem deutschen Lehrer aus Nürnberg gekauft. Haus und Baumbestand wurden wieder in Ordnung gebracht; mit der überbrückenden Hilfe eines ortsansässigen Landarbeiters wird langfristig der endgültige Ausstieg vorbereitet. Der zweite Nachbar der

Amerikanerin ist ein deutscher Arzt aus Köln. 1976 gekommen, ist er inzwischen mit seiner Familie für fast zwei Jahre „ausgestiegen", investierte in einfache Landmaschinen und Anpflanzungen, wirtschaftete biologisch-organisch. Die Kinder gingen in die Dorfschule bzw. den Dorfkindergarten; die Rückkehr nach Deutschland, hauptsächlich der Kinder wegen, glich einer Vertreibung. Der Bruch, nicht nur im privaten Lebenskonzept, hat in der Familie Kräfte aktiviert, um langfristig eine Möglichkeit zur Rückkehr zu finden. Auf der anderen Seite des gemeinsamen Weges hat 1980 eine norditalienische Familie ein leerstehendes Gehöft gekauft. Man hat konsequent alle Brücken hinter sich abgebrochen, die Ersparnisse in den Hof investiert; man wirtschaftet biologisch-organisch. Der kleine Sohn geht in die Dorfschule. Die Siedler hoffen, daß sie in absehbarer Zeit von dem Ertrag des Hofes leben können.

Die Darstellung von Neubesiedlungen verlassener Hofstellen durch Leute, die sich nicht im Zusammenhang von Subkultur sehen, ließe sich beliebig verlängern. Diese meist aus städtischen Zusammenhängen kommenden Menschen sind entsprechend einer Reihe beibehaltener Wertorientierungen, wie etwa der der kleinfamiliären Lebensform, sowohl wegen ihrer Eigen- als auch der Fremdeinschätzung ihrer Umgebung in den Bereich der etablierten Kultur einzuordnen; sie bilden jedoch eine Pufferzone zwischen der aufnehmenden italienischen Gastgesellschaft in den kleinen und mittleren Orten, die sich humanökologischen Fragen gegenüber eher gleichgültig oder ablehnend verhält, und denjenigen Gruppen, die, um einiges konsequenter und meist auch mit geringerem finanziellen Spielraum, versuchen, ein Lebenskonzept zu verwirklichen, das „auf die andere Seite unseres Menschseins" führen könnte.

Von der Schwierigkeit, Fuß zu fassen

Für die alternative Landbewegung ist die Toskana in den letzten zehn Jahren zu einem bedeutenden Schwerpunkt geworden: „Landkommunen sind in Italien in den letzten zehn Jahren beinahe ein Mythos gewesen. Zwischen 1973 und 1977 haben sie sich ziemlich verbreitet. Wie viele sind es? Das weiß niemand. Einige hundert sicher, irgendwo verstreut, vor allem in der Toskana ... Aber heute ein Stück Land zu finden mit einem Häuschen drauf, auch wenn es eine halbe Ruine ist, ist inzwischen schon ein Unternehmen geworden. Von ‚kaufen' kann heute kaum noch jemand reden: die Preise sind in die Höhe geschossen. Bis vor drei Jahren konnte man noch etwas finden ... Aber es gibt schließlich die Konkurrenz mit den Amerikanern und den Deutschen, die die Hügel der Toskana lieben und alles kaufen und mit allem zufrieden sind ..."[6] So liegt also inzwischen das Problem nicht nur bei den Preisen, sondern auch bei den sich verknappenden Angeboten. In einem nur angemieteten Hof in der Nähe von C.C. entstand eine Auffangstelle und Ausgangsbasis für Landsucher aus der Bundesrepublik. Die unverbindliche Möglichkeit, hierher zu kommen, wirkte sich über die eigentliche Intention hinaus als Filter aus. Viele revidierten ihre Zukunftpläne. Für die Leute des Dorfes sind die Hofbewohner zu einer expliziten Negativgruppe geworden. Die in C.C. noch immer ländliche Gesellschaft definiert sich über ihr Eigentum an Grund und Boden und über die Tätigkeiten ihrer Mitglieder zur Existenzsicherung. Die Lebensverhältnisse der Dorfbewohner sind füreinander klar überschaubar, man kann sich in ein gemeinsames System einordnen. Gänzlich undurchsichtig hingegen ist die fremde Gruppe. Der Hof, den die jungen Leute bewohnen, ist nur gepachtet, es gehört kein Ackerland mehr dazu, auf dem für den Lebensunterhalt – und sei es nur zur Selbstversorgung – produziert werden könnte, es ist nicht erkennbar, wovon die Leute leben. Das Mißtrauen wird verstärkt durch die hohe Fluktuation. Die Unfähigkeit der offensichtlich zufälligen Mitglieder der Gruppe zur Kommunikation mit der lokalen Bevölkerung läßt von vorneherein kein Informationssystem entstehen, aus dem seitens der Toskani Hinweise auf freie oder freiwerdende Höfe kommen könnten. Die mangelnde Bereitschaft beider Seiten, aus diesem Konflikt unterschiedlicher Kulturmuster zumindest Formen gegenseitiger Tolerierung zu entwickeln, schadet vor allem denjenigen, die ernsthaft am Erwerb von Hof und Land interessiert sind, denn ein Teil der noch immer vorhandenen, vom Land- und Hofbestand her guten Objekte bleibt ihnen verschlossen. Es verbleiben vorwiegend jene Siedlerstellen in den Hügelbereichen als Angebot, die aus einleuchtenden Gründen in den Abwanderungswellen der Vergangenheit als erste von den ehemaligen Bewohnern aufgegeben worden waren, und die meisten von ihnen verfallen seit dreißig Jahren: Anwesen ohne autogerechte Zufahrt, ohne Wasser, ohne Strom, oft kilometerweit von der nächsten befestigten Straße entfernt, die Häuser nicht ohne größere, d.h. teuere Reparaturen bewohnbar, die steinig-steilen Felder durch die jahrzehntelange Brache verwildert.

Hoffnungen scheitern, weil die Beziehungen untereinander nicht klappen

Werden in den Außenbeziehungen der beschriebenen unstabilen, weil nicht-verbindlichen und ständig fluktuierenden Gruppe prinzipielle Schwierigkeiten im Kommunikationspattern von sich als alternativ verstehenden Gruppen extrem, aber paradigmatisch sichtbar, liegt in den Gegebenheiten der gruppeninternen Strukturen generell noch mehr Konfliktpotential. Die Toskana war einmal für ihre großen Landkommunen bekannt, nicht nur der italienischen, sondern auch der ausländischer Siedler. (Öko-Journal 1981, Nr. 2) Gewiß gibt es noch immer intakte Siedlerkommunen, die aus sich selbst heraus genügend Selbstbewußtsein entwickeln (etwa die Gruppe in T. bei Grosseto), um sich gegen die an anderen Werten orientierte Umwelt und den Zerstörungstendenzen aus der Gruppe selbst heraus durchzusetzen. Auffallend ist jedoch, daß hinter vielen der heute von Einzelnen getragenen Projekte ursprünglich eine Gruppe gestanden hat: „Vorerst noch werden einstweilen die großen Landkollektive immer seltener, auch und vor allem in der Toskana, d.h., die Gruppen zerfallen nach einiger Zeit meistens in eheähnliche Zweierbeziehungen (mit und ohne Kinder), die dann über kurz oder lang sich einen eigenen Hof jeweils suchen. Dort sind sie zwar bereit und bestrebt, neue Leute bei sich einziehen zu lassen, aber es finden sich selten welche und wenn, dann nur für kurze Zeit." (Öko-Journal 1981, Nr. 2, 15)

Der Rückfall in „eheähnliche Zweierbeziehungen" dient meist auch der Wiederherstellung überschaubarer Eigentumsverhältnisse und der Auflösung offensichtlich unvermeidbarer Kompetenzhierarchien; das bedeutet das Scheitern wichtiger Forderungen eines gegengesellschaftlichen Lebensbildes. Die Vita von Roberto und Michaela mag für andere stehen. Beide, noch nicht dreißig Jahre alt, kommen aus einer norditalienischen Industriestadt, wo sie einer freien Theatergruppe angehörten. Zusammen mit acht Freunden wurde ein Hof im Hügelland nordöstlich von Cecina gekauft, versuchten sie, ihre positiven städtischen Gruppenerfahrungen zur Grundlage eines neuen Anfangs zu machen. Es ging schief; einige gingen in die Stadt zurück, andere kauften einen Hof in der Umgebung.

Von der öffentlichen Straße, die sich schmal und unübersichtlich in die Wälder hochwindet, führt ein ausgewaschener, steiler Weg in ein Tal abwärts, bis zu einem alten, wieder hergestellten Bauernhaus, auf einem herausragenden Geländesporn gelegen, mit einer weiten Sicht in die hintereinander gestaffelten Bergketten. Nach dem Kauf des Grundstücks, der Hausruine, eines Traktors und eines geländetüchtigen Autos waren die Ersparnisse fast aufgebraucht. Der Gemüsegarten zur Selbstversorgung ist in einem traurigen Zustand, weil keine Mittel für eine Bewässerungsanlage vorhanden sind. In einem System von unregelmäßig zwischen den Bäumen ausgespannten Gittern werden Weinbergschnecken gezüchtet. Sie bringen beim Verkauf an Restaurants Bargeld. Roberto und Michaela haben mit dem Versuch begonnen, Kompostwürmer zu züchten, ebenfalls, um durch den Verkauf Mittel für dringend notwendige Investitionen zu bekommen. Auch für Tiere zur Selbstversorgung ist zwar genügend Weide vorhanden, aber kein Geld zur Anschaffung.

Der Eindruck, den Hof und Felder machen, steht in schroffem Gegensatz zu der Zuversicht, die die beiden ausstrahlen. Der Blick über die gestaffelten Ketten der toskanischen Hügel ist weit; die Hänge um den Hof sind vergandet, alles wirkt wie auf dem Weg zurück in den Naturzustand. Wenn abends die Dämmerung anbricht, kann es extrem feucht hier oben werden. Nirgends sieht man ein nachbarliches Licht: Roberto und Michaela haben weder eigenes Licht noch Nachbarn. Wenn die Dämmerung hereinbricht, ist der Tag praktisch zu Ende. Zum Dorf sind es mindestens acht Kilometer, und Besuche von Freunden sind selten. Wenn sie sich auch vor der Einsamkeit nicht fürchten, bleibt die Frage offen, ob die notwendige Paarfixierung in dieser Isolierung auf Dauer doch nicht wieder zur Rollenfixierung wird.

Auch Christine und Peter – beide Deutsche – haben nach einer unsteten, urbanen Vita die Entscheidung für ein Leben auf dem Land getroffen. Sie kauften einen Hof in den Bergen nördöstlich von Grosseto, der ebenfalls bereits vor dreißig Jahren von den Pächtern verlassen worden war. Man muß über einen unbefestigten Weg eine Weile durch Wald fahren, bis sich ein weites Panorama öffnet und in der charakteristischen Lage auf einem Geländesporn ein großes altes Haus sichtbar wird. Das ehemals eingefallene Dach ist sorgfältig ausgebessert, eine Fülle von Kleintieren tummelt sich, ein terrassierter Gemüsegarten ist vorhanden, ein kompliziertes Wasserleitungssystem von einer Quelle oberhalb des Hauses transportiert das knappe Wasser zum Haus und zu den Schaf- und Ziegenställen. Auf einem beängstigend steilen Hang steht ein älterer Traktor, Felder und Bäume sind gepflegt, Baumaterial liegt herum.

Der Hof war vor vier Jahren von einer Gruppe von sechs Leuten gekauft worden. Übrig geblieben sind die zwei Erwachsenen und das Kind von Christina. Auch sie hofften auf neu hinzukommende Leute, die sich auch einstellten, aber nur kurz. Auch der zweite Versuch scheiterte, weil sich trotz Übereinstimmung im Ideologischen die geheime Hierarchisierung des Alltags nicht vermeiden ließ, die Gruppe sicher auch zu klein war, um die notwendig entstehenden Konflikte sachlich auszutragen. Nun haben sie vorerst genug vom Gruppenleben.

Trotz des offensichtlich funktionierenden Hofes reichen die Erträge zwar zum täglichen Leben, nicht aber für die notwendigen Investitionen. Man wirtschaftet biologisch-organisch, und es dauert lange, bis Boden und Pflanzen wieder fruchtbar werden, zumal weder Christina noch Peter einschlägige Erfahrungen mitgebracht haben. Wenn es ihnen auch um die Wiederherstellung einer Identität mit der Umwelt, als Gegengewicht gegen die Zerstörung eines sinnvollen Alltags in einer sich selbst zerstörenden Gesellschaft geht, so sind sie doch auf Zahlungen aus eben dieser Gesellschaft angewiesen, bleiben sie mit der verlassenen, urbanen Kultur auf Gedeih und Verderb verbunden.

Das Dorf ist 8 km weit entfernt. Die anfängliche Distanzierung der Dorfbewohner gegenüber den Siedlern ist mit der Zeit einer schmalen Anerkennung gewichen. Man sieht, die Felder sind wieder gepflegt, Bäume und Tiere gedeihen. Das schafft Verbindungen, wenngleich auch die nicht ins Kulturmuster der Einheimischen passenden Verhaltensformen der Kommune zuerst mehr Grenzen als Pfade des Verstehens aufgerichtet hatten. Die räumliche Distanz und die seltenen Kontakte verhindern Konflikte, die Kommunikation läuft hauptsächlich über die Handwerker, die Cooperative, wo man Futtermittel u. ä. holt, und die Bar, wo die Post für den abseits gelegenen Hof deponiert wird. Die Distanz zwischen den Einheimischen und den Fremden ist sicher auch ein Sprachproblem, aber vorwiegend besteht wohl eine soziale, eine kulturelle Barriere. Die Menschen im Dorf haben wenig Gemeinsames mit den intellektuellen Aussteigern, die schon deshalb mit Mißtrauen betrachtet werden, weil man sich nicht vorstellen kann, welche Überlegungen und Bedürfnisse hinter der Investition von Geld und Arbeitskraft in einen verfallenen, aus einleuchtenden Gründen vor Jahren aufgegebenen Hof stecken. Nun läge es im Bereich des Denkbaren, daß die Rückkehr der Landkommuneleute zu einer naturbezogenen, einfachen Lebensweise die Integration in die Gesamtheit einer bescheiden lebenden Landbevölkerung fördern könnte. Die neuen Siedler knüpfen an Verhaltensweisen an, deren Verlust die bäuerliche toskanische Gesellschaft ebenfalls als Verlust in ihrem eigenen, allerdings familienbezogenen Dasein erlebt. Jedoch die Distanzierung überwiegt, die kulturellen Ausgangspositionen sind zu unterschiedlich, als daß sich Gemeinsamkeiten herstellen ließen.

Charakteristisch für diese Position erscheint mir auch die Tatsache zu sein, daß für die Siedler selbst die meist im Politischen zu suchenden Gründe für die Selbstausbürgerung aus der Bundesrepublik im harten Zugriff des bäuerlichen Alltags und in Bezug auf die eigene Lebensgestaltung in der neuen gastgesellschaftlichen Realität immer weniger wichtig werden, daß aber die Orientierung am politischen Geschehen in der Bundesrepublik mit ihren politisch-zwischenkulturellen Strukturen dicht genug ist, um ihre aktive Teilhabe an aktuellen Wertkonflikten in der bundesrepublikanischen Gegenwart zu ermöglichen.

Ist der Ausstieg von Christina und Peter die Konsequenz früherer urbaner Erfahrungen, d. h. der Versuch, eine selbstbestimmte Existenz zu finden, sind Elke und Gerd mit ihren zwei schulpflichtigen Kindern aus ihrer bürgerlichen Existenz vorwiegend wegen der uneinlösbaren beruflichen Vorstellungen von Gerd aus der Bundesrepublik weggegangen. Sie wollen in Italien bleiben, vielleicht für immer, vielleicht auch nur für drei-vier Jahre, d. h., sie sind sich ihrer Entscheidung nicht recht sicher.

War das Weggehen aus der Großstadt auch Flucht, so war es gleichermaßen auch Sehnsucht nach dem „neuen Dasein“, nach einem freien Umgang mit der Natur, mit Pflanzen und Tieren, auch mit den Kindern und mit sich selbst. Einerseits haben sie gefunden, was sie suchten – da sind die täglichen, gemeinsamen Arbeiten, da ist das Eintauchen in die hier wahrhaft überwältigende Natur, dieses Zurückgeworfensein auf Tätigkeiten, die lange verschüttete Fähigkeiten wieder herausfordern und vielleicht eines Tages die Unrast und Zerrissenheit der urbanen Lebensphase überwinden helfen – aber da ist andererseits auch die Unsicherheit der Zukunft, die potenziert wird durch die verloren gegangene Fähigkeit, Wurzeln zu schlagen und mit sich selbst bescheiden zu sein. In einem kurzen, heftigen und schmerzhaften Prozeß haben sie zunächst das Hineingehen in eine Hofgruppe, leidvolle Konflikte und dann die z. T. resignative Trennung durchlaufen. Es hatte sich als unmöglich erwiesen, in eine bereits vorhandene, personengefestigte Inbesitzhabe von Arbeits- und Eigentumskompetenzen gleichberechtigt einbezogen zu werden. Nun haben sie noch weiter im Inland, noch höher im Hügelland von einem altgewordenen Kleinsteigentümer Haus und Boden gekauft. Eigentlich ist es nur ein großer Garten, aber – es ist der Garten Eden. Das kleine Haus, das für vier Personen zu klein ist, wird gegen die Nordwinde durch eine hoch aufragende Felswand geschützt. Die steile Böschung zwischen dem Haus und dem gezackten Rand des sich bis zum 20 Minuten entfernten Dorf hinstreckenden Bergkamms ist mit Kastanien bestanden, deren braune Früchte im Herbst den Boden mit einer Fülle kostbarer Nahrung übersäen. In mehreren Terrassen fällt das Land, das sehr fruchtbar ist und einen dichten Wein- und Baumbestand hat, in Richtung auf die sich weitende Ebene ab. Es gibt auch alte Olivenbäume und es ist Platz für Gemüseanbau. Mehrere Quellen liefern das Wasser. Es kommt in verschieden tiefen Quellgruben an die Oberfläche, in dünnen Rinnsalen fließt das überschüssige Wasser in die tiefer liegenden Terrassen. Die größte Quelle kommt aus einem Spalt, der sich im Dunkel des gewachsenen Felsens verliert. Niemand von den Einheimischen konnte sagen, wo diese größte Quelle entspringt. Der schmale Spalt ist so tief, daß ein erwachsener Mensch darin ertrinken könnte; man kann nicht weit unter die unbewegte Wasseroberfläche sehen.

Inmitten der glückvermittelnden Fruchtbarkeit der Obst- und Weinterrassen wirkt diese Wasserstelle wie ein Rückverweis in eine archaische Welt, erinnert an die mythische, nicht über Vernunft zu vermittelnde Ordnung einer von Menschen inzwischen in Besitz genommenen und weitgehend zerstörten Natur, die nur noch in Rückzugsnischen wie dieser zu finden ist.

Wenn man sich aus den geringfügigen Farb- und Formenklängen der Monokulturen der Maremma hinauf in die Hügelketten der Provinz Crosseto begibt, mit ihren noch immer feudal anmutenden, kleinen stadtartigen Dörfern, wird deutlich, wie sich die kultivierte Landschaft über die Bewegung mitteilt, wie mit jedem Kilometer ins Landesinnere hinein die Natur vielfältiger und zugleich archaischer wird, den Charakter von angeeigneter Natur zu verlieren scheint, wilder wird. An manchen Stellen, wie etwa an den dicht bemoosten und mit Farnen bedeckten Trockenmauern an der Quelle von Elke und Gerd, ist noch etwas von der verloren gegangenen „Mutter Erde“, der wir mit Entzücken und Angst begegnen. Oder widerfährt dem Hellsichtigen hier eine Begegnung mit dem, was C. G. Jung das „kollektive Unbewußte“ nannte? (Jung 1967, 176) „Die Archetypen oder das Archaische leben weiter, haben tiefen Wurzelgrund, werden über vielfach sicher noch unbekannte ‚Kanäle‘ wieder lebendig, wenn dieser Wurzelgrund, das Verhaftetsein des Menschen im Naturkreislauf selbst gefährdet sind. Das mag metaphorisch klingen, hat aber reale Auswirkungen im Verhalten der Menschen der Gegenwart; individuell Unbewußtes und kollektiv Unbewußtes drängen sich wieder vor, werden sicher auch bewußter, sind aber – um im Vorstellungs- (nicht: „Erklärungs-“)Gebäude zu bleiben, noch nicht kultur- und gesellschaftsfähig.“ (Schäfers 1982)

Es erscheint mir symptomatisch, daß die Landbewegung auch dort, wo sie sich nicht als spirituell versteht, den Weg zu einer für uns Heutige kaum noch faßbaren Natur über die Ritualisierung sucht. (Vgl. Diamond 1971, 104 ff.) Die Vision, der Traum, d. h. das totale, temporäre Ausgeliefertsein an nicht faßbare Kräfte spielt dabei die Rolle von Fixpunkten, an denen entscheidend eine dauerhafte Erkenntnis festzumachen ist oder im Extremfall, so wie es Freiburghaus anspricht, als Todesverwirklichung stattfindet (vgl. Beitrag „Wir hier oben“). So kann es auch sein, daß im Zusammenhang eines gefundenen Raumes, den sich vier großstadtgeschädigte Menschen als ihre Heimat anzueignen versuchen – und sei es auch nur vorübergehend –, sich die natürlichen Gegebenheiten noch als klar überschaubare, verläßliche Elemente einer sinnhaften Gestaltung von Welt erweisen können.

Wenn der Blick aber über den weiten Talkessel schweift, in den wie eine Rippe der hohe Felskamm hineinreicht, und Elke die von hier aus sichtbaren oder leicht erreichbaren Höfe alternativer Siedler oder Siedlergemeinschaften aufzählt, so hakt sich auch der Blick ziemlich schnell auf der anderen Talseite in einem großen Bereich fest. Parzelliert und mit Kieswegen versehen, die sich wie dicke Adern über die fast kahlen Hänge ziehen, erweist sich dieser Ausschnitt als Bodenspekulationsbereich, Eigentum eines schweizer Maklers, der hier, verstreut über die Hänge, Sommerhäuser baut. Dicht beieinander also emotionslos kalkuliertes Touristenzentrum und alternative Siedler. Ist der Widerspruch so dicht beieinander lebbar? Oder holt die Großstadt die Siedler ein, indem sie ihnen, vor allem psychisch, die Grundlagen ihrer Existenz entzieht?

Ein fast utopischer Versuch, das Dilemma der Zukunft zu lösen

Elkes und Gerds ausschlaggebende Motivationen zum Weggehen waren berufliche Unzufriedenheit, Großstadtverdrossenheit. Damit sind zwar die Rahmenbedingungen als gesellschaftlich definiert, aber die gewählten Konfliktlösungsstrategien sind trotz aller positiven Merkmale privatistisch-resignativ. Man hofft auf Veränderungsmöglichkeiten im eigenen Lebenskonzept – Auswirkungen des eigenen Handelns in eine gesellschaftliche Dimension hinein werden jedoch als nicht leistbar erachtet. Das heißt, der Ausstieg aus der bundesrepublikanischen Wohlstands-, Wegwerf- und Aggressionsgesellschaft hat zwar emanzipatorischen Charakter, aber nur im privaten Bereich.

Es lassen sich aber auch Beispiele finden, wo der Weggang von Deutschland langfristig als Aufgabe konzipiert wurde, mit einem hohen Maß an Identifikation mit der freiwillig übernommenen Verantwortung für die Gesellschaft. Verankert in der Theorie und Praxis der humanökologischen Bewegung wird versucht, durch die Rückkehr zur Übereinstimmung des täglichen Lebensvollzugs mit den Gesetzmäßigkeiten der Natur auch das verlorene Erbe der Aufklärung, nämlich die Einheit von Denken und Handeln in der Dimension der Verantwortung des Einzelnen für das gesellschaftliche Ganze wieder neu zu gewinnen.

Da ist die Familie Brigitt und Franz Herzog mit zwei Töchtern, elf und dreizehn Jahre alt. Die Familie kam nach langen und gründlichen Vorbereitungen aus dem Stuttgarter Ballungsraum in die Toskana. Beide Erwachsenen, in der Lebensmitte stehend, haben eine ausgezeichnete Ausbildung, sie besaßen ein komfortables Haus im Grünen, mit jener dezenten Wohlhabenheit bewohnt, die nachbarschaftliche Kontakte auf ein Minimum reduzieren kann. Nach außen war diese Wohlstandsidylle nicht vom Gros zu unterscheiden, aber einiges war schon anders. Der Bruch zwischen beruflichem Einbezug in das westlich-kapitalistische Wohlstandssystem und dem wachsenden Bewußtsein von Verantwortung für die Zukunft führte zum Engagement in grünen Bürgerinitiativen. Die Zerstörung der bundesrepublikanischen Gesellschaft und ihrer Mitglieder ist aber – so Franz Herzog – schon zu weit fortgeschritten. Die Verhärtung des politischen Systems ließe wenig Hoffnung, daß überhaupt noch eine Reaktion auf die globalen Zerstörungen möglich sei. Die Zukunft stehe auf dem Spiel, die eigene, die der Kinder, die der Gesellschaft insgesamt. Die Familie Herzog war konsequent, hat den sicheren Beruf, die Ausbildungsmöglichkeiten der Kinder, die eigene Altersversorgung aufgegeben und einen Ort gesucht, wo es ihrer Meinung nach noch möglich ist, Kräfte für die existentiellen Gefährdungen der Zukunft zu sammeln. Sie kauften einen Hof in einem Tal im Hinterland von San Vincenzo.

War ihr Weggehen Flucht? Aus Prinzip pazifistisch, weil die Grundwerte ihres Lebens auf Werten wie Gemeinsamkeit, Mitverantwortung, Dialog als Konfliktlösungsmöglichkeit beruhen, schien für Familie Herzog die Aussicht, im Kampf um eine lebenswerte Zukunft Gewalt als Mittel der Auseinandersetzung zwischen den auf ihren Grundrechten pochenden Bürgern und einem in Institutionen erstarrenden Staat zu akzeptieren, vielleicht sogar selbst auszuüben, erschreckend. Vor der Infragestellung der Gewaltfreiheit als Lebensprinzip suchten sie einen Ausweg. Sie gingen weg in der Überzeugung, daß nur ein konsequent in holistische Zusammenhänge eingebettetes Leben langfristig Möglichkeiten zum Überleben bereitstellt. Die industrielle Landwirtschaft mit der Vergiftung der Böden, der Zerstörung der Artenvielfalt muß früher oder später zusammenbrechen; die Verteuerung der Energien wird den Kollaps noch beschleunigen. Dann werden die ausgebeuteten, zerstörten Böden ohne das ausgeklügelte System von Chemikalien und Giften keine Erträge mehr bringen. (Vgl. „Global 2000“, 1981) Niemand mehr wird Zeit haben für die langen

Umstellungsphasen auf eine gesündere, boden- und pflanzenschonende Produktionsweise. „Dann“ – so Franz Herzog – „wird man auf die Höfe zurückgreifen müssen, die gesund sind, autark produzieren. Denn es wird großen Hunger geben.“ Hinter der Aufgabe ihrer bürgerlichen Existenz steht also für die Familie Herzog ein charismatischer Anspruch, steht die Rückkehr auch zu einem Modell des „oikos“, in dem das Zusammenleben von Menschen in der Hofgemeinschaft geregelt ist. Aber ist dieses Modell verwirklichbar, ist um einer Idee willen für alle Mitglieder der Familie die selbstverständliche Übernahme eines persönlichen Generationsvertrages sinnvoll und möglich?

Franz Herzog bezeichnet sich selbst als einen eher introvertierten Menschen, er liest gern und braucht Muße zum Nachdenken. Es fällt auf, daß er selten „ich“ sagt, sondern meistens „wir“. Und man wundert sich, daß Herzogs als Kleinfamilie ausgezogen sind, wo alle Vernunft dagegen spricht, angesichts der immensen, zukunftsorientierten Aufgabe, die sie sich gestellt haben, diese allein schon von der Arbeitsorganisation her so verletzbare Form der Kleingruppe zu wählen. Da ist der wunde Punkt! Denn in der Bundesrepublik, in der Vorbereitungsphase hatte alles anders ausgesehen: Das „Modell Toskana“ war ein Gruppenmodell gewesen. In der konsequenten Verwirklichung blieben die Herzogs allein. Es spricht für die Kraft ihrer Überzeugung, daß sie das Risiko, das in der Zweisiedlergruppe liegt, auf sich genommen haben. Die harte Aufbauarbeit, die ungewohnten körperlichen Anstrengungen, das alles hat sie verändert. Die Euphorie des Anfangs ist verloren. Aber noch immer ist diese, nennen wir es protestantisch-ethische Ordnung um sie, die sie so auffallend von vielen anderen Landkommunarden unterscheidet; aus ihnen wächst eine Ausstrahlung, die bei aller Abhängigkeit von materiellen Gegebenheiten zugleich die innere Distanz dazu anzeigt.

Das „neue Dasein“ ist nicht ohne Konflikte. Nicht nur aus Prinzip, sondern auch aus Notwendigkeit muß äußerst sparsam gewirtschaftet werden. Der Hof, gebaut in den 20er Jahren, ein typischer ehemaliger Kleinbesitz, der nichts von der Schönheit alter toskanischer Höfe hat, ist noch gut bewohnbar gewesen. Die Felder erwiesen sich als fruchtbar; die Flächen wurden erst in der letzten Phase der Ausweitung der toskanischen Landwirtschaft um 1920 gerodet, so daß die Böden noch relativ jungfräulich sind. Aber die Absage an die Mechanisierung erwies sich schon im ersten Anlauf als nicht realisierbar. Hacke und Hakenpflug sind auch für die Herzogs Antiquitäten; selbst für den Gemüsegarten wurde eine Maschine gekauft, weil man rationell mit der kostbaren Arbeitskraft umgehen muß. Die Kuh Bianca und das Kalb, das die Herzogs von ihren italienischen Nachbarn gekauft haben, und die neun Schafe, die aus Deutschland stammen, gehören zur Familie. Man liebt die Tiere, spricht mit ihnen, respektiert ihre Eigenarten, aber von der Verantwortung und dem Sich-Eingebunden-Fühlen in ein gemeinsames System für Mensch und Tier bis zu einer existenzsichernden Produktion ist der Weg weit.

Familie Herzog hat ein gutes Verhältnis zu den italienischen Nachbarn. Man kann deren Hof liegen sehen, er liegt auf der anderen Talseite, weit genug entfernt, um nicht einer zu intensiven sozialen Kontrolle zu unterliegen, nahe genug, um sich durch Gesten verständigen zu können. Die Felder der beiden Höfe haben gemeinsame Grenzen; man hilft sich gegenseitig bei der Ernte. Die italienische Familie kam im Zusammenhang mit der beschriebenen Binnenwanderung aus einem weniger fruchtbaren Gebiet in das Tal. Ein erwachsener Sohn ist Mechaniker, er hat seine Werkstatt auf dem Hof, ist eine kostbare Hilfe bei den immer wieder notwendigen Reparaturen an den Maschinen. Die italienischen Nachbarn haben sich gefreut, als sich der leerstehende Hof auf der anderen Talseite wieder mit Leben füllte, und mit der extrovertierten Herzlichkeit der Toskani zogen sie die Herzogs in ihr geselliges Leben mit ein.

Der enge Kontakt mit den Nachbarn ist für die Herzogs nötig, um in der fremden, bäuerlichen Gesellschaft Fuß zu fassen. Mit Sicherheit werden über die Kommunikation auch Kontrollfunktionen ausgeübt, vergewissert man sich doch über den Austausch von Meinungen und Erfahrungen des politischen und sozialen Standortes der anderen. In diesem Netz von Nachbarschaftsbeziehungen dürfen die Werte und Normen, auf die man sich bezieht, nicht zu weit differieren, weil erst die Übereinstimmung dieser Werte die Voraussetzung für das Funktionieren der Nachbarschaft ergibt; erst das selbstverständliche Eingebundensein ist die Garantie für Hilfe im Notfall. Aber die Aufrechterhaltung der Beziehungen bedarf der ständigen Kommunikation. Das bringt für introvertierte, in einem intensiven Geistesleben stehende Menschen Konflikte. Einerseits fühlen sich die Herzogs und ihre Töchter in diesem Verbund wohl, andererseits finden sie für ihre weiterreichenden existentiellen Fragen keine Gesprächspartner. So fühlen sie sich einerseits zu leer gelassen, andererseits überfordert, weil die endlosen Gespräche über die „fraglosen Gegebenheiten" der „alltäglichen Wirklichkeit der Lebenswelt" (Schütz 1979) jene kostbare Zeit wegnehmen, die zum Ausgleich des harten Arbeitsalltags, zur notwendigen geistigen Besinnung so dringend erforderlich ist.

Rückzug – eine Chance für die Zukunft?

Gewiß, auch die Toskana ist Europa. Aber die angesichts der westlichen und östlichen overkill-Potenzen naive, traurige und doch so zähe Hoffnung, sich in einem abgelegenen Tal in der Toskana für die Zukunft eher wappnen zu können als in einem bundesrepublikanischen Ballungsgebiet, hat trotz seines utopischen Charakters realistische Perspektiven. Die selbstgewählte Pflicht, im Notfall Helfer sein zu können, weil man, sich auf die Katastrophe vorbereitend, Übereinstimmung mit der Natur erzielt hat, soweit man das auf 25 ha überhaupt kann, bestimmt die Position, aus der heraus man seinen Alltag bewältigt. An der Sinnhaftigkeit solchen Tuns muß sich der Glaube doch festhalten dürfen, oder wird sich einmal Hanns Henny Jahnns bitteres Wort bewahrheiten, daß es der Fehler von Herzogs gewesen ist, „daß sie hofften"?

Gesellschaftliche Veränderungen, verlaufen sie nicht umsturzhaft, lassen sich im Wandel von Detailphänomenen im Mikrobereich bereits früher erkennen, als sie auf der makrogesellschaftlichen Ebene sichtbar werden. Die Toskana ist zu einem dramatischen Ort der Landflucht geworden. Überlagerungserscheinungen lassen, langfristig gesehen, einen bis jetzt noch nicht absehbaren Verlust bodenständiger Kultur vermuten. Die neuen Eigentümer der vielen, von den Einheimischen aufgegebenen Höfe bringen neue Werte und Verhaltensmuster mit sich; die Kontaktprozesse werden voraussichtlich zu einem reziproken „Austausch von Kulturmustern zwischen den kulturell heterogenen Gruppen" führen. (Giordano 1981, 11) Insgesamt schuf die Verödung des Landes Möglichkeiten für neue Aktivitäten, auf die die Industriegesellschaft erst langsam reagiert. Es könnte sein, daß sich die Versuche von Kleingruppen, zu einem naturverträglicheren, selbstbestimmten Dasein zurückzukehren, auf Dauer als den Rahmenbedingungen nicht gewachsen erweisen werden. In jüngster Zeit werden jedoch sowohl in Umbrien als auch in der Toskana Versuche bekannt, bei denen sich Großgruppen bilden, die Landflächen über 100 ha aufkaufen und Kommunen in Anlehnung an die Kibbuzbewegung bilden – Reaktion auf die offensichtlich kaum zu überwindenden ökonomischen und psychischen Schwierigkeiten in Kleingruppen und Zweisiedlerunternehmungen?

Verstehen wir den Ausstieg aus der urbanen Leistungsgesellschaft als getragen von der Sehnsucht nach einem menschlicheren, gewissenhafteren Leben, so mangelt jedenfalls all den vorgestellten Beispielen nicht das Flair geglückter Schritte auf dem Weg zu einer besseren Welt, gelebt auf einem ständigen Spannungsbogen, auf dessen Krümmung zwischen Hoffen und Verzagen Tag für Tag aufs Neue die Vergewisserung des eigenen Lebenskonzepts erfolgen muß. Utopia-Arkadien – die nie erreichbare Gralsburg, hoffend gesehen mit den Augen der Sehnsucht, der Sehnsucht nach Frieden in der Übereinstimmung mit der Schöpfung. Je näher man zu kommen vermeint, umso ferner rückt die Erfüllung. Ist es der Traum nach rückwärts, nach Aufhebung der Geschichte, oder ist es die Hoffnung, wie Teilhard de Chardin sie aufzeigt (Teilhard de Chardin 1955, 212), daß wir eines Tages trotz aller Rückschläge die in unser Menschsein hineingelegten Seinsqualitäten zu leben vermögen? Sind die, die aus den europäischen, technokratisch-zivilisierten Aggressionsgesellschaften ausgezogen sind und noch immer ausziehen, ein verlorenes Häuflein oder die Träger einer besseren Zukunft? Wird dieses Land Toskana mit seiner mediterranen Kultur zugleich Schutz und Nährboden für neue, gesellschaftliche Möglichkeiten sein? Lassen sich angesichts der globalen Zerstörungen noch „Zukunftsinseln" bilden oder – um an den Ausgangspunkt zurückzukehren – sind die bunten Fahnen der Traumschiffe, die in den Süden davongesegelt sind, nur Karnevalsdekoration oder sind sie wie das Aufbrechen später Blüten vor den Winterfrösten?

Erika Haindl

„. . . bietet die Insel-Situation in Griechenland die Möglichkeit, unser Projekt mit mehr Ruhe aufzuziehen“

Im Frühjahr und Sommer 1979 geisterte durch den deutschen Pressewald ein neues „Aussteiger“-Großprojekt („Alternative Ökonomie. Der Ausstieg nach Ithaka“; „Von Porz ins Paradies“) mit vielen Bildern strahlender Paradiesfinder, vor allem dasjenige des Initiators, des Bildhauers Wido Buller. Und auch die Kontaktadresse, um sich informieren und einkaufen zu können, war dabei: 10 000,-- DM pro erwachsene Person war der Preis für die vorgesehenen 100 aktiven Mitglieder (Siedler) und die 100 passiven Mitglieder, die den Ausstieg nur in den Ferien probieren wollten oder konnten. Die 2 Millionen sollten zum Kauf des Geländes (es ist dann das Sarakiniko-Gelände von ca. 700 000 qm auf der Insel Ithaka geworden), zum Bau der Gebäude, als Grundkapital für den wirtschaftlichen Aufbau und die Existenzsicherung in der Übergangszeit dienen. Über Öffentlichkeitsarbeit und Städtegruppen in Deutschland informiert, entschlossen sich viele, offensichtlich recht spontan, zum unbesehenen Einstieg in das Projekt. Über eine solche Frau, die nicht fahren konnte, weil sie gerade ein Kind erwartete, kam ich selbst an die Unterlagen, darunter die erste Selbstdarstellung vom April 1979. Das Projekt zielte eine weitgehende Autonomie und Autarkie an: eine Gemeinschaftssiedlung auf der Basis von fünf „Dörfern“, Selbstbau der Gebäude, die wie das Gelände im Gemeineigentum verbleiben sollten, schulische, medizinische und landwirtschaftliche Selbstversorgung und Ertragswirtschaft auf dem kleingewerblichen Sektor (Verkauf von Wolle, Töpfereierzeugnissen), sowie durch ein eventuelles Besucherprogramm.

Im Sommer 1979 besuchte ich die Inselbewohner zum ersten Mal und lebte 10 Tage bei ihnen. Ich wohnte im Zelt im „Garten Eden“ mit, kochte und arbeitete mit den wenigen Siedlern und den vielen Besuchern, zumeist die typischen Griechenland-„Rucksack-Touristen“, nahm an Vollversammlungen teil und erahnte in langen Gesprächen die unterschiedlichen Träume von einem neuen Dasein bei den aktiven Siedlern, den passiven Mitgliedern und den Besuchern auf Zeit. Schon damals zeichnete sich ein Problem ab, das jenseits aller Anfangsschwierigkeiten zum Zerfall der Gruppe führen mußte.

Während sich die Wertorientierungen der touristischen Besucher und der meisten der damals anwesenden jungen Siedler kaum unterschieden, war ein tiefer Graben zwischen den Siedlern und den passiven Mitgliedern, die Sarakiniko als so etwas wie einen blaubehimmelten Zweitwohnsitz mit weißen Folklore-Häusern betrachteten, den man mit der Yacht ansteuern könnte, um für ein paar Wochen das „alternative Leben“ zu probieren.

Inzwischen haben sich diese aus dem Projekt zurückgezogen, darunter allerdings auch projektive Siedler, denen es nicht schnell genug ging und die das Geld hatten, sich auf der Insel selbst oder anderswo, ihr eigenes Kleinprojekt zu schaffen! Vor allem aber hat der Begründer, selbst nie als Siedler auf der Insel gewesen, sich zurückgezogen. So wie er Öffentlichkeitsarbeit für das Projekt geleistet hat, geschah es nun gegen das Projekt. Und der Blätterwald ist wieder voll davon („Die Flucht aus dem Paradies“; „Noch Hoffnung für Ithaka“; „Sarakiniko ist tot – es lebe Palagi“, in: Umweltmagazin, 4. Jg., Nr. 3, Aug. 1981); Wido Buller berichtet dort schon von seinem neuen Insel-Projekt „Palagi“ (= Projekt „Alternatives Leben auf einer griechischen Insel“) und gibt auch gleich die Kontaktadresse für die Mitmacher an.

Was aber ist tatsächlich aus Sarakiniko geworden? Ich hatte seit 1979 weiterhin, wenn auch sehr sporadisch, korrespondiert. Die Nachrichten waren widersprüchlich. Eine neue Selbstdarstellung vom Februar 1980 begann mit einem Gedicht von Konstantinos Kavafis. Dort heißt es:

„Ithaka schenke dir die schöne Reise.
Zu ihm allein bist du herausgefahren.
Verlange andere Gaben nicht von ihm.
Findest du’s arm, Ithaka trog dich nicht,

So weise, wie du wurdest, so erfahren,
Erkanntest du nun wohl, was Inseln Ithaka bedeutet."

Die Begriffe „Aussteigen" und „Flucht" werden in dieser Selbstdarstellung abgelehnt, man will das Projekt als einen politischen Akt verstanden wissen: „Wir meinen, daß unser Weggehen aus dieser von uns in Frage gestellten Gesellschaft keine Flucht ist. Das Projekt wird von uns im Gegenteil als ein politischer Akt verstanden, in dem wir eine andere, für uns tragbare Gesellschaft aufbauen. Unsere Kritik an der hiesigen Gesellschaft richtet sich gegen die Einengung der Person durch Isolation, Rollenklischees und staatliche Eingriffe, Entfremdung der Arbeit und Konsumverhalten. Wir wollen lernen, demokratisch und liebevoll miteinander umzugehen und dies in Einklang mit dem Leben in der Natur zu bringen. In diesem Projekt sehen wir eine Chance, ein praktisch vorgelebtes Beispiel zu geben, das anderen mit der Gesellschaft Unzufriedenen eine Möglichkeit aufzeigt, Veränderungen herbeizuführen." Und weiterhin: „Außerdem bietet die Insel-Situation in Griechenland die Möglichkeit, unser Projekt mit mehr Ruhe aufzuziehen – die wir brauchen, weil es ein Experiment ist."

Im Sommer 1981 bin ich noch einmal hingefahren, sicher auch mit ein bißchen Sehnsucht nach einer Welt, die mir freundlich begegnet war. Als ich zurückkam, an meinen Schreibtisch, stand mir der Sinn nicht nach einer kulturanthropologischen Analyse, sondern nach einem erzählenden Brief an mir vertraute Menschen. Dieser spontane Brief wurde zu einem, sicher oft subjektiv gefärbten Erlebnisbericht, den ich hier wiedergeben will. Er spiegelt nicht die Distanz des Forschers im Feld wieder, sondern eher den Interaktionsaspekt, bei dem die Interaktionspartner ihre eigene Identität wechselseitig in die Begegnung und die Gespräche einbringen.[1]

Ein Brief über Sarakiniko

Im September 1981

Wie versprochen will ich Euch heute einen kleinen Reisebericht mit meinen Erlebnissen und Gedanken auf Ithaka schicken. Vielleicht gewinne ich durch dieses Tun allmählich doch den Übergang zu Frankfurt und dem, was auf mich wartet oder nicht wartet.

Abends gegen 19 Uhr hatten wir unser doch recht schweres und unfangreiches „Alternativgepäck“ (eben mit Zelten, Luftmatratzen und Schlafsäcken und wenigen, aber immer noch zu vielen Sachen) in Sigurds Auto verpackt und starteten gen Süden. Daß wir nicht viel weiter als bis München kommen würden, war uns bald klar. Am nächsten Morgen ging's um 6 Uhr weiter, um die 1 400 km bis Brindisi zu schaffen. Es war ein Schlauch, das schöne Italien raste an einem vorbei, zum Schluß war's finster und goß in Strömen, und wir erreichten den Hafen im letzten Augenblick. Abfahrt 23 Uhr. Wir standen lange an Deck und beobachteten ferne Blitze, die zwischen den Wolken hin und her oder ins Meer fuhren. Dann gingen wir in unsere Billigstkabine, ohne Bullauge und unter den zwei Decks mit Autos und schweren Lastern und, ich glaube, auch unter dem Meeresspiegel. Doch wir haben gut geschlafen, und als ich an Deck ging, schien schon die griechische Sonne und irgendwann kam dann auch Ithaka in Sicht. Mir ging's zwar nicht wie Odysseus, aber ein bißchen Heimkehrgefühle hatte ich doch. So war es wirklich unglaublich schön, daß da plötzlich jemand am Hafen stand, der mich anguckte und ich ihn – bist Du es? – und das war Cornelius, der einfach mal probieren wollte, ob wir schon kämen. Große Begrüßung auch mit einigen anderen Sarakinikern! Ein paar Kilometer ging es dann noch mit dem Wagen weiter bis zur Sarakiniko-Bucht und dem Fuß des Berges zum Garten Eden. Der Aufstieg war mühsam, das Gepäck war schwer und unsere Füße so gehungewohnt wie unsere Lungen luftungewohnt. Brigitte hatte am nächsten Tag einen „Ozonschock“. Oben angekommen, wurden wir mit selbstgepflücktem Kräutertee (Salbei, Pfefferminz, Lindenblüten, Kamille) gelabt. Dann bauten wir die Zelte unter den großen alten Olivenbäumen auf, direkt über der Trockenmauer, die ich vor zwei Jahren mit gebaut hatte.

Und ich schaute mich um, ob sich vieles verändert hatte, oder ob ich alles wiedererkennen würde. Cornelius sagte mir gleich, daß der große Stein, auf dem ich damals – aufs Meer und in die Wolken träumend – immer gesessen hätte, leider einer Planierung weichen mußte, aber daß mein Erinnerungs-Geoden-Arrangement im Olivenbaum noch immer da wäre. Und im anderen Olivenbaum war noch immer der Küchenschrank, und das Klo (Donnerbalken über Eimer) in einer Felsennische mit Meerblick hatte sich auch noch nicht verändert. Für mich war es nostalgisch-schön, so vieles unverändert wiederzufinden; vom Projekt her stimmte es nach zwei Jahren natürlich etwas skeptisch. Aber einiges war doch neu. Zunächst die vielen Wohnstätten. Damals stand im Garten Eden nur das eine Zelt, in dem wir wohnten, jetzt standen dort mindestens zwanzig Zelte oder Dome, weitere unten am Ziegenstall und über der Felsenbucht; und zusätzlich war gerade ein rechter Bauboom. Die meisten bauten für sich allein, seltener für zwei (Paare oder ein alleinstehender Elternteil mit Kind), noch seltener für eine Familie (und es hieß, die würden nicht mehr lange existieren), alle mit genügend Abstand zum „Nachbarn“ und oft recht unwegsam zu erreichen. Nur der Lichtberg, so heißt die Küchengemeinschaft in der Cornelius ist, hatte ein bauliches Gemeinschaftskonzept entwickelt, das jetzt angefangen werden soll: eine wabenförmige Konstruktion von untereinander verbundenen sechseckigen Zellen (Holzgerüste mit Zeltleinen oder evtl. Ziegenleder bespannt, Holzfußboden). Drei dienen als Eingang, Küche und gemeinsamer Wohnraum, fünf weitere sind Wohnzellen für Cornelius, Ulli, ihre achtjährige Tochter Paola, Ruth, die 65jährige Aussteigerin und der, leider nicht kennengelernte, Vorweisestar für die Integration der älteren Menschen in das Gruppenleben, und eine noch zu findende fünfte Person. Cornelius träumt von einem ganzen „Dorf“, das sich nach und nach anbaut. Später soll es auch noch eine Zelle für ein Biogasklo geben und eine für die Dusche. Versuche, das Wasser – kostbarstes und rares Gut in Sarakiniko – über die Zeltdächer für den privaten Gebrauch aufzufangen, werden schon gemacht. In Funktion haben wir dergleichen noch nicht gesehen.

Das Wasserproblem ist nach wie vor schlimm, für uns Besucher war es manchmal schon bissel unerträglich. Die Sarakiniker dagegen behaupteten, man würde hier gar nicht dreckig. Aber es ist ja nicht nur das Waschen und Zähneputzen, sondern auch Kochen, Trinken für Mensch und Vieh und vor allem die neu gepflanzten Bäume und das Gemüse. Der vor zwei Jahren unten in der Bucht gebaute Brunnen hat so salziges Wasser, daß er zum „verschwenderischen" Waschen freigegeben ist, aber man muß erstmal vom Garten Eden den Ab- und Aufmarsch bewältigen. Dann gibt es dort unten noch die Quelle, die vor allem zum Gießen der Beete benutzt wird, aber auch sie wird bei zu starker Nutzung salzig. Oben sind einige Zisternen, die schon früher existierten und nur wieder ausgebaut werden mußten. Sie sind jetzt alle in Ordnung; wenn man davon absieht, daß in einer gerade eine tote Ratte gefunden worden war, auch benutzbar. Um die schweren Wasserkanister allerdings von dort zum Lichtberg zu bringen, braucht man schon die Esel. Und die wiederum stehen jeder Küchengemeinschaft nur einmal in der Woche zur Verfügung. Zwar gibt es davon mehrere, aber nur zwei scheinen zur Zeit der Allgemeinheit zum Transport zuzustehen. Der „Kinderesel" schafft es wohl nicht mehr, und zwei andere „gehören" Ernst, und weil die Gruppe mit Ernst im Knatsch liegt, werden sie von ihm auch nicht ausgeliehen (oder leiht er sie nicht aus?).

Was gibt es sonst noch für Tiere auf Sarakiniko? Die Katzen sind die größte Tiergruppe. Ersetzen sie wirklich für einige der Sarakinesen die fehlenden menschlichen Bezüge, wie es die einen Einheimischen von den anderen erzählten? Ansonsten gibt es an wirtschaftlich sinnvolleren Tieren noch zwei Pferde, mit denen aber offensichtlich nur die gerade abwesende Ruth umgehen kann, eine Ziege, deren Milch jeder Küchengemeinschaft einmal wöchentlich zur Verfügung steht, und ein paar Hühner. Übrigens muß ich nachtragen, daß die Katzen doch als sehr sinnvoll empfunden werden, nicht nur als Wärmespender, sondern vor allem als Rattenvertilger. Und damit wären wir bei den „wilden" Tieren. Die Ratten müssen eine echte Plage gewesen sein. Sicher waren sie froh, als die Deutschen ins verlassene Land kamen und Nahrung brachten. Was sie alles als Nahrung empfanden, hat Cornelius einmal schmerzlich erfahren, als eine Ratte nächtlich an seinem Finger nagte. Jetzt sind sie wohl vor allem unten an der Bausammelstelle, wo die Transporte aus Deutschland mit Baumaterialien und den Erinnerungsstücken aus deutschen Wohntagen abgeladen werden. Eine weitere Plage sind die Insekten, vor allem die Wespen, die einem die Mahlzeiten im Freien recht vergällen können. Aber es kam noch schlimmer! Am Tag vor unserer Abreise hatte ein „Krieg" der Wespen gegen die Honigbienen stattgefunden. Hatten die Wächter geschlafen? Jedenfalls haben die Wespen gemordet und den Honig geraubt. Das Ausmaß des Schadens konnte ich nicht erfahren, zumal die sachverständige Imkerin auch gerade in Deutschland war. Schlangen soll es auch geben, es kursierten viele Sichtgeschichten, und seltsamerweise sprachen hier mehr die Männer von ihrer Schlangenphobie.

Bei den Nutztieren hatte ich die Bienen vergessen, die sich eventuell zu den nützlichsten Tieren der Sarakiniker in wirtschaftlicher Hinsicht entwickeln könnten. Sie erscheinen mir auch als ein Faktor, der nicht nur traditions-, sondern auch zukunftsträchtig ist und einige Seifenblasen alternativer Ökonomie überleben könnte. Zu diesen Seifenblasen zähle ich den vorläufig sicher gewinnträchtigsten Vertrieb des monatlichen Informationsblattes an Mitglieder und Interessenten, das heißt an jene Menschen, die nicht „aussteigen" können und wollen, aber sich einen Hauch dieser Szene des einfachen und natürlichen Lebens damit erkaufen können. Ihnen wird es einmal langweilig werden, zumal wenn es nicht mehr „in" ist, oder es wird ihnen schlichtweg das Geld dafür ausgehen. Auch der Markt für handgestrickte und handgewebte Kleidung und Teppiche, die nicht gerade billig sind, wird sich durch die Konkurrenz der alternativen Gruppen (und die meisten stricken und weben) und die touristischen Mitbring- und Kaufhausangebote eher verschlechtern als verbessern. Der Verkauf von Blumenkarten und ausgewähltem Johannisbrot in Dreierpackungen wird ökonomisches Hobby bleiben. Wäre noch die Landwirtschaft als die ureigenst gedachte Basis der wirtschaftlichen Versorgung von Landkommunen.

Das Land, das sich die Sarakiniker gekauft haben, war vor Zeiten landwirtschaftlich genutzt. Davon zeugen die ca. 800 alten, gewaltigen und noch immer fruchtbaren Olivenbäume, davon zeugen die Terrassen und die Zisternen, die in mühevoller Handarbeit wieder auf- und ausgebaut worden sind. Die Erde dort ist fruchtbar, aber sie bedarf nach der langen Brache einer intensiven Pflege.

Und der größte Teil des Geländes ist steil und unwegsam, zum Meer abfallend, steinig und von dorniger Macchia überwuchert, notfalls Weidegelände für Ziegen. Ziegen gab es dort noch vor zwei Jahren, als die Pacht für den Ziegenhirten noch nicht ausgelaufen war. Aber vor ihnen war natürlich keine junge Pflanze sicher, und in ihrer Geschicklichkeit des Auf-den-Hinterbeinen-Stehens haben sie auch die Olivenbäume nicht verschont. Die Sarakiniker wollen keine Ziegen.

Die Steilhänge könnten urbar gemacht werden. In ihren Träumen sehen die Sarakiniker die Weinterrassen in der lastenden Sonne vor sich, schmecken den süßen Sarakiniko-Wein. Aber: woher kommt das Wasser? Man baut an einer zweiten Meerwasser-Entsalzungsanlage. Die erste vor zwei Jahren war eine Fehlplanung. An dieser arbeitete ein Gast, fachmännisch, kreatives Projekt auch für ihn. Kleinstmengen Süßwasser wurden schon gewonnen. Die gewonnene Tagesration zum genüßlichen Süßwasser-Waschen verwandt. Es funktioniert im Prinzip, aber die effektive Nutzung im Großen bedürfte der Kapitalinvestition – und Kapital ist nicht da. Wie mache ich Land urbar ohne Kapital? Rückgriff auf traditionelle Technologien? Die Einheimischen brennen die Macchia in einem großen Feuerwerk ab. Das widerspricht dem ökologischen Bewußtsein der Sarakiniker, ebenso die künstliche Düngung, das tiefe Umgraben des Erdreichs. Man probiert Neues und Altes, man liest Bücher über biologischen Gartenbau, jede Küchengemeinschaft hat ihre eigenen Methoden auf den kleinen Gemüsefeldern. Manche sind von Unkraut überwuchert. Was will man dagegen sagen, wenn man zur Antwort bekommt, daß eben dieses Gestrüpp das Erdreich vor Austrocknung schützt. Immer wieder das Wasserproblem! Es ist schwer hier, sich die Natur dienstbar zu machen, zumal, wenn man sie selbst und sich selbst nicht verletzen will. So steht jenes technische Ungeheuer, das man sich einmal anschaffte, um eine Straße zu bauen, ungenutzt an jenem Wegabschnitt, bis zu dem man gekommen ist, und die schweren Steine am Platz der neuen geplanten Zisterne werden höchstens mit dem um Beil und Hacke verlängerten Arm entfernt. Arbeitsintensität überall. Daneben Lustprinzip, Vorrang der Selbstverwirklichung, uneffektive Mehrgleisigkeit individueller Ansätze, Organisationsscheu und -ablehnung, viel Versuch und Irrtum der vielen handwerklich und landwirtschaftlich Unerfahrenen. Dazu ein Alltag, dessen Primitivität bereits einen großen Teil der Arbeitskraft beansprucht.

Viele, nicht alle (und auch das ist ein Problem), stehen morgens zeitig auf in Sarakiniko. Da wird in den Gärten gearbeitet, Wasser transportiert, Baumaterialien werden auf Eseln oder Menschenschultern den Berg hochgeschleppt, man baut allein oder mit Nachbarschaftshilfe am eigenen Dom, die Lehrer geben bereits den ersten Unterricht. Gegen 10 Uhr haben die einzelnen Küchengemeinschaften ihre Frühstückszeit. Da ist eine Person ganz schön mit der Vorbereitung beschäftigt. In der guten Jahreszeit findet alles im Freien statt. Dort stand auf dem Lichtberg auch der etwas kurios in die Landschaft eingefügte Herd mit seinen roten Klappen und dem immer etwas schmutzig rauchenden Schornstein. Um ihn zu feuern, brauchte man viel Holz, selbst gesammelt, gebrochen und gehackt. Darauf das Abwaschwasser (anschließend zum Pflanzengießen) für das schmutzige Geschirr von durchschnittlich 10 Personen, Teewasser für den mit Findigkeit morgendlich frisch gesammelten Kräutertee und den kostbaren schwarzen. Tischdekken mit dem selbstgebackenen Brot, einem Sesamaufstrich, Marmelade (und schon waren die Wespen da!), Tomaten und eventuellen Resten vom Abendessen. Mittags nahm sich jeder ein Müsli mit wasserverlängerter Dosenmilch. Abends war die große, noch arbeitsintensivere Mahlzeit, Riesenquantitäten von Nudeln, Reis, Kartoffeln, Gemüse; selten oder nie Fleisch, Fisch, Geflügel. Man ißt bescheiden in Sarakiniko. Die Mahlzeiten auf harten Bänken um den großen Tisch unter den schützenden Olivenbäumen waren die Zeiten der Gespräche, besonders abends, wenn die Dunkelheit schneller als bei uns hereinbrach.

Zu der täglichen Feld- und Hausarbeit kamen die Sonderaktionen. In diesem Sommer wurde vor allem gebaut. Da war jeder für sich selbst zuständig und auf freiwillige Nachbarschafts- oder Gästehilfe angewiesen. Ab Ende September stand die dritte Olivenernte ins Haus, auch sie arbeitsintensiv und bei den großen, überalterten Bäumen besonders schwierig. Hier ist die ganze Gemeinschaft gefordert, und die wäre wohl selbst bei höchster Arbeitsdisziplin zu klein, um alle Bäume abzuernten. Im vorigen Jahr hat man 200 der 800 Bäume geschafft, andere meinten ein Drittel. Zur Ernte kommt das Lesen, der Transport und die Eigenhilfe in der Ölmühle. Immerhin hatte man voriges Jahr den Eigenbedarf abdecken können und einen guten zusätzlichen Verdienst. Eine wöchentliche Sonderaktion der einzelnen Küchengemeinschaften ist auch das Brotbacken. Auch das kostet viel Zeit: es beginnt mit dem Körnerauslesen, eine geruhsame und gesprächsfreundliche Beschäftigung. Das Mahlen der Körner auf einer kleinen, handbetriebenen Steinmühle war schon anstrengender, und das Backen, nachdem der Teig gut gegangen war, erforderte wieder ein dauerndes Holznachlegen. Zweimal wöchentlich hatten die Küchen ihren Einkaufstag in Vathi: Abstieg, Autofahrt, Einkaufen, Kaffeepause und der Aufstieg mit schwerem Gepäck auf dem Rücken und in den Händen, denn die Esel standen nur selten dafür zur Verfügung. Trotzdem, man ging gern nach Vathi, oft saß halb Sarakiniko beim gleichen Wirt und trank und unterhielt sich, getrennt allerdings von den einheimischen Griechen.

Und sicher ist es nicht nur das Sprachproblem, das die beiden Gruppen trennt, sonders es sind vor allem die so weit voneinander entfernten Lebenswelten. Die Griechen sind skeptisch gegenüber diesen Deutschen, aber vielleicht nicht skeptischer als es auch die deutschen Normalbürger gegenüber einer Landkommune neben ihnen wären. Wenn allerdings sich eine Sarakinikerin mit der Diskriminierung von Gastarbeitern verglich, dann stimmt weder das Bild noch die Situation. Weder die unfreiwillige Arbeitsemigration in eine Leistungsgesellschaft ist mit dem freiwilligen Auszug aus der Leistungsgesellschaft zu vergleichen, noch die verhinderte Integration und erzwungene Isolation der Armen aus Armutsgesellschaften mit der letztendlich verweigerten Integration und freiwilligen Isolation in eine „Insel" auf der Insel durch eine Gruppe ausgestiegener Mittelstandsbürger, die sich selbst zu genügen glaubt oder deutsche Gäste hat, eingeladene und uneingeladene, und deren Mitglieder immer wieder für Wochen und Monate, und nicht nur zum Geldverdienen nach Deutschland fahren. Die Gesellschaft, aus der sie kommen, ist bei aller Ablehnung noch immer sehr viel stärker für sie und in ihnen wirksam, als die Gesellschaft, in die sie gegangen sind.

Ich merke plötzlich, welchen weiten Weg ich gebraucht habe, um über die Menschen in Sarakiniko zu sprechen. Und doch waren sie auch in allem, was ich vorher erzählte, da. Aber gibt es überhaupt *den* Sarakiniker? Kann eine so junge Kultur schon so etwas wie eine Kulturpersönlichkeit geschaffen haben, oder sind es Gemeinsamkeiten aus einer deutschen Subkultur, die sie verbinden? Alle Sarakiniker kennenzulernen ist schwierig, sie kennen sich oft nicht einmal untereinander, wußten weniger von der Lebensgeschichte und den Gedanken der anderen als ich als Fremde. Man trifft die meisten bei der wöchentlichen Vollversammlung oder beim Vollmondfest. Aber es sind nicht alle, und viele sind trotz Anwesenheit abwesend. Das Vollmondfest: ein bißchen Naturmystifikation, ein bißchen Jugendbewegtheit und ein bißchen Lebensreform, offenes Feuer, Klampfe, kleine Gruppen, viel Zärtlichkeit, selbstgebackener Kuchen, keine Drogen, keine harten Getränke, viel Zuwendung zu den Kindern. Die Fremden, die Gäste, blieben außerhalb. Zwar mußten wir schon frühzeitig zur Abfahrt unseres Schiffs aufbrechen, aber ich glaube nicht, daß sich an der Isolation allzu viel geändert hätte. Ging es uns da aber anders als vielen Sarakinikern, die gar nicht erst kamen, weil sie Minderheit und Außenseiter in diesem Gruppenkonsens waren?

Das Problem auseinanderklaffender Wertorientierungen und Lebenserwartungen in dieser heterogenen Gruppe zeigte sich immer wieder. Die Vollversammlung fing friedlich und ein wenig gelangweilt an. Viele badeten noch, andere träumten vor sich hin, wenige sprachen. Die Tagesordnung entstand spontan, Beschlüsse wurden nicht gefaßt, anstehende Probleme an Arbeitsgruppen delegiert. Die Übereinstimmung des laissez-faire zerbrach erst in der Auseinandersetzung mit dem Außenseiter Ernst. Ernst ist in vielem hier Außenseiter: mit Mitte 40 älter als der Durchschnitt der Gruppe, verheiratet und mit Frau und Kind in Sarakiniko, gelernter Handwerker – aber vor allem mit einem Traum vom anderen Dasein, der anders geträumt wird als von der Mehrheit. Ernst will schaffen und sein eigenes Heim, die festen vier Wände, bauen. Er hat auch genügend Geld gespart, um dieses Ziel mit oder ohne Gruppe zu verwirklichen. Als es für ihn nicht schnell genug mit der Gruppe ging, hat er sich im Ort ein Haus gekauft. Dieses Haus wurde Aufhänger der Auseinandersetzung. Doch das Problem lag tiefer. Arnim drückte es deutlich aus: er wollte erst einmal probieren, ob dieses Leben mit der Gruppe, dieser Arbeit seinen Vorstellungen entspricht: sich selbst finden, sich nicht festlegen, auch deshalb kein festes Haus. Man warf sich gegenseitig unsolidarisches Verhalten vor, sah weniger die verschiedenen Lebensweltperspektiven. Denn als Arnim an anderem Ort, zu anderer Zeit ein anderes gruppenübergreifendes Thema ungeduldig vorantreiben wollte, gab es keine Front gegen ihn. Fronten gab es auch nicht gegen Hubert, ältester Mann der Gruppe mit 54, alleinstehend, gelernter Maurer und einziges Gründungsmitglied, das durchgehalten hatte. Freiwillig? Hubert hat weder finanziell noch von seiner Arbeitskraft her die Möglichkeit, einfach wieder aussteigen zu können, er ist allein und krank. Vor zwei Jahren hatte er noch Hoffnungen: die hießen Frauen und schaffen und sicher mehr kleinbürgerliche Idylle von Kölner Kumpanei in den Süden übertragen; er gehörte auch zu den wenigen, für die die Griechen Nachbarn waren. Vor zwei Jahren hörte man Hubert noch lautstark auf der Vollversammlung, heute lebt er allein in seinem 1-Zimmer-Holzhäuschen, ohne Küchengemeinschaft, unten in der verlassenen Sarakiniko-Bucht, die anfangs das Zentrum des Geschehens war. Er spricht nicht mehr von Zukunft, weder mit den festen Vorstellungen wie Ernst, noch mit jenen frei schwebenden Hoffnungen der Jüngeren, die sicher nicht gleich sind, aber denen die gedachte Vielfalt ungebundener Möglichkeiten innewohnt.

Sarakiniko kann Durchgangsstation sein. Da war Thomas, 24 Jahre, Pluderhosen, hager, sanft. Man sah ihm den Traum von Indien an. Und er wollte ihn sich auch erfüllen, vielleicht nach Sarakiniko zurückkommen. Denn er glaubte, hier das gefunden zu haben, was er suchte: Einfachheit, Gelöstheit, Wandlung: „Wenn du hier ankommst, versuche hier anzukommen, bring deine Seele mit und den Platz deiner Sehnsucht", schrieb er in seinen „Expressiven Kontemplationen an den imaginären Besucher". Die griechische Natur war für ihn eher Spiegelbild seiner Seele, Erlebensbereich, als eine materiell anzueignende Lebensbasis. Daß solche Gedanken als Entwurf für ein Hearing über die Lebenspläne der Gruppe bei der griechischen Bevölkerung kaum Verständnis finden würden, wurde wohl zu Recht gesagt.

Manchmal schien es mir, als ob die Männer in Sarakiniko stärker von ihrem Bild von Ithaka, von sich selbst, das sie mitbrachten, geprägt waren und daran festhielten als die Frauen. Viele Frauen wirkten auf mich sicherer, selbstbewußter, ihrer Grenzen bewußter, sich mehr auf das andere Leben, die anderen Menschen einlassend, als von sich selbst sprechend. Da war Erika, 54, verwitwet. Sie baute gerade an ihrem Zelt. Auch sie von jener zunächst etwas beängstigenden Tüchtigkeit, hämmernd, hobelnd, sägend, schwere Lasten tragend, Lastwagen fahrend. Auch sie lebte allein, aber mit einer Integrationsfähigkeit in die Gruppe, die weniger fordernd als gebend war. Da war Inge, 46, geschieden, erwachsene Kinder in Deutschland, die sie besucht hatten, aber nie dort leben möchten. Sehr versteckt und einsam ihr Zelt, ein gutes Gespräch. Sie hatte Huberts autobiographische Notizen aufgeschrieben, ihm damit ein wenig menschliche Zuwendung gegeben. Und da war Ulli, 31, mit ihrer achtjährigen Tochter Paola oben auf dem Lichtberg wohnend. Ulli holte uns mit Cornelius vom Schiff ab, und es war gleich diese beglückende menschliche Nähe da, die unsere 10 Tage auf dem Lichtberg so schön gemacht hat. Es war die gleiche Atmosphäre wie vor zwei Jahren, damals von Cornelius allein getragen, die immer ein bißchen Sehnsucht nach dem Garten Eden in mir wachgehalten hat. Wir, auch meine Freunde, die ich zum erstenmal mitgebracht hatte, waren nicht nur Besucher, sondern Freunde zum Austausch von Gedanken. Wir wurden aufgenommen, auch in den Arbeitsalltag, aber ohne Leistungsdruck, ohne unsere Akklimatisationsschwierigkeiten zu belächeln, ohne uns allzu schlechtes Gewissen zu vermitteln, wenn wir lieber in die Felsenbucht zum Sonnen und Baden gehen wollten. Auch Cornelius und Ulli haben Zeit. Aber ihr Zeithaben scheint weniger aus jener abwartenden Haltung der Vorläufigkeit zu kommen, als vielmehr aus einem Sich-Einrichten-Wollen auf Dauer, vielleicht immer provisorisch im bürgerlichen Sinne der Schaffung von Eigentum und materiellen Werten, eher so, wie Cornelius es aufschrieb: „. . . ich habe viel dazugelernt in dieser Zeit, das Wesentlichste, ich habe gelernt, *mich* selbst zu verändern, und auch mein Bewußtsein. Ich habe gelernt, daß ich keine Seele habe. Ich habe viel mehr. Geist, Materie, Nudelsalat, Liebe, Freunde und immer noch: viel mehr . . . Und die schillernden Seifenblasen sind schon ganz schön stabil geworden: acht Sechsecke für das Glück, und um *leben* zu lernen . . ."

Sicher, auch Cornelius und Ulli sind Ausnahmen hier. Und es gehört auch das Kind Paola dazu, kindlich und doch erwachsener als Kinder in ihrem Alter, stärker integriert in die gesamte Alltagswelt, schon Gesprächspartner, bereit zur Mithilfe und dann wieder spielvergessen mit wesentlich jüngeren Kindern. Wachsen die Kinder hier ausgeglichener auf? Es fehlt die strikte Trennung in eine kindeigene und eine Erwachsenenwelt. Das ist sicher gut so, Wiederbelebung früherer Sozialmuster, die sich schon aus der Nichtgetrenntheit der Lebensbereiche ergibt. Aber es sind zu wenige Kinder, und dadurch fehlt der wichtige Sozialisationsfaktor der eigenen Altersgruppe. Für die Kinder ist die Gettosituation perfekt. Das wird bei den Heranwachsenden besonders deutlich, und auch von ihnen ausgesprochen. Die drei ältesten Kinder (12–13), zusammengefaßt in einer Schulklasse, wollten ihre Schulprüfung an der deutschen Schule in Athen ablegen und dann „Nichts wie weg nach Deutschland". Die nächste Altersgruppe, zwischen 14 und 19, fehlt überhaupt in Sarakiniko.

Hat eine Lebensgemeinschaft, die ihre Kinder nicht halten kann, die sich kaum Gedanken über die Lebenschancen und die Versorgung wirklich alter und kranker Menschen macht, deren materielle Basis sicher noch auf lange Zeit, wenn nicht für immer, in Abhängigkeit zu den Verdienst-, Verkaufs- und Zuschußmöglichkeiten aus Deutschland steht, deren Bauen provisorisch ist (und nicht nur wegen fehlender Baugenehmigung) und dazu wegen der Materialien und der privatistisch motivierten zerstreuten Bauweise landschaftsverschandelnd, die sich nicht in die Kultur ihrer Wahlheimat integriert, wirklich Chancen auf Bestand? Kann sich Cornelius' Traum von einem ganzen Dorf, in dem alle auf Dauer leben können, so überhaupt verwirklichen?

Ich glaube es nicht. Aber ich glaube, daß Sarakiniko weiterbestehen wird, daß nur wenige der jetzigen Siedler bleiben, viele gehen, einige vielleicht enttäuscht und verbittert, andere bereichert für neue Stationen ihres Lebens. Es werden neue Siedler kommen, und es werden immer Träumer und Suchende sein. Sarakiniko ist nicht das Pionierland, in das man aus wirtschaftlicher oder weltanschaulicher Not und Verfolgung flüchtete, um es sich in festen Familien- und Gruppenverbänden nutzbar zu machen. Sarakiniko ist und bleibt eine Fluchtinsel für jene Träume vom besseren Dasein, die am wenigsten mit materieller und sozialer Versicherung zu tun haben. Es ist gelebte Utopie. Konkrete kann sie nur bleiben, solange eine Gesellschaft existiert, die nicht nur für die vielen anderen sorgt, sondern auch diese Aussteiger mitträgt. Soll man das Modell deshalb verurteilen? Sollte man nicht besser fragen, warum hier und heute so wenig Chancen für dieses ersehnte, nicht so entfremdete Leben bestehen, warum auf eine Insel geflüchtet wird? Vielleicht könnten dann die geträumten Utopien der vielen in unserem Land, die noch nicht einmal wissen, daß sie träumen, konkretes Hier werden, nicht irgendwo und nicht nirgendwo.

Ina-Maria Greverus

„Man muß es einfach leben und es ausprobieren“[1]

Eine Wohngemeinschaft in einem Odenwalddorf

Also man sollte vielleicht zuvor sagen, daß wir da in Wiesbaden in einem Haus gelebt haben und fast 18 Leute waren, in so einer alten Villa, die leer stand. Und da haben wir gefragt, ob wir drin wohnen könnten und haben da auch offiziell wohnen dürfen, brauchten keine Miete bezahlen, mußten aber jederzeit damit rechnen, daß wir raus müssen, mit einem Monat Kündigung, also einen Monat vorher würde er uns Bescheid sagen, weil das abgerissen werden sollte. Die haben keinen Käufer gefunden für das Grundstück, und da konnten wir fast drei Jahre wohnen und da hatten wir kaum Unkosten und wußten aber, daß wir da nicht immer bleiben konnten, und wußten auch, daß ein großer Teil von den Leuten zusammen bleiben wollte, und haben uns dann entschlossen schon einmal Bausparverträge abzuschließen, und das haben wir dann auch gemacht, 6 Stück, für den Fall, daß wir dann raus müssen, daß wir dann irgendwie Geld haben, um uns irgendwo ein Haus zu kaufen ...

Diese eine große Gruppe – sie hat sich kennen gelernt darüber, daß sie das Abitur nachgemacht haben in Mainz, auf dem Kettler-Kolleg. Und dann hat sich das so nach Wiesbaden verlagert, und die hatten das Haus schon gehabt, und ich bin da so dazu gekommen. Ich hab da so fast zwei Jahre mitgelebt, bis wir dann da raus mußten ... Wir wollten allerdings in die Nähe von Wiesbaden, im Raum Frankfurt/Wiesbaden, Taunus vielleicht oder irgend wo da in der Umgebung und haben gesucht. Und das war dann ziemlich problematisch. Wir mußten raus aus dem Haus, hatten jetzt aber auch keine andere Wohnung und konnten dann bei Freunden unterschlüpfen, aber nicht alle zusammen, 3–4 da, 2–3 da ... Das hat sich so ein halbes Jahr hingezogen. Und dann sind wir zu einem

Makler gegangen, und wußten ja jetzt so ungefähr, wie die Preislage ist, auch, was auf dem Markt so angeboten wird und haben dann ziemlich schnell dieses Haus hier und dieses Angebot gekriegt. Das war uns eigentlich zu weit, und habens uns angeguckt, und irgendwie wollten wir die Situation auch ändern, wir wollten mal endlich was haben, mal anfangen, und es war sehr günstig, und hat uns von der Größe sehr gut gefallen, auch von der Lage, und allem, und da haben wir gesagt, das nehmen wir jetzt einfach.

Und dann haben wir uns dann so entschieden, also wie das Projekt hier anlaufen sollte, auch von der Finanzierung her, daß wir uns so aufteilen, daß ein Teil in Wiesbaden bleibt, und arbeitet, also Geld anschafft, und der andere Teil hier im Haus bleibt und anfängt klar Schiff zu machen, auszubauen. Und das waren all die Leute, die handwerklich was drauf hatten. Und ich war in der Gruppe, die hier unten gelebt hat, also von Anfang an, und sehr viel gearbeitet hat ... Und dann warn halt Leute, die nur in Wiesbaden waren und nur das Wochenende mal kamen oder so. Und bei diesen Leuten waren zum Beispiel auch die Susanne und der Nick, die dann erst gar nicht mit hier runter gezogen sind, weil die irgendwie in Wiesbaden geblieben sind, da auch wieder mehr Fuß gefaßt haben, die sind dann woanders hingezogen und denen war das einfach zu weit. Die kamen dann hier runter und haben einfach keinen Bezug dazu gekriegt. Und konnten sich auch nicht vorstellen, was sie hier dann machen sollen.

Am Anfang hatten wir vor, auf jeden Fall das hier auszubauen, das Haus, und mit Kindern was zu machen, weil einige auch Sozialpädagogik studiert haben, und ich hab auch mal ein Praktikum gemacht im Kindergarten, ne längere Zeit, und mich da so ein bißchen engagiert. Wir wollten Pflegekinder aufnehmen, die hier leben wie in der Familie. Das war der Hauptplan, und ich halt nebenher, weil ich auch die Ausbildung gemacht hab, ich nebenher noch ne Schreinerwerkstatt gemacht hab und auch kombiniert mit den Kindern noch was gemacht hätte, daß ich da irgendwie irgendwas handwerklich gemacht hätte, und unser Garten halt, also daß wir uns da, so gut wie es geht, selbst versorgen, aber jetzt mit Gemüse und Kartoffeln, also kein Getreide.

Wir mußten unheimlich viel Energie reinstecken in das Haus, das war also manchmal ziemlich hart, du mußt arbeiten gehen, also das lief nicht so, wie wir uns das vorgestellt haben, ging halt alles nicht so schnell. Es war immer ein Teil, der mußte arbeiten, der war den ganzen Tag lang weg, ein Teil war hier, und der hat halt gearbeitet im Haus, und das ist ein unheimliches Projekt gewesen, auch dadurch, daß wir die Kredite von dem Denkmalschutz angenommen haben, das Haus außen total in Stand gesetzt haben und dann hier drin. Da sind wir einfach nicht weiter gekommen, ich mein, man kann jetzt auch noch sagen, auch in dem Bereich, in dem wir hier leben, daß der immer noch nicht fertig ist, in den vier Jahren jetzt ...

Das war überhaupt das Problem mit dem Geld. Wir hatten uns eigentlich überlegt, wir versuchen, daß wir alle die meiste Zeit hier sind, daß das Geld hier über das Haus reinkommt. Zum Beispiel über die Kinder oder über meine Werkstatt, die ich hier machen wollte, so daß wir also nicht rausgehen müssen, daß die Leute nicht den ganzen Tag weg sind, keinen Bezug haben zu hier. Richtig gelöst haben wir es, also zufriedenstellend gelöst haben wir es immer noch nicht. Da haben wir das Projekt mit den Kindern fallen lassen, und dann ist weiterhin ein Teil arbeiten gegangen, ein Teil war hier. Also wir haben uns überlegt, wir müssen irgendwie sehen, daß wir durch das Haus vielleicht auch irgendwie was verdienen können, weil wir haben hier unheimlich viel Platz. Und dann kam das Projekt mit den Seminarräumen, das wär auch ne Sache, die hier läuft, wo sich die Leute engagieren können. Aber, das zu organisieren, das ist auch wieder ein unheimliches Projekt gewesen und auch wieder mit unheimlichen Kosten verbunden. Das kam halt in der Zeit, wo die Leute nach Indien gegangen sind, ein Teil.

Der Willem, der war in der Zeit, als wir das Haus gekauft haben, der hat es gerade noch mitgekriegt, als wir das Haus hier angeguckt haben, und der ist dann weggefahren, hat Urlaub gemacht, in Indien, für drei Monate. Der war damals auch für einen Monat in Poona, ist aber nicht orange geworden und kam dann zurück und hat davon erzählt, nicht sehr viel, aber es muß ne Sache gewesen sein, die ihn sehr beschäftigt hat. Und als nächster ist dann runtergefahren der Siggi, das war glaub ich im Frühling 79, und dem Siggi ging es nicht so gut, irgendwie, der hat hier sehr viel Energie reingesteckt, und das war abzusehen, daß nun die Renovierungsarbeiten für außen so ziemlich fertig waren, und er wußte auch nicht so recht, was er dann machen soll hier, weil er wollt eigentlich nicht nur renovieren. Und er wollte mal weg ... aber nicht unbedingt nach Poona, sondern nach Indien, weil er da auch wohl vor vier, fünf Jahren da mal war. Hat ihm ziemlich gut gefallen, wollt halt da hinfahren, und der Willem hat immer gesagt, fahr doch mal da hin, guck dir das mal an, das ist da ganz toll. Und da ist er hingefahren und irgendwann kam ein Brief, er wollte auch zwei Monate wegbleiben ungefähr, also wolllte wieder zurückkommen, und schrieb dann einen Brief, also es wär so toll, er würde bleiben, länger bleiben. Irgendwann kam ein Brief, daß er Sanjassin geworden ist und ist dann solange unten geblieben, bis sein Geld alle war. Und der Kalli, der ist kurz drauf auch dann, wollt sich das auch mal ankucken und ist dann auch da geblieben.

Der ist dann noch einmal zurückgekommen, der war dann noch mal fast ein halbes Jahr hier, hat hier gelebt, hat sich auch hier normal wieder engagiert, ist aber auch arbeiten gegangen, aber er hat sonst hier das Leben genauso mitgemacht, wie vorher, war zeitweise ein bißchen spannungsgeladen, weil der sich schon etwas verändert hatte und hat sich Geld verdient und ist dann wieder runtergefahren.

Den Winter, das muß dann 1979 gewesen sein, kam dann die Bärbel zu uns, also war die Gitta hier, ich war hier und die Bärbel kam zu uns, und dann kam noch ein Mädchen, die ist mittlerweile auch schon wieder weg, das war die Mehle, und wir waren also den Winter über diese vier Frauen. Und das war also schon ziemlich hart, aber war irgendwie auch ganz gut. Das war eine ziemlich intensive Zeit. Es war schon ziemlich viel zu tun. Aber es war auch ne tolle Zeit. Wir mußten zum Beispiel die ganze Holzaktion, für den Winter das ganze Holz herein zu kriegen, das haben wir alles selber gemacht.

Erst konnten wir uns nicht vorstellen, daß sie wegbleiben, weil der Siggi auch immer wieder geschrieben hat, daß er Heimweh hat, daß ihm das fehlt, aber daß ihn das irgendwie ziemlich anturnt, das Ganze, dann dachten wir ne Zeit lang, die kommen wieder, und dann haben wir gemerkt, daß sie nicht wieder kommen, und dann war es einfach so. Es ging irgendwie weiter, wir wollten auf jeden Fall da bleiben.

Die Mehle ist dann weggegangen, es war 1980, um die Weihnachtszeit. Wollt eigentlich auch nur in Urlaub fahren und ist dann nach Ibiza gefahren, mit ner Freundin, und ist da hängengeblieben; ist dann mal zurückgekommen und ist dann nach Amerika.

Mara und Martin, die haben wir kennengelernt in der Zeit, wo wir nur die vier Frauen waren. Die sind mal hier durchs Dorf gefahren, weil die gehört haben, hier sollte irgendwo ein Haus leer stehen, haben also auch ein Haus gesucht und waren damals zu dritt. Und da kamen wir mit denen ins Gespräch, die haben dann mal so spontan gefragt, ob sie nicht zu uns ziehen dürften. Da waren wir aber noch sehr skeptisch, weil wir uns überlegt haben, jetzt sind wir erst mal ne kleine Gruppe zu viert, wir müssen irgendwie mal überlegen, was wir wollen und jetzt nicht wieder Leute rein, weil das auch ein Schlag war, daß die anderen Leute weg waren, und wie wir das finanziell regeln, das stand halt alles so offen.

Andererseits haben wir uns aber überlegt, einfach die Arbeit, ob wir jetzt den Garten machen wollen, drei Kinder waren ja schon da, ich hab noch die Lehre gemacht, war tagsüber nicht da, die Gitta hat damals auch noch gearbeitet, und die Mehle hat auch halbtags gearbeitet, die Bärbel war im Haus, hat das kleinste Kind gehabt, die hat damals nicht gearbeitet, und da mußte die halt hier den ganzen Haushalt schmeißen. Da haben wir uns überlegt, ist ja auch Quatsch, können schon mehr Leute hier leben und man kann auch noch vielmehr dann hier rausholen. Und dann haben die uns auch immer besucht, ja und dann haben wir uns irgendwann entschlossen, es doch zu machen. Aber so, daß sie zwar hierher ziehen, daß sie oben ein Dachzimmer weiter ausbauen, aber erst zur Miete, sich also erst an den Unkosten beteiligen, und daß wir erst mal so ein Probejahr hier machen, um zu sehen wie das läuft. Und das hat sich eigentlich auch bewährt, weil die leben hier, beteiligen sich auch an allem. Das ist zum Beispiel auch das einzige Paar, na gut, Gitta und Eddie sind auch ein Paar, aber der Eddie ist oft nicht da, und wenn er da ist, ist er auch mehr in der Gruppe, die sind irgendwie schon ein festes Paar, ziehen sich sehr viel zurück und es gibt wohl irgendwie keine großen Probleme, aber man hat auch net sehr viel miteinander zu tun.

(Frage nach Rollenverteilung)

Nee, Leithammel gibt es nicht, das kann man eigentlich nicht sagen. Entschlüsse kommen zustande, daß wir uns zusammensetzen und darüber reden. Es kommt auch drauf an, um welche Sachen es geht. Wir haben auch schon festgestellt, wenn es darum geht, irgendwas einfach zu machen, ne Veränderung am Haus oder irgend so ne Kleinigkeit, zum Beispiel Brotbacken. Ich mein wo wir uns zusammensetzen und reden müssen, das sind so Entscheidungen, jetzt, wenn zum Beispiel die Leute aus Indien Ansprüche haben, also ihr Geld zurück haben wollen, wie wir das regeln, das sind dann Entscheidungen, die wir zusammen treffen.

Wir haben es so gemacht, grundsätzlich, also ein Teil der Leute ist halt mehr da, ein Teil weniger. Als ich die Ausbildung gemacht habe, war ich erst spätnachmittags da, einer hat nur halbtags gearbeitet, die Gitta war dann zum Schluß arbeitslos, war den ganzen Tag da, und wir haben schon versucht die Arbeiten wie sie anliegen aufzuteilen, so daß auch nicht immer jeder das gleiche macht.

Da gibt es zum Beispiel die Bärbel, die im Moment halt arbeitet, vormittags im Büro, nachmittags in so einem Lädchen, sie muß arbeiten, weil sie kein Geld hat, weil sie das Kind auch hat und sie engagiert sich auch nebenher noch mit Spinnen, Weben, Wolle färben, auch Kräuter sammeln dafür. Sie hat so im Kopf, daß sie vielleicht irgendwann einmal davon leben kann, nimmt ab und zu auch schon so kleine Aufträge an, macht mal ne Jacke für irgend jemand, daß es so ein bißchen bekannter wird. Und die Gitta, hat auch Lust, so in weiter Sicht da irgendwie so ein kleines Projekt zu machen. Das läuft dann mal so nebenher, daß sich die mal zusammensetzen, Gitta kann noch nicht spinnen, will es lernen und macht das halt.

(Frage, ob man sich als Familie fühlt)

Ein Teil, also diese kleine Gruppe, diese vier, sind für mich schon eine Familie.

(Frage nach Verpflichtungen gegenüber den Kindern)

Ich find das gut so, daß das auch stattfindet, es ist keine negative Verpflichtung. Es macht mir Spaß. Und es ist auch irgendwie so, die kannst du nicht so an die Seite stellen, die sind einfach da, da mußt du dich drum kümmern. Und das ist auch, find ich, ne Sache, die das ganze hier so zusammengehalten hat. Ich häng halt auch an den Kindern, und man geht auch weiter, ich hab da so ein Verantwortungsgefühl und ich kann nicht so schnell sagen, das und das stinkt mir oder so, ich muß mich einfach da und damit auseinandersetzen. Ich mein, Gitta lebt hier mit den Kindern schon seit vier Jahren, und die kann nicht einfach so spontan sagen, hier, ich geh jetzt weg, wenn irgendwie ein Problem auftritt oder irgendwas, weil die Kinder hier leben, die haben ihre Freunde hier, die kann nicht laufend woanders hingehen.

(Frage nach Konflikten)

Es gibt Spannungen halt irgendwie, man merkt eine Veränderung an irgendeiner Person, sie zieht sich zurück oder läuft den ganzen Tag mit einer Flutsch rum, und dann macht es halt einen Knall, und dann gibt es auch ein Gespräch, aber es ist schon oft so, daß es sich doch relativ lang hinzieht, weil es im Prinzip immer wieder die gleichen Sachen sind, so Grundproblematiken, die immer wieder hochkommen. Zum Beispiel, also ein Problem, was immer wieder auftritt ist, daß wir sehr viele Bekannte haben, sehr viel Freunde haben, die immer mal wieder kommen, und da sind auch viele darunter, die keinen festen Wohnsitz haben oder immer noch nicht das Richtige gefunden haben, rumflippen, ein Haus suchen, dann da mal was haben, wieder raus müssen, da kennen wir einige, ich find die halt ein bißchen flippig, die kommen dann oft hier her, sagen, sie bleiben ein paar Tage, und dann wird halt ne längere Zeit draus, und dann kommt es immer darauf an, wessen Freunde das sind. Daß so Leute einfach hier sind, sich auch nicht drum kümmern, daß sie selber was finden und dann gibt es Schwierigkeiten mit dem Geld, daß sie auch nix in die Haushaltskasse tun.

(Frage nach dem Verhältnis zu einheimischen Dorfbewohnern)

Ich mach es mal von mir aus fest, ich weiß also, daß ich einen guten Kontakt habe zu den Leuten hier, auf jeden Fall zu denen, die gerade um die Ecke rumwohnen, ich find das eigentlich schon einen sehr guten Kontakt. Also die kriegen mit, wenn ich mal wegfahre, dann kommen sie und fragen wo ich war, und wie es mir geht und was ich mach, ich soll mal zum Kaffee kommen. Ich bin auch zu den Leuten hingegangen ... Das sind schon andere Beziehungen, als zu den Leuten mit denen ich lebe, irgendwie ist es auch ganz interessant mit den Leuten zu reden. Und ich find es auch wichtig, daß die Leute wissen, was wir hier machen, die können vieles nicht verstehen und ich hab schon Lust, das denen zu erklären. Einige wissen auch, daß sie mich das fragen können und ich erzähl, und die kommen auch und fragen ganz direkt, ja die fragen dann, wer da die Oberhand hat, wer das leitet und so.

Ja, Außenseiter sind wir bestimmt, denke ich schon, nur ich weiß es nicht so genau, ich kann halt nur sagen, was ich so empfinde, wenn ich die einzelnen Leute treffe, merke ich, daß ich einen guten Kontakt zu den Leuten hab, ich hör aber andererseits wieder, über Jugendliche aus dem Dorf, was geredet wird, daß schon auch so Leut hintenherum wieder was ganz anderes reden, aber ich seh das jetzt nicht unbedingt als negativ, die können das nicht verstehen.

(Frage, ob sie sich als alternativ empfinden)

Es ist irgendwie so ein Wort. Was man so hört, könnte man so sagen, daß wir nicht alternativ sind oder nicht alternativ genug. Ich sag auch deswegen nein, weil, ich habs jetzt auch ein bißchen politisch gesehen, inwieweit man sich auch da engagiert und da sind wir eigentlich relativ passiv.

Wir sind schon relativ zurückgezogen, man könnte noch viel mehr organisieren, es gibt hier im Umkreis auch viele Gruppen, die hier noch leben, nicht in W., aber im Umkreis von 30 km, daß man so ein bißchen mehr Kontakt aufnimmt miteinander und bestimmte Sachen organisieren kann, die Vorteile haben für jede Gruppe und in der Richtung engagieren wir uns sehr wenig. Wir sprechen halt immer mal wieder drüber und wollen das eigentlich auch ganz gerne, aber irgendwie haben wir es wahrscheinlich nicht ganz so raus, daß wir die alltäglichen Sachen, die hier laufen, dafür brauchen wir noch immer unheimlich viel Energie, das ist eine Zeitfrage auch oft.

(Frage, ob sie das gleiche noch einmal tun würde)

Ich würd das dann auch so machen, daß ich dann auch einfach mehr Kapital haben will, so daß du eine anständige Summe Geld hast und dann dies machst. Weil ja ab und zu auch noch so ein Existenzkampf dabei ist ... Aber wieder machen würd ich es, auf jeden Fall. Ja, auch berufsmäßig, daß wenn ich irgendwann mal meine Werkstatt hier habe, wenn mal jemand hier zu uns kommt, der das hier mit mir macht, der auch hier lebt, das würd mich sehr freuen ... Solange wir noch hier leben und noch hier sind und es noch weiter geht, ist es für mich auch nicht gescheitert.

Ich mein, man hat irgendwie theoretische Vorstellungen, man muß es einfach leben und es ausprobieren.

(Nach einem mit Tonband aufgezeichneten Gespräch mit Pea Uhl; Tonaufnahme Waldamorbach 1981, Nr. 1)

Nachwort

Etwa 50 Autominuten von Frankfurt entfernt, am östlichen Rand des Odenwaldes, liegt das Dorf W., mit ca. 400 Einwohnern kleinster Stadtteil von B.. W., vor kurzem durch Dorferneuerung renoviert, ist ein Dorf, das sich weit ab von Großstadtlärm und Autobahnen seinen fachwerkgeprägten Charakter erhalten hat. In der Kirchstraße, nahe dem kleinen Marktplatz, wohnt in einem alten Bauernhof, dem „Schulzenhof", die Wohngemeinschaft, um die es hier geht.

1978/79 führte das Institut für Kulturanthropologie und Europäische Ethnologie eine großangelegte, interdisziplinäre Untersuchung zum Programm „Dorferneuerung" in W. durch. (Vgl. Greverus 1979; Greverus et al. 1982) Aus dieser Zeit stammt die „Bekanntschaft" mit der Wohngemeinschaft, bei der auch in den folgenden Jahren oft Mitarbeiter und Studenten des Instituts zu Gast waren.

Am Anfang war es eine Gruppe von 10 Leuten, die den Plan gefaßt hatten, einen Bauernhof irgendwo auf dem Lande zu kaufen, diesen auszubauen und zu bewohnen. Man wollte auf dem Bauernhof „Projekte" durchführen, die den Lebensunterhalt ohne fremdbestimmte Arbeit sichern sollten. Die Finanzierung deckte man über Bausparverträge und hochverzinste Kredite ab. Die zur Verfügung stehenden Mittel reichten jedoch nicht aus, so daß die Gruppe sich teilte, fünf in Wiesbaden weiter arbeiteten, um Geld zu beschaffen; die übrigen bauten das Haus um und aus, renovierten Fassaden und Innenräume. Diese Arbeitsteilung der Gruppe und die damit verbundenen Alltagserfahrungen, die Schwierigkeiten, das nötige Geld zu beschaffen, aber auch die große räumliche Distanz (Wiesbaden – Odenwalddorf ca. 100 km), ließen den anfänglichen Enthusiasmus schnell schwinden. Von der in Wiesbaden verbleibenden Gruppe zog keiner in „seinen" Bauernhof aufs Land. Aber auch von den im Haus Renovierenden wußte bald der eine oder andere nicht, was er in W., wäre erst einmal die Instandsetzung abgeschlossen, tun könnte. Die Gruppe scheiterte nicht zuletzt an der Inkonsistenz ihrer Mitglieder. Zur Zeit wohnen nur noch zwei Mitglieder der Ursprungsgruppe (Gitta und Pea) im Odenwald. (Vgl. auch das Schema der Gruppenmitglieder)

JETZTGRUPPE
Eigner des Hauses in W. (gekauft 1977):

Bärbel	*Eddie*	*Gitta*
31 Jahre Arzthelferin Ext. Abitur Studium Sozialpädagogik abgebr. jobt im Büro u. Gemüseladen seit 1979 in W. 1 Kind (2 J.)	29 Jahre Abitur Medizinstudium arbeitet im Krankenhaus in Frankfurt seit 1980 in W. befreundet mit Gitta	33 Jahre Krankenschwester Ext. Abitur Studium Sozialpädagogik abgebr. z. Zt. arbeitslos seit 1977 in W. 2 Kinder (7 u. 8 J.) 1 Pflegekind

Pea
25 Jahre
Abitur
Goldschmiedelehre
abgebr.
Schreinerlehre
abgeschlossen
z. Zt. arbeitslos
seit 1977 in W.

Bewohner, aber nicht Eigner des Hauses in W.:

Mara
33 Jahre
Arzthelferin
Ext. Abitur
lebt v. Tonflötenbau
seit 1981 in W.
1 Kind
mit Martin befreundet

Martin
28 Jahre
Abitur
Studium (?)
abgebrochen
lebt v. Tonflötenbau
seit 1981 in W.
mit Mara befreundet

Mehle
24 Jahre
Abitur
kein Berufs- bzw.
Studienziel
Okt. 1979–Dez. 1980 in
W.
zunächst längere Zeit
Ibiza, jetzt USA

URSPRUNGSGRUPPE
Renovierten das Haus in W.:

Bettina
24 Jahre
Abitur
kein Berufs- bzw.
Studienziel
jobte
1977–Som. 1979 in
W.
z. Zt. Sanjassin in
Poona, Indien
Schwester v. Kalli

Kalli
26 Jahre
Mittl. Reife
Autoschlosserlehre
abgebrochen
fuhr Taxi
1977–Som. 1979 in W.
z. Zt. Sanjassin in
Poona, Indien
Bruder v. Bettina

Siggi
34 Jahre
Maurer
Ext. Abitur
Lehrerstudium
Deutsch/Englisch
abgebrochen
1977–Frühj. 1979 in W.
z. Zt. Sanjassin in
Poona, Indien

Gitta und *Pea* (vgl. Jetztgruppe)

Arbeiten in Wiesbaden, um Geld für die Renovierung zu beschaffen:

Hanne
26 Jahre
Sekretärin
jetzt Hausfrau
verheiratet
1 Kind
lebt in Wiesbaden

Nick
32 Jahre
Dolmetscher
College (ist Engländer)
Studium
arbeitet an Sprachschule
lebt in Wiesbaden

Willem
33 Jahre
Bankkaufmann
Ext. Abitur
Lehrerstudium
Politik/Deutsch
abgebrochen
1977–Som. 1979 in
Wiesbaden
z. Zt. Sanjassin in
Poona, Indien

Susanne
24 Jahre
Abitur
kein Berufs- bzw.
Studienziel
fuhr Taxi
längere Zeit USA
z. Zt. wieder in
Wiesbaden

Wolfgang
33 Jahre
Dekorateur
Ext. Abitur
abgeschl. Studium
Ethnologie/Spanisch
1977–1979 Göttingen
(Studium)
1979–1981 San
Sebastian
ab 1982 San Sebastian

Was ist in W. mit dieser anfangs so enthusiastischen und voller Pläne steckenden Gruppe passiert? Vieles geht aus dem vorangehenden Interview hervor, mir scheint vor allem folgendes wichtig: Man überlegte sich – und dies nicht gründlich genug und ohne die möglichen Folgen zu bedenken –, eine Wohngemeinschaft auf dem Lande zu gründen. Pläne, Pflegekinder aufzunehmen oder Seminare zu veranstalten und so die finanzielle Not etwas auszugleichen, das Haus sich selbst durch Vermietung tragen zu lassen und darüberhinaus nicht, wie gewöhnlich, irgendwo arbeiten gehen zu müssen, wurden teils aus organisatorischen Schwierigkeiten, teils aus Geldmangel wieder verworfen. So zeigt sich derzeit eine Situation, die wegen hoher Verschuldung und daraus entstehenden Zinsforderungen sowie den Ansprüchen der Indienfahrer auf den ehemals gemeinsamen Besitz wenn nicht erdrückend, so doch sehr kritisch zu sein scheint. Dennoch ist der Optimismus ungebrochen. Man will weiter ausbauen, neue Kredite aufnehmen.

Der Alltag ist gut organisiert. Haushaltsarbeit wird täglich von einem anderen Mitglied übernommen, man wechselt oft ab, hilft untereinander. Der Garten wird bewirtschaftet, seine Erträge reichen aus, und nur im Winter kauft man ab und zu etwas frisches Obst oder Gemüse. Auch Brot wird selbst gebacken, wenngleich die Zutaten gekauft werden.

Derzeit arbeitet man noch außerhalb und in lohnabhängiger Stellung, man plant aber nach wie vor, sich irgendwann einen Arbeitsplatz auf dem eigenen Hof zu schaffen. So will Pea, die gerade ihre Gesellenprüfung im Schreinerhandwerk abgelegt hat, sich eine Werkstatt einrichten, Gitta und Bärbel wollen Wolle spinnen, färben und verarbeiten, Mara und Martin möchten ihren Brennofen ebenfalls auf dem Hof aufstellen. Viele Pläne also, aber bislang alle noch in weiter, wenn nicht unerreichbarer Ferne.

Die Wohngemeinschaft vom Schulzenhof ist eine Wohngemeinschaft, kaum mehr. Man versucht einiges an Selbstversorgung, verdient aber sein Geld in einer Firma, in einem Laden oder im Krankenhaus. Es gibt immer noch große Pläne, von der Wollspinnerei bis zur Schreinerwerkstatt, ob es gelingt, bei drückender Schuldenlast, weiß man nicht. Zuviel wurde aus dem nichts gestampft, zuviel auf Gutes Glück versucht – und tatsächlich auch vieles erreicht – und schließlich hat das Abwandern der Indienfahrer und Aussteiger der in Wiesbaden Gebliebenen eine personelle wie finanzielle Lücke entstehen lassen, von deren Auswirkungen sich die Gruppe bis heute noch nicht erholt hat. Als alternatives Projekt muß man den Schulzenhof bislang als gescheitert ansehen. Doch haben all die Rückschläge eine Gruppe entstehen lassen, die zu einer Lebensgemeinschaft geworden ist, die für die einzelnen bis jetzt größere Bedeutung hat als der Plan eines alternativen Projektes – und schließlich will man ja noch vieles machen. „Man muß es einfach leben und es ausprobieren und es geht weiter."

Thomas H. Michel

Natur als Therapie?

Überlegungen zu einem Versuch, psycho-sozial geschädigten Menschen neue Lebensperspektiven zu geben

Irgendwo im Tessin, in einem jener engen, faszinierend schönen Täler; irgendwo in einem uralten, schon halb zerfallenen Dorf, das aber allmählich wieder zu neuem Leben erweckt wird; irgendwo in diesem Dorf begegneten wir jenem „dottore", wie ihn die Einheimischen zu nennen pflegen, der sowohl Aus- als auch Einsteiger ist.

Aus der klassischen Psychiatrie ausgestiegen, war er vor mehreren Jahren in ein schon bestehendes Projekt alternativer Sozialarbeit mit Drogenabhängigen eingestiegen. Im Gespräch drängte sich der Eindruck auf, als habe die Mitwirkung dieser ungemein charismatischen Persönlichkeit das Projekt erst so geformt, wie es sich uns an einem sonnigen Herbsttag präsentierte. Dieser „dottore" gehörte zweifellos zu jenen Menschen, die durch ihre Ausstrahlung Menschen in ihren Bann ziehen, sie beeinflussen können. Unwillkürlich erinnerte er mich an jenen legendären A. S. Neill, der die vielzitierte antiautoritäre Schule „Summerhill" begründet und geprägt hatte. Mit ruhigen, aber bestimmten Sätzen beantwortete er geduldig unsere Fragen; den Inhalt dieses Gesprächs und einige aus meiner Sicht notwendige Anmerkungen will ich hier kurz wiedergeben.

Der Dreh- und Angelpunkt des Projektes, damit aber auch die Lebensphilosophie des „dottore", sei in einem knappen Satz formuliert: „Mit Hilfe der Natur wollen wir naturentfremdete und auch psychosozial geschädigte Menschen zu stabilisieren versuchen und neue Lebensperspektiven geben."

Das alte Bergdorf, in dem dieser Versuch sein Zuhause hat, wird nur noch von wenigen Einheimischen bewohnt. Im wesentlichen leben dort die Mitglieder der therapeutischen Gemeinschaft: 2 Therapiegruppen, 1 Familiengruppe, 1 Baugruppe. Die Therapiegruppen bestehen aus Mitarbeitern, Jugendlichen und Praktikanten; zum Zeitpunkt des Gesprächs waren dies: 6 Mitarbeiter, 6 Jugendliche (die Klienten) und 2 Praktikanten. Die Familiengruppe ist im wesentlichen die Familie des „dottore" und ein Mädchen, das Arbeiten sowohl in der Familie als auch in der Gemeinschaft übernimmt. Die Baugruppe rekrutiert sich aus jungen Leuten, die für ein halbes Jahr im Dorf wohnen, dort Wiederaufbauarbeiten durchführen und im wesentlichen wenig mit der Therapie zu tun haben.

Die Jugendlichen oder die Klienten sind Drogenabhängige, die meisten wurden zwangsentzogen und von Gerichten, Kliniken oder Beratungsstellen eingewiesen. Der Staat zahlt pro Klient einen Tagessatz. Durch diese Gelder gewinnt die Therapiegemeinschaft ihre finanzielle Basis. Nicht jeder Jugendliche wird aufgenommen, es erfolgt eine Auswahl (von etwa 10 Anmeldungen wird im Schnitt einer genommen). Bevorzugt werden relativ schwierige Fälle, starke, rebellische Leute; es muß das Gefühl bestehen, daß sie die Belastungen der Therapie und des Alltags in einem Bergdorf bestehen können. Der „dottore" formulierte es so: „Leute, die überall angeeckt sind, die über ein ziemliches Aggressionspotential verfügen, sie haben hier alle Gelegenheit zuzupacken, von Anfang an, weil der Weg von sich selbst zum Material, zu dem was man formen, in die Hände nehmen kann, ist hier ungeheuer kurz."

Die Arbeit im Bergdorf, das tägliche Gefordertwerden durch die Therapiegruppe mit ihren Gesprächen und Diskussionen, die Nähe zur Natur, die Auseinandersetzung mit ihr, das Arbeiten in ihr, das Heumachen, das Umgraben des Gartens, all diese Tätigkeiten, die das Leben in einem Bergdorf mit sich bringt, das fordert den Menschen, das spornt ihn an. Das Leben in diesem Dorf dauert in der Regel 1½ bis 2 Jahre, dann beginnt der schwierige Abnabelungsprozeß, das Entlassen der Jugendlichen in die Welt, in der sie einmal erkrankten. Die meisten beginnen eine Ausbildung, fast kaum einer geht in die Stadt zurück, aus der sie kamen. In den letzten zwei Jahren (zum Zeitpunkt des Gesprächs) haben drei Leute eine Landwirtschaftslehre begonnen, Menschen, die vorher nie einen Bezug dazu hatten.

Nach Meinung des „dottore“ gehen die meisten deswegen nicht in die Stadt zurück, weil sie im Verlauf ihrer „Urlaube“ während der Therapie diese als völlig unsinnig erlebten; über das, was in Kneipen abgeht, erschüttert waren, über den Blödsinn, der da geredet wird; dieses Nichtstun (so empfinden sie es), dieses nicht mit den eigenen Händen etwas formen, sondern nur darüber schwätzen, das stößt sie ab – konsequenterweise fallen in diese Urlaubszeit auch hin und wieder Rückfälle, daß man sich eben wieder einen Schuß setzt, da man an der Situation schier verzweifeln möchte.

An diesem Punkt des Gesprächs fängt der „dottore“ an, über sich selbst zu erzählen, damit verdeutlicht er aber auch gleichzeitig einen wesentlichen Aspekt seines therapeutischen Modells. Er selber ist aus der Stadt weg- und auf den Berg hinaufgegangen, weil er das endlose Schwatzen, den fehlenden Praxisbezug nicht mehr akzeptieren konnte. Er kam aber nicht als Missionar in das alte Dorf, um das Leben auf dem Lande (auf dem Berg) zu lobpreisen, er kam als Mensch, der da leben wollte. Man sollte seine Sinne „mal wieder fühlen, sich erleben“ – knapp, aber treffend formulierte er so seine Motivation, um sie dann noch ein wenig zu verdeutlichen: „Es gibt ja zum Beispiel das Gefühl, daß es einem kalt ist, aus den unterschiedlichsten Gründen, aber es ist wirklich kalt; dann gibt es aber auch das Gefühl von Kälte, das aus einem Bewegungsmangel resultiert, daß der Körper auf Sparflamme brennt und nur noch das Gehirn durchspült. Und unter diesem zweiten leiden gerade bei den Drogenabhängigen die meisten. Die haben einen Körper, der wirklich nur noch so tuckert, damit die völlig überreizten Sinne wenigstens noch ein bißchen Nährboden haben. Und hier oben sind dann konsequenterweise die ersten Gesprächsthemen voller Bezug auf die neuen Wahrnehmungen, es wird über Temperatur oder ähnliches geredet. Trotz allem gibt es aber auch hier oben noch Möglichkeiten, diesen neuen Wahrnehmungen auszuweichen: Nikotin hindert viele daran zu riechen, wie es wirklich riecht.“

Aber noch einen anderen Aspekt macht der „dottore“ für sich und damit auch für den therapeutischen Prozeß geltend: „Nicht nur für die Jugendlichen, sondern auch für mich sehe ich es als ungeheuer aufbauend an, daß ich sehen kann, wie eine Gegend sich wieder kultiviert.“ Totes, Verwildertes erwacht zu neuem Leben, es entsteht eine neue und sinnvolle Ordnung an Stellen, an denen vorher nur Chaos herrschte – für einen ehemals drogengeschädigten Menschen, dessen Psyche voller durcheinandergeratener Bezüge war, eine nicht zu unterschätzende Wahrnehmung.

An dieser Stelle wird im Gespräch explizit der therapeutische Effekt der Natur angesprochen. Man solle das nicht falsch verstehen, sagt der „dottore“, aber die Therapie bestehe nicht einfach aus der Natur, daß man hier das Leben eines Bergdorfbewohners führe, sie sei weitaus mehr auf die Gruppe, auf die Gespräche und Diskussionen, auf die gemeinsame Kulturarbeit, daß man zusammenlebe und zusammenarbeite, aufgebaut. Die Jugendlichen würden die Natur nicht als ein Therapiemittel erleben, was sie auch nicht sei, sondern als die Lebensumgebung, in der sie für einige Zeit Gäste seien. Das versuchten die Mitarbeiter ihnen zu vermitteln. Sie sollen keine Könige sein, sie werden mit einer bestimmten Art zu leben konfrontiert, und das ist nun einmal ein naturnäheres Leben. Aus dieser Auseinandersetzung sollen sie Gewinn für sich ziehen.

Das Erleben der Natur, das Erleben der Mitarbeiter und das Leben untereinander – das sind Themen für lange und fruchtbare Gespräche. Es soll dabei nicht versucht werden, den Jugendlichen die Weltsicht der Mitarbeiter aufzuzwingen; sie sollen sich nur damit auseinandersetzen, da das Leben, nach Meinung des „dottore“, eine ständige Suche nach dem eigenen Gleichgewicht sei.

An dieser Stelle ist kurz einiges zu den Mitarbeitern einzuschieben. Es sollen grundsätzlich Leute sein, die in ihrem Beruf gewisse „Erfolgserlebnisse“ hatten, aus denen sie Kraft schöpfen. Das ist sicherlich ein dehnbarer Begriff, aber der „dottore“ meinte, es müßten Menschen sein, die ihre Arbeit in der Therapiegemeinschaft im Dorf nicht als eine „Flucht“ aus bisherigen Lebensverhältnissen betrachten.

Aber nicht nur zur Gemeinschaft haben die Jugendlichen Kontakt, sondern auch zu den Einheimischen, zumeist den älteren Leuten. Dieser Kontakt ist geprägt von Faszination, da diese unglaubliche, mit dem Berg verwurzelte Charaktere darstellen.

Die oben kurz angesprochene Abnabelung von dem Dorf setzt schon relativ früh ein; schon bald werden sie wieder in Kontakt mit der Außenwelt gebracht. Nach einer Zeit der Ruhe sollen sie wieder unruhig gemacht werden, so sieht es das Konzept vor.

Zum Leben im Dorf gehören zwangsläufig auch Tiere, doch diese werden nicht als Therapieobjekte begriffen; das ginge schon deswegen nicht, da die Einheimischen es nie verstehen würden, daß Dinge, die sie als Reichtum begreifen, zu Spielzeugen umfunktioniert werden. Trotz allem ist aber der therapeutische Nutzen von Tieren durchaus vorhanden, allein schon dadurch, daß die Jugendlichen in ständigem Kontakt zu den Tieren gewisse emotionale Beziehungen zu lebenden Wesen aufbauen können. Ein Großteil des Lebens im Dorf ist geprägt von landwirtschaftlicher Arbeit. Diese Arbeit erzeugt Produkte, die zum Leben erforderlich sind. Es ist zumeist genügend Milch vorhanden, Gemüse gibt es so reichlich, daß es für's ganze Jahr ausreicht, Fleisch wird wenig gegessen, gelegentlich muß man etwas kaufen. Gebacken wird täglich, da aber auf der Höhe kein Korn wächst, muß es gekauft werden, Käse wird selber hergestellt, Butter muß gekauft werden.

Der Garten, in dem auf biologischer Basis angebaut wird, ist eine äußerst wichtige Angelegenheit. Von einem Mitarbeiter verwaltet, sind ständig zwei bis drei Jugendliche in ihm sehr stark engagiert. Durch diese landwirtschaftliche Arbeit erleben die Jugendlichen den Rhythmus von Werden und Vergehen, den Ablauf des Jahres; die zyklische Zeit gibt das Tempo der Arbeit an. Dieses Erleben wird nicht gezielt als therapeutisches Mittel eingesetzt, aber durch seine allgegenwärtige Präsenz wirkt es nachhaltig auf Seele und Körper der Jugendlichen. Die Jugendlichen erleben, eingebettet in die Jahreszeiten, eine Ganzheitlichkeit, die ihnen in ihrem bisherigen Leben versagt blieb. Dadurch werden sie auf das stärkste mit sich selbst konfrontiert; das Leben wird zu einer Herausforderung, durch die sie zu Persönlichkeiten werden können, die der

Droge nicht mehr bedürfen. Ihr Körper erfährt und erhält einen natürlichen Rhythmus. Diese Situation ist den Mitarbeitern bewußt, und sie geben dies indirekt an die Jugendlichen weiter.

So viel zum Inhalt des Gesprächs mit dem „dottore", ich möchte noch einigen der grundlegenden Ideen dieses therapeutischen Versuchs nachspüren und sie kurz auf einer gleichsam abstrakteren Ebene erörtern, um dadurch zu etwas allgemeineren Aussagen zum Problem „Natur als Therapie" zu kommen. Vorausschicken muß ich, daß ich selber jahrelang Erfahrungen in der Sozialarbeit und mit verschiedenen Therapieformen gesammelt habe.

Das Prinzip der therapeutischen Gemeinschaft ist als solches nicht neu; es hat sich in der jüngeren Vergangenheit in einer progressiv verstandenen Psychiatrie herausgebildet, Personen wie Ronald D. Laing, David Cooper oder Franco Basaglia wären hier zu nennen. Ohne den Anspruch auf Vollständigkeit zu erheben, seien hier einige Grundzüge genannt, die sich auch in dem geschilderten Versuch zeigen. Wesentlich ist der Begriff Gemeinschaft, es wird keine Trennung des Klienten von seinem Therapeuten angestrebt. Die Rollenverteilung ist zwar nach wie vor definiert, doch beide leben im gleichen Lebensraum, beschäftigen sich auch über die festgesetzten Therapiezeiten miteinander, leben und arbeiten gemeinsam. Dem zu Grunde liegt eine neue Vorstellung des Klienten, aber auch ein neuer Krankheitsbegriff; der Klient ist Mitglied der Gemeinschaft, durch das gemeinsame Leben soll er allmählich zu sich selber finden und neue Perspektiven für sein weiteres Leben entwickeln.

Solche therapeutischen Gemeinschaften finden sich in Kliniken, in Privatwohnungen oder auch in ganzen Dörfern (die Anthroposophen sind in dieser Hinsicht führend). Die von uns besuchte lebt in einem Dorf und zwar in einer ganz bestimmten Art; ihr Leben ist ein naturnäheres und durchaus mit vielen anderen Versuchen alternativen Lebens auf dem Lande vergleichbar. Dieses naturnähere Leben scheint mir das Neue daran zu sein.

Durch die Art der Arbeit haben die Menschen reichlich Gelegenheit zuzupacken, sich im Verlauf der Arbeit als lebendiges Wesen zu spüren. Aber nicht nur das; es stellt sich ein weitaus direkterer Bezug zu dem her, was man bearbeitet. Es wird unmittelbarer erlebt, daß die eigene Gestaltungsfähigkeit (die Kulturfähigkeit des Menschen) Produkte hervorbringt; dabei erlebt der Einzelne, daß er bzw. seine Arbeit in dem Produkt enthalten sind. Der Arbeitsprozeß ist weitaus weniger entfremdet, als er vordem erlebt wurde. Man könnte analog zum alten Marxschen Satz sagen: Der Mensch tritt sich in seinem Produkt gegenüber, er erlebt sich als das die Gegebenheiten umbildende und formende, werktätige Wesen.

Der Ort dieser Gestaltung, die freie Natur, ermöglicht eine Teilnahme aller menschlichen Sinne am Leben. Die Umwelt des Bergdorfes reizt nicht nur den Geist, sondern den ganzen Menschen in seiner Gesamtheit. Man erlebt und erfühlt sich als ganzer Mensch und nicht mehr als parzellierter, in Funktionen zerteilter.

Das intensive Erleben des Wachstums ist ein faszinierendes und wichtiges Ereignis, und zwar in zweifacher Hinsicht. Zum einen sieht der Einzelne, wie aus einem Samen eine Pflanze oder wie ein kleines Tier groß und stark wird; zum anderen steht der allmähliche Wiederaufbau des Dorfes, die Wiederkehr einer vitalen Dorfkultur quasi als Anreiz jedem vor den Augen. Das erstere ist ein Signum für das Leben schlechthin, aus dem Hoffnung und Zukunftsglauben gewonnen werden kann, aber auch Freude und Vergnügen; das zweite kann als Analogie dafür gesehen werden, daß es möglich ist, aus Chaos und Zerstörung wieder Lebendiges und Schönes werden zu lassen. Dieses Erleben natürlicher Dinge, aber auch die ständige Herausforderung durch die natürliche Umwelt (obwohl die Natur vieles von selber bietet, muß trotzdem manches ihr buchstäblich abgerungen werden) konfrontieren den Einzelnen sehr stark mit sich selbst, mit seinen Möglichkeiten und Grenzen, stimulieren ihn zur Auseinandersetzung mit sich und der Umwelt. Der „heilende“ Effekt solcherlei Geschehens ist hinlänglich bekannt.

Die Tiere, die zur Verantwortung erziehen, da sie zu bestimmten Zeiten gefüttert oder, im Falle der Ziegen, gemolken werden müssen, aber auch der nicht nur an ihnen zu beobachtende und zu erlebende Rhythmus der Jahreszeiten gestalten im Verlauf des

Aufenthaltes im Bergdorf im Zusammenhang mit der ganzheitlichen Lebensform die vorhandenen Bruchstücke einer Identität bei den Jugendlichen neu. An die Stelle der Drogenidentität tritt eine Identität, die selbständig und ohne Drogen überlebensfähig wird.

Die Natur als Ganzes, sowohl in ihrer äußeren Form, daß sie als Umgebung und Umwelt präsent ist, als auch in ihrer inneren Form, daß sie als eine bestimmte Art zu leben sich präsentiert, wird, ohne daß sie bewußt als Therapiemittel eingesetzt wird, zum wesentlichen Therapeutikum: sie formt den Menschen in seiner Ganzheit, sie fügt zusammen, was vordem zerrissen wurde und zur Flucht in die Droge führte.

Wenn man davon ausgeht, daß in unseren Städten eine hochgradige Ausgrenzung von Natur oder gar Naturzerstörung stattfindet, dann ist die Natur der sicherste und wohl geeignetste Ort, das Ausgegrenzte oder Zerstörte, was zu pathologischen Verhaltensweisen, wie Drogenabhängigkeit, führen kann, wieder zu regenerieren oder neu aufzubauen.

Es mag nicht alles so glänzend erscheinen, wie es sich aus dem Gespräch mit dem „dottore" ergab, aber das von ihm Geschilderte reicht, um Mut zu machen – besonders dann, wenn man die erfolglosen Bemühungen vieler gutgemeinter Therapiestätten in unserem Lande beobachtet, mit dem Drogenproblem zu Rande zu kommen. Nach Auskunft des „dottore" ist deren Rückfallquote nahe Null.

Ronald Lutz

„Das neue Dasein"

Anspruch und Wirklichkeit gegenwärtiger Landkommunen

„Die Angst hat etwas mit der Stadt zu tun. Nach jahrelangem Stadtdasein wird klar, was der Stadt am Dorf fehlt, warum es ihr nicht zum Dorf gereichen kann. Städte können nicht, was Dorf – real und sentimental – kann. Für einen Städter ist ein Dorf wie von einer anderen Welt. Ein Dorf kann Nähe, Wärme und Überschaubarkeit bieten. Ein Dorf ist fähig, humane Beziehungen möglich zu machen, Ansatzpunkte zur Veränderung zu bieten, ein Dorf ist greifbar. Die bunte Resignation der Städte und der Städter ist das Eingeständnis der Angst." (Jarchow/Klugmann 1980, 6) Das Unbehagen, in der Stadt zu leben, wächst bei den Städtern zunehmend. Immer mehr spielen mit dem Gedanken, sich diesem Leben zu entziehen, und einige versuchen schließlich auf dem Lande, den Traum von einem besseren Leben zu verwirklichen, ihrem bisherigen Leben ein anderes Leben entgegenzusetzen. Diese Menschen stammen meist aus der bürgerlichen Mittelschicht, haben ‚teilweise mehrjährige Studien- und Berufserfahrung hinter sich' (Glätzer 1978, 61) und geben ihre ‚Karriere' als Lehrer(in), Chemielaborant(in), kaufmännischer Angestellter etc. für diesen neuen Lebensstil auf.

Sie alle sind durch ihre, mehr oder minder lange, städtische Sozialisation geprägt und haben dadurch eine bestimmte Sicht und Erwartung von Land, Landleben, Dorfleben, Natur, Arbeiten im landwirtschaftlichen Sektor, Dorf als soziales Gebilde. Viele von ihnen haben sich ein utopisches Bild von Dorfleben geschaffen; sie haben ganz bestimmte Aspekte und Vorzüge, durch das eigene Wunschdenken gesteuert, hervorgehoben, andere negative Aspekte werden ausgeblendet, nicht realisiert. Dies geschieht auch aus dem Grund, daß ihre Informationen über das, was Land bzw. Dorf ausmacht, meist aus zweiter Hand stammen. Materielle Existenzsicherung durch Landwirtschaft, Dorf als soziales Umfeld, dörflicher Lebensvollzug waren in der Praxis für sie nie existent. Eine Frau aus einer Gemeinschaft im Wallis erzählte uns z. B., daß auf sie, die das Land nicht gekannt hatte, vom Land ein exotischer Reiz ausging. Sie sah da etwas, was es für sie bisher nicht gegeben hatte, und wollte es kennenlernen.

Es gibt die verschiedensten, meistens von Zivilisationskritik angeregten Motive für den „Rückschritt von der Stadt aufs Land": für die einen sind es die Reize des Unbekannten, die anderen wollen sich der Konsumgesellschaft entziehen, wieder andere sehen eine Möglichkeit, sich bei nichtentfremdeter Arbeit selbst zu verwirklichen oder auch politische Alternativen zu entwickeln. Solche Motive entstehen immer vor dem Hintergrund einer Verarmung des verstädterten Alltagslebens: „Die Alltagswelt als die Totalität der Lebenswelt in ihrer Erfahrbarkeit, Aneignungs- und Gestaltungsmöglichkeit" (Greverus 1976, 205) zerfällt immer mehr in die Bereiche Arbeitsalltag und Freizeit, die sich diametral gegenüberstehen. Es entsteht ein Bruch zwischen dem Alltäglichen und dem Nicht-Alltäglichen. (Vgl. Lefèbvre 1977, 91 f.) Das Unbehagen am Alltag, das von vielen Städtern empfunden wird, muß sich aber nicht zwangsläufig in einer Alltagskritik ausdrücken. Erst wenn die der Gesellschaft innewohnenden Mechanismen erkannt werden, die das Leiden am Alltag durch Konsum und andere Surrogate zu entschädigen suchen, und diese als inauthentisch im Bezug auf sich selbst empfunden werden, kann Kritik artikuliert werden.

Eine Veränderung des Daseins, in dem – mit Lefèbvre gesprochen – der „Alltag Werk werden soll", ist nur durch eine veränderte Alltagsorganisation möglich. Artikulierte Kritik bedeutet das Suchen nach einer Alternative und die Neuorganisation der Strukturen des Alltags für sich selbst. Das Leben in Kommunen auf dem Lande wird als Möglichkeit angesehen, einen Alltag zu schaffen, in dem die Zwänge aufgehoben sind, das Leben wieder seinen „ganzheitlichen Charakter" erhält und damit in die Zyklen der Natur und des menschlichen Daseins eingebettet ist. Vielen Städtern erscheint der Alltagsvollzug von Teilen der Landbevölkerung in seiner Totalität noch weitgehend intakt. Sie meinen, der Aufbau einer neuen Alltagsorganisation sei in der ländlichen Lebenswelt besser zu verwirklichen, und entwickeln dementsprechend oft sehr romantische Vorstellungen über ihr neues Leben auf dem Lande. „Bei unserem Auszug aus der Stadt waren wir seinerzeit mit vielen anderen der Meinung, daß uns erst das freie Landleben, das geruhsame Gärtnern, etwas Holzen, Beeren- und Kräutersammeln vielleicht glücklich machen könnten. Dadurch und mit individuellen kunsthandwerklichen Tätigkeiten (Töpfern, Weben, Flechten, usw.) hofften viele von uns, ihre Kreativität erst richtig entfalten zu können. Bei all dem wollten wir möglichst ohne Maschinen auskommen, Serienarbeit war uns ebenso ein rotes bzw. schwarzes Tuch, wie wir einer generellen Industriefeindlichkeit huldigten. Aus diesem Grund hielten wir denn auch nach einer möglichst abseits, fern von aller Zivilisation gelegenen Bleibe Ausschau und waren eigentlich enttäuscht, als uns die Umstände dann nach Villeret führten, wohl ein kleines Landdorf, aber doch recht nah von größeren Zentren gelegen. . ." (LPG Info 1976, 1) Solche oft naiven Träume sind anfangs bei vielen Landkommunen zu finden. (Vgl. auch die Beiträge „Auch wir in Arkadien" und „. . . bietet die Inselsituation . . .")

Die anfänglichen Vorstellungen vom „besseren Leben auf dem Lande" werden aber schon in den ersten Monaten der Aufbauphase eines Projektes von der Realität eingeholt. Häufig beginnt ein Kampf um die bloße, materielle Existenz. „Die Praxis des ‚geruhsamen Landlebens' drückte sich dann sehr bald in einem 10 bis 15-stündigen Arbeitstag aus. Zermürbende, wochenlange Holzerarbeiten mit Gertel und Handsäge bei minimaler Ausbeute; verregnetes Heu, weil die Ernte der vielen kleinen und kleinsten Landstücke (welche die Bauern wegen Unwirtschaftlichkeit schon längst aufgegeben hatten) von uns unerfahrenen Städtern mit Gabel und Sense einfach nicht rechtzeitig eingebracht werden konnte. Daneben ein Stall voller Ziegen und Schafe, deren Milch und Milchprodukte wir bis zum Überfluß selber essen und trinken mußten, da diese auf dem Land niemand kaufen wollte und der Absatz in größere Zentren ja nur erst Kosten . . . verursacht hätte . . .

Bei all dem türmten sich Rechnungen, da Krankenkasse, Unfallkasse, dort Haftpflichtversicherung, Steuern ... Ernüchternd jedenfalls genug, um uns nur noch zwei Wege offen zu lassen, entweder resignieren und aufgeben oder unser wohl allzu romantisches Selbstverständnis mehr der Wirklichkeit anpassen." (LPG Info 1976, 1f.) Die wirtschaftlichen Schwierigkeiten wirken sich sehr stark auf das gruppeninterne Leben aus und erzeugen häufig ein Konfliktpotential, das zum Scheitern vieler Projekte beiträgt.

Junge Leute mit einer ländlich geprägten Sozialisation beurteilen das Landleben, das sie aus der Praxis kennen, ganz anders. Sie sind unter den gegebenen Verhältnissen kaum bereit, das Leben in einer Landkommune auf sich zu nehmen. Sie sehen in diesem Leben keine Alternative für die Mehrheit der Gesellschaft, viele von ihnen geben der Landbewegung kaum eine Lebenschance. Für sie reduziert sich Landleben meist auf den ökonomischen Faktor. Die Vorzüge des Landlebens sind ihnen nicht bewußt, weil sie zu selbstverständlich sind. Die landwirtschaftliche Arbeit wird als Schmutzarbeit, die mit schwerer körperlicher Anstrengung, ungeregelter Arbeitszeit und wenig Geld verbunden ist, abgewertet. Das hängt mit einer städtischen Haltung zusammen, die schon seit Jahrhunderten einerseits das Bauersein als niedrig ansieht, es andererseits aber wieder verklärt. Die Stadt dagegen steht für Geld, Konsum, Vergnügen und Bequemlichkeit, für etwas Erstrebenswertes, für „zivilisiert sein". „Niemand von uns, der früher als Kind noch die Landwirtschaft der Eltern miterlebte, will zurück in die Landwirtschaft – schlicht und einfach, weil er die Illusion verloren hat, daß er damit leben kann ... Die Leute hier haben nicht aufgehört mit dem Bauern, weil sie in die Fabrik wollten, sondern weil man am Ende des Monats die anstehenden Rechnungen nicht begleichen konnte mit dem Unterhalt, den die Landwirtschaft gibt. Da haben die Städter für uns ein idealistisches Bild von Möglichkeiten. Es gibt vielleicht einzelne, die überleben können, aber als Alternative für die Bevölkerung oder so – da haperts ... Du, ich mein, wenn du das jemandem sagst, der wirklich leben mußte von der Landwirtschaft im Dorf – du, der findet das als Beleidigung. Ich mein, wie die Leute gelebt haben – in einer Wohnung – ein

Zimmer, eine Küche und das mit sieben Personen drin. Wenn der jetzt lieber eine Wohnung hat mit vier Zimmern und dafür in die Lonza arbeiten geht – dem sagen wollen, er hätte jetzt zu große Bedürfnisse, die ihm noch eingeimpft wurden. Du, das ist eine Beleidigung." (Kritisches Oberwallis, Tonaufnahme Schweiz, 1980 Nr. 25)

Da qualitiativ gute Böden sehr teuer und begehrt sind, siedeln die Landkommunen meist in strukturschwachen Gebieten, wie etwa in der BRD im abgelegenen Grenzgebiet zur DDR, in kargen Mittelgebirgslagen, in der Schweiz und Österreich in den Gebirgsregionen, da dort durch die Abwanderung viel Land frei wird und zu erschwinglichen Preisen gekauft oder gepachtet werden kann. Die dörflichen Strukturen in diesen Gebieten sind zum einen durch einen relativ traditionellen Lebensvollzug gekennzeichnet, zum anderen aber zerbricht das bäuerlich geprägte Sozialgefüge durch Abwanderung, durch Arbeitslosigkeit, durch das Fehlen von Lehrstellen, durch das Pendlerwesen und Nebenerwerbslandwirtschaft.

Ein anderes Problem sind die Touristen und die Stadtflüchtlinge. Sie transportieren ihre Wohn- und Freizeitbedürfnisse aufs Dorf und überziehen die Alteingesessenen mit ihrem städtischen Werte- und Normensystem. Dadurch wird das bestehende Wertesystem der Dorfbewohner fortwährend in Frage gestellt. Viele imitieren dann oberflächlich die städtische Werthaltung, hintergründig aber wirken die alten Mechanismen, besonders bei den älteren Leuten, weiter und bestimmen deren Lebensweise. Die Ablehnung und das Mißtrauen, die oft feindselige Haltung den Fremden gegenüber, resultieren aus der Angst, die ohnehin schon gefährdete physische und psychische Existenz wieder bedroht zu sehen; und je ungewohnter ihnen der Lebensvollzug einer Fremdgruppe erscheint, je mehr sie sich von ihr bedroht fühlen, sei es im ökonomischen, sei es im Wertebereich, desto stärker werden Barrieren errichtet, die den Fremden den Zugang zur dörflichen Gemeinschaft erschweren oder verwehren sollen. (Vgl. Greverus 1973)

Die städtische Idee vom Dorfleben als einem konfliktfreien Leben in einer harmonischen Gemeinschaft, die im Einklang mit der

Natur lebt und sich ihre Identität noch bewahrt hat, in der Nachbarschaftshilfe höchstes Prinzip ist, entspricht und entsprach nicht der Wirklichkeit. Auch hier gibt es rivalisierende Gruppen, gibt es eine Machtelite, die das Verhalten und die Normen diktiert; und die Überschaubarkeit garantiert, daß alles kontrolliert werden kann. Wer sich den vorgegebenen Normen nicht unterwirft, wird sanktioniert und, wenn er sich nicht beugt, wird er zum Außenseiter, zum sozial Stigmatisierten; die Nachbarschaftshilfe beruht auf Reziprozität und wird oft zum Mittel sozialer Kontrolle. Politik spielt sich immer noch auf der Ebene der Vereine und der Honoratioren-Parteien in interpersonellen Beziehungen ab. (Vgl. Ilien/Jeggle 1978) Fremde, d.h. auch die Mitglieder alternativer ländlicher Gemeinschaften, stehen außerhalb des sozialen Gefüges des Dorfes und müssen sich ihren Platz darin mühevoll erkämpfen; häufig führen sie über Jahre hinweg ein Randgruppendasein. (Vgl. Ilien/Jeggle 1978, 16)

Landkommune – Land und Kommune

Ausgehend von seinem etymologischen Gehalt reicht die Bedeutung des Begriffes „Kommune“ von „gemeinsam, gemeinschaftlich, mit anderen zusammen“ über „alle (im Staate) gleichstellend, demokratisch gesinnt“ bis zu „Gemeingut, Gemeinwesen, zum allgemeinen Nutzen“. In der historischen Entwicklung bekommt „Kommune“ sowohl eine geographische Dimension (z.B. im Mittelalter in der Abgrenzung von Stadtstaaten) als auch eine politisch revolutionäre Bedeutung (z.B. in der Pariser Kommune von 1871). Darüberhinaus bedeutet Kommune seit dem Ende der 60er Jahre Zusammenschlüsse von Personen – „Kommunarden“ –, die in Wohn- und Wirtschaftsgemeinschaften zusammen leben und arbeiten. Mit dem gegenwärtigen Begriff der Landkommune verbindet sich eine recht schillernde und weitläufige Bedeutung.[1]

Für Harald Glätzer ist der Begriff „Landkommune“ zunächst eine „übergeordnete Bezeichnung für die unterschiedlichsten Ausformungen des Zusammenlebens und Arbeitens auf dem Lande“.

(Glätzer 1978, 56) Er bestimmt die Landkommune weniger durch die – „räumliche Distanz zu urbanen Zentren, sondern durch den Gegenstand ihrer kollektiven Arbeit". (Glätzer 1978, 58) Das Ziel der Landkommunen sollte sein, sich von der entfremdenden Lohnarbeit möglichst unabhängig zu machen. Als Voraussetzung dazu soll sich eine „Arbeits- und Produktionsgemeinschaft mit dem Produktionsmittel Boden" (im direkten Austausch mit der Natur) entwickeln. (Glätzer 1978, 58) Konstituierendes Merkmal für Landkommunen ist für Glätzer: „Die Motivation, der Wille und die Ausrichtung der Arbeits- und Zukunftsplanung und die Offenheit für Erfahrungen, sich mit dem, was eigentlich Landleben ausmacht – objektive Strukturen wie dörfliche Wohnstruktur, Mangel an Arbeitsplätzen, schlechte Infrastruktur, Naturnähe, Kontakt zu Bauern, handwerkliche und bäuerliche Produktionsweise, dörfliche Struktur im Schützenverein, Dorffesten usw., – in Arbeit, Wohnen und Kontakt zu den Landbewohnern intensiv auseinanderzusetzen." (Glätzer 1978, 59)

Diese Definition, unter dem Aspekt der Arbeit gefaßt, erscheint uns zu eng; Glätzer bezieht gemeinschaftliche Produktion ausschließlich auf handwerkliche und landwirtschaftliche Produktionsweisen. Ergänzend dazu geht Klaus-Bernd Vollmar in seiner Definition eher von einem sozialpsychologischen Aspekt der Landkommune aus: „Kommune ist im Unterschied zum sozialistischen Kollektiv eine Gruppe, in der die Pflichten der Mitglieder subjektiv gerecht verteilt werden, das bedeutet, daß die Rechte aller subjektiv gleich sind." (Vollmar 1976, 21 f.) In einem weiteren Schritt stellt Vollmar handlungsperspektivisch selbstgesetzte Postulate der Landkommunenmitglieder auf: „Wesentlich ist für die Kommunen, daß die in ihr lebenden Personen gemeinsam Zielvorstellungen realisieren wollen und diese auch in gewissem Maß realisieren können. Die emotionalen wie alle anderen Auseinandersetzungen sollen in der gesamten Gruppe stattfinden . . . Das Ziel solcher Kommunen wäre ein Höchstmaß an sozialer Interaktion, ihre innere Struktur wäre von einem komplexen System von Wechselbeziehungen auf allen Ebenen gekennzeichnet. So wird die Gruppe auf den Einzelnen normenbildend wirken, wie jeder Einzelne gleichberechtigt die Normen der Gruppe bestimmt." (Vollmar 1976, 21 f.)

Dieser Definitionsversuch von Vollmar vernachlässigt jedoch den Produktionsbereich und wird insbesondere für Landkommunen unspezifisch. Eine Definition von Landkommune darf einerseits den Produktionsbegriff weder ausschließen noch auf den der landwirtschaftlichen Produktionsweise einengen und muß sich andererseits erkennbar auf rurale Räume beziehen. In ihr sollte darüberhinaus der Versuch der Landkommunenmitglieder, eine alternative Wertordnung einzurichten, berücksichtigt werden. In Anbetracht dieser Definitionsversuche verstehen wir unter Landkommune eine sozial-räumliche Einheit, in der sich nicht-verwandte Menschen in Abkehr von urbanen Vergesellschaftungsformen in ruralen Räumen bewußt und freiwillig organisieren. Dies geschieht mit der Zielsetzung, sich gemeinschaftlich, möglichst im Rahmen landwirtschaftlicher Produktionsweise eine stabile materielle Existenz aufzubauen, egalitäre soziale Beziehungen zu stiften und eine Wertordnung hervorzubringen, vor deren Hintergrund die bestehende Struktur quantifizierbarer Bedürfnisse durch die Entwicklung „radikaler" qualitativer Bedürfnisse ersetzt wird. (Vgl. Heller 1975)

Wie stellen sich nun die „Aussteiger" ihren neuen Alltag vor? Einige ihrer Aussagen zu den verschiedenen Bereichen des Alltagslebens geben erste Antworten. Sie beziehen sich auf verschiedene Probleme der materiellen Existenzsicherung, sozialen Ordnung und Wertorientierungen. (Vgl. Greverus 1978, 92)

Z. B. zusammen leben – zusammen arbeiten: Sich einlassen auf intensive zwischenmenschliche Beziehungen, mit den gleichen Leuten leben und arbeiten (Tonaufnahme Schweiz 1980, Nr. 3)

Z. B. kollektive Kindererziehung: Selbstverständlich gehört zum Großhaushalt auch die gemeinsame Kindererziehung, wie überhaupt den Kindern große Aufmerksamkeit geschenkt werden soll. Die Kindererziehung soll gemeinsame Aufgabe aller Erwachsenen sein. Zwischen ‚meinen' und ‚deinen' Kindern wird möglichst wenig unterschieden. (LPG Info 1980, 5)

Z. B. gemeinsame Zukunftsperspektiven: Wir wollen in diesem

Leben im Kleinen eine wirksame Alternative gegenüberstellen, die einerseits uns glücklich macht und andererseits der interessierten Umwelt als Modell dienen kann. Im einzelnen stellen wir uns unsere Lebens- und Produktionsgemeinschaft als kleine Zelle einer zukünftigen utopischen Gesellschaft vor. (LPG Info 1980, 5)

Z. B. Kontakte zur Dorfbevölkerung: ... ich finde es auch wichtig, daß die Leute wissen, was wir hier machen, die können vieles nicht verstehen, und ich hab' schon Lust, das denen zu erklären. (Vgl. Beitrag „Eine Wohngemeinschaft in einem Odenwalddorf")

Wie kann aber dieser „neue Alltag" gestaltet werden? Muß seine Veränderung in unserer auf Fortschritt bedachten Zeit auch mit einem gewissen Fortschritt verbunden sein, in dem Neues, Noch-Nicht-Dagewesenes hinzukommt? Kann das „neue Dasein" auch durch Rückgriffe auf nicht-zivilisierte Gesellschaften gestaltet werden, wie es z. B. Stanley Diamond betont: „Die Suche nach dem Primitiven ist der Versuch, eine ursprüngliche Möglichkeit des Menschen zu definieren." (Diamond 1976, 77) Seine Begründung lautet: „Die Sehnsucht nach einer primitiven Daseinsform ist kein bloßes Hirngespinst oder eine sentimentale Anwandlung, sie stimmt überein mit grundlegenden menschlichen Bedürfnissen, deren Erfüllung (wenn auch in anderer Form) die Bedingung dafür ist, daß wir überleben können." (Diamond 1976, 59) Oder kann der Alltag auch im Rückgriff auf Elemente aus der Tradition der eigenen Kultur verändert werden? Diesen Fragen soll in der Darstellung der Alltagsgestaltung der Landkommunen nachgegangen werden.

Dabei werden wir vorwiegend von unseren eigenen Beobachtungen und von Aussagen der Landkommunenmitglieder, die wir besucht haben, ausgehen. Informationsblätter und Selbstdarstellungen sollen die Beschreibung erweitern.

Der Alltag der Landkommune
Arbeit – Arbeitsteilung

Die Kritik der Städter an ihrer beruflichen Tätigkeit (Stichworte: Entfremdung, Technisierung, rigide festgelegte Produktionsprozesse, Spaltung des Alltags in Arbeit und Freizeit) ist einer der wesentlichen Anlässe, um neue Möglichkeiten der Arbeitsgestaltung zu suchen. Im Zentrum dieser Suche stehen Bedürfnisse nach schöpferischer Tätigkeit im Austausch mit der Natur, nach Möglichkeiten der Selbstverwirklichung durch die zu verrichtende Arbeit, nach Selbstbestimmung und Selbstversorgung vor allem in Bereichen wie Landwirtschaft, Energie und Pädagogik. Die landwirtschaftliche Produktion, aber auch die eher urbanen Produktionsbereiche der Kommunen wie Bäckereien, Schreinereien und andere Werkstätten, sind zunächst durch die Wiederaufnahme von früheren, einfachen Produktionsweisen geprägt, die den ganzheitlichen Produktionsprozeß wiederaufleben lassen sollen. Auf diese Weise versucht man, den Bedürfnissen nach nichtentfremdeter Tätigkeit nachzugehen. Im Laufe der Zeit wird die Realisierung dieser Ansprüche durch zwei grundlegende Faktoren bestimmt: die Notwendigkeit, den Unterhalt der Gruppe zu sichern, und das persönliche Bedürfnis, einen Arbeitsbereich zu finden, in dem man sich zu verwirklichen glaubt. Wird vor diesem Hintergrund die anfallende Arbeit immer als „lustvolle Arbeit" empfunden? Dazu eine Tonaufnahme: „... wenn man weiß, daß man von dem Geld, was man damit verdient, abhängig ist, dann wird es manchmal zum Druck. Dasselbe ist auch, wenn ich im Nähatelier bin. Dann kann es ganz schön sein, aber wenn ich das Gefühl habe, jetzt muß ich dahin, weil ich muß ja diese Kunden beliefern, wir brauchen ja das Geld, dann wird es zur Last. Das kommt ein bißchen auf meine Stimmung drauf an. Das hängt wahrscheinlich auch zusammen mit dem Befinden der Gruppe. Ich fühle mich in dem Moment als Gruppenmitglied." (Tonaufnahme Schweiz 1980, Nr. 3)

In vielen Projekten wird nach kurzer Zeit erkannt, daß die selbstgewählte Arbeit nicht nur einen größeren zeitlichen Aufwand in Anspruch nimmt, sondern auch einen wesentlich höheren Einsatz an körperlicher Energie erfordert, an die man als kopflastiger, verwöhnter Städter kaum gewöhnt ist. So erfordern beispielsweise in Elvo bereits die räumlichen und klimatischen Bedingungen eine gesunde körperliche Konstitution. Die extreme Berglage und das Klima erschweren die Arbeit erheblich und erfordern von Leuten, die dies von Kindheit an nicht gewöhnt sind, eine große Umstellung. (Vgl. Beitrag „Wir hier oben") Ebenso wird in der Odenwaldkommune, wo zeitweise jegliche Arbeit von den Frauen zu verrichten war, neben dem „guten Gefühl", das alles „allein geschafft zu haben", der große Energieaufwand, der nötig war, um das Projekt aufrechtzuerhalten, von Pea mehrfach betont. (Vgl. Beitrag Michel)

Es gibt aber auch den täglichen Trott bei ganz normalen, immer wieder anfallenden Aufgaben, wie Kochen, Spülen, Putzen, Kinderbetreuung. Worin, könnte man dann fragen, liegt dann das „Neue" oder „Andere"? Kann man in routinehafter Arbeit trotzdem eine Möglichkeit finden, in einen kreativen Austausch mit den zu verarbeitenden Materialien zu treten? Ruedi von der Gruppe Villeret beschreibt einen solchen Prozeß: „Ich entdeckte plötzlich, daß in so kurzer Zeit die Arbeit in der Bäckerei so ziemlich zur Routinearbeit und das Backen zum Job geworden war, wie wenn ich auswärts irgendwo arbeiten ginge. Es war das Normale – arbeiten muß man halt, aber das eigentliche Leben findet in der Freizeit statt. Das störte mich sehr. Ich begann Fachbücher zu lesen und setzte mich intensiv mit all diesen Materialien auseinander, die ich täglich brauchte. Mit der Zeit wurde das Mehl, die Hefe, das Salz und all die Dinge um mich vom Verbrauchsmaterial zu lebendigen Wesen. Ich spürte, daß es sich lohnt, diesen Wesen meine Zuneigung zu schenken und sie liebevoll zu behandeln. So gewann ich eine ganz neue Einstellung zu meiner Arbeit und bin jetzt nicht nur mit meiner Kraft, sondern mit meinem Herz in der Backstube." (LPG Info 1979, 3)

Ein wichtiger Aspekt der „neuen" Arbeitsgestaltung ist die Aufhebung der Arbeitsteilung. Zum einen soll eine Verbindung zwischen Hand- und Kopfarbeit geschaffen werden, zum anderen soll die Hierarchisierung innerhalb der einzelnen Arbeitsbereiche vermieden werden. Nach der Devise „jeder soll alles können" wird in den meisten Projekten eine Art ‚Rotationsprinzip' praktiziert, bei dem man sich in regelmäßigen Abständen in den einzelnen Arbeitsbereichen abwechselt: „Ruedi findet es wichtig, daß man sich bei der Arbeit abwechselt, zumindest alle zwei Jahre eine ganz andere Tätigkeit anfängt, sonst wird es zur Routine." (Tonaufnahme Schweiz 1980, Nr. 3) Die Aufhebung der geschlechtsspezifischen Arbeitsteilung wird in den meisten Landkommunen als Voraussetzung für eine selbstbestimmte Arbeitsgestaltung angesehen, wie Serge es von der Genossenschaft Rheia zum Ausdruck bringt: „... geschlechtsspezifische Arbeitsteilung existiert nicht, jeder kann alles, weil er alles tun will." (Tonaufnahme Schweiz 1980, Nr. 20) Dennoch ist unverkennbar, daß Serge von der traditionellen Rollenverteilung ausgeht, wenn er behauptet: „... ich finde es gut, wenn es durchmischt ist, aber daß die Frau eine Aufgabe hat, die der Mann nicht erfüllen kann. Was die Atmosphäre im Haus, was den Blumenschmuck und ich weiß nicht was alles anbetrifft, das ist ein ziemlich großer Umkreis, in dem von jeher die Frau sich bewegt hat." (Tonaufnahme Schweiz 1980, Nr. 20)

In Anbetracht dieser Aussagen müßte die Frage gestellt werden, inwiefern zwischen dem anzustrebenden Verhalten und dem tatsächlich gelebten Alltag eine Kluft besteht. Es steht zur Diskussion, ob die in unserer Gesellschaft sozialisierten Individuen in der Lage sind, ad hoc neue Verhaltensweisen zu praktizieren, die neu erlernt werden müßten, um sie als „alternativ" der Gesellschaft entgegenzusetzen. Können andererseits die „neuen" Verhaltens- und Arbeitsmuster, die nicht selten historisch überkommenen Formen des Zusammenlebens entlehnt sind, mit der gesellschaftlichen Entwicklung in Einklang gebracht werden?

Natur und Technologie

Der direkte Kontakt mit der Natur während der täglichen Arbeit läßt bei dem Städter ein „neues", überaus sensibles und persönliches Verhältnis zur Natur entstehen. Die Arbeit mit und in der Natur wird als ein schöpferisch-kreativer Prozeß gesehen, bei dem man sich die Natur zwar nutzbar macht, sie für die eigenen Zwekke aber nicht ausbeutet, in dem man beispielsweise künstliche Düngemittel oder harte Technologien anwendet. Mit der täglichen Auseinandersetzung bekommt die Natur den Stellenwert eines „Partners", der unweigerlich einen Einfluß auf die „Beziehungen zu den menschlichen Kooperanten" ausübt. (Leineweber/Schibel 1978, 112) Wie stark solche Einflüsse die Gruppendynamik und das persönliche Innenleben des Einzelnen beeinflussen und beinah einen mystischen Charakter annehmen können, wird in der Darstellung von Elvo besonders deutlich. Hinzu kommt das gemeinsame Erlebnis der Natur bei der Zusammenarbeit, ein Aspekt, der sich, wie Serge betont, stabilisierend auf die Gruppe auswirken kann: „... z. B. Unkraut jäten, allein ist es langweilig, aber wenn man das zu zweit, zu dritt macht, in einen Rhythmus kommt und zusammen das erlebt, das ist einfach, ja, das ist einfach etwas sehr Schönes. Ich glaube, daß man – und deshalb achten wir darauf, daß wir die meisten Arbeiten nicht alleine verrichten, sondern zu zweit, zu dritt. Weil darin liegt schon sehr viel, also daß man sich gegenseitig irgendwie auch spürt. Beim Traktor und Maschinen ginge das verloren." (Tonaufnahme Schweiz 1980, Nr. 20)

Einerseits steht man den Maschinen und der Technologie skeptisch gegenüber, andererseits stellt sich oft heraus, daß man als Städter die landwirtschaftliche Arbeit nicht kennt und sie auch schwer einschätzen kann. Die Unkenntnis von oft elementarem bäuerlichem Wissen kann sich auf den Ertrag recht vernichtend auswirken. Ein Siedler erwähnt dies bezüglich der Olivenernte und dem Gartenbau und betont zusätzlich die Fremdheit gegenüber den klimatischen und biologischen Bedingungen auf Ithaka, was natürlich mit sich bringt, daß die Aneignung der Natur erheblich erschwert wird, wenn man nach „deutschen Verhältnissen rechnet". Die fehlende Fachkenntnis zeigt sich auch bei den Ansätzen sanfter Technologie. Oft müssen erst Kurse besucht und Bücher gelesen und Fehlschläge bei Erstversuchen in Kauf genommen werden. Der Bau der Windanlage auf Ithaka ging schief, weil niemand von den Beteiligten Fachkenntnis besaß. Die Versuche, ein Biogasklo und Duschen aufzubauen, sind bislang ebenfalls nicht gelungen, und das Wasserproblem ist nach einigen Jahren immer noch nicht gelöst. (Vgl. Beitrag „... bietet die Inselsituation...“)

So ist die Einsicht der Familie Herzog in der Toscana, für den Gemüsegarten eine Maschine zu kaufen, wohl eine reelle Einschätzung der Ansprüche und der eigenen körperlichen Fähigkeiten. Das Einschätzenkönnen des Möglichen und Machbaren kann schon als erster Schritt für das Gelingen eines Projektes angesehen werden, denn zu große Ansprüche an sich und an die Gruppe können schnell zur Frustration und Aufgabe führen. Aus diesen Gründen läßt man sich auf eine vernünftige und sinnvolle Einbeziehung der Technologie ein: „Wenn man ganz von der Technik wegbleibt, dann gefährdet man seine Existenz. Wir leben schließlich in diesem Zeitalter und wir müssen uns damit befassen ... es ist gar nicht möglich, im Kerzenlicht zu leben. Und dann kommt die Alternative, alles von der Hand zu machen und dann schafft man's nicht mehr. Also muß man die Technik einfach hinzuziehen.“ (Tonaufnahme Schweiz 1980, Nr. 3)

Als Voraussetzung für einen möglichen „neuen“ Weg bezüglich des Natur- und Technologieverständnisses sprechen Ruedi und Gioia von der LPG Villeret die Notwendigkeit eines „neuen Bewußtseins“ an, in dem ein „Zurück zur alten Zeit“ als nicht möglich erscheint. Sie betonen, man müsse einen „Mittelweg“ finden: „Was wir wollen ist mehr Bewußtsein. Das wollten sie früher nicht. Früher haben sie sehr ernst gelebt und sind praktisch unbewußt gewesen ... das Technisieren hat dieses Bewußtsein gebracht. Und das ist nicht schlecht, das ist gut. Ich glaube man kann nicht alles in den Eimer werfen, was geschehen ist.“ (Tonaufnahme Schweiz 1980, Nr. 3)

Neben diesen praktischen Überlegungen setzt man sich auch ideell mit dem Begriff der Natur innerhalb der Landwirtschaft auseinander. Hierbei spielen vor allem in den Projekten der Schweiz, vereinzelt auch bei anderen Gruppen, die Anthroposophie und die Steinerschen Lehren von dem bio-dynamischen Landbau eine wichtige Rolle. Welchen Einfluß die Anthroposophie auf die Aneignung der Natur haben kann, bringt Gioia zum Ausdruck: „Wichtig ist, daß man in diese Arbeit hineinwächst, daß einfach der Glaube daran das Wesentliche ist. Also man kann es schwer jemandem vermitteln, weswegen bio-dynamischer Anbau gut ist. Das hängt auch mit der Person sehr stark zusammen." (Tonaufnahme Schweiz 1980, Nr. 3)

Innerhalb der veränderten Beziehung zur Natur entwickelt sich zu den Tieren ein persönliches Verhältnis: man respektiert die Tiere, spricht mit ihnen, nennt sie beim Namen und behandelt sie gut. Das Schlachten kann zu einer problematischen Sache werden. „Das jetzt lebende Kaninchen sollte auch schon lange in der Pfanne sein. Die Hühner und Hasen sind überaltert, die Schafe werden zum Schlachten weggegeben." (Protokoll Villeret, Schweiz 1980) Das Schlachten der Tiere muß nicht unbedingt als ein aggressiver Akt gesehen werden, sondern als Teil der Auseinandersetzung mit der Natur und eine Grundlage der angestrebten Selbstversorgung.

Selbstversorgung

Wie wirken sich nun die hier berücksichtigten Bereiche der Arbeit auf das eigentliche Ziel einer Landkommune, nämlich die Selbstversorgung, aus? Ist eine Selbstversorgung nur durch landwirtschaftliche Erträge, die unter Schwierigkeiten erbracht werden, überhaupt möglich?

Wie wir aus den Darstellungen der meisten Landkommunen ersehen konnten, muß zusätzlich auf andere Erwerbsquellen zurückgegriffen werden. Um das Projekt überhaupt in Angriff nehmen zu können, ist ein gewisses Anfangskapital nötig, so daß Gebäude und Ländereien erworben werden können. So mußte auf Ithaka jeder Siedler die Summe von 10 000 DM aufbringen, um einsteigen zu können. Die Leute der Odenwaldkommune hatten Bausparverträge abgeschlossen. (Vgl. Beitrag „Eine Wohngemeinschaft in einem Odenwalddorf") In der Schweiz ist es möglich, die Form einer Genossenschaft zu wählen, um die materielle Grundlage eines Projektes zu sichern. Villeret gliedert sich z. B. in die tragende Genossenschaft, der das Eigentum gehört, und in die Siedler, die das Eigentum nutzen. Diese Organisationsform läßt zu, daß das Projekt bestehen bleibt, auch wenn Siedler „aussteigen" und Neue „einsteigen".

Neben der Landwirtschaft müssen andere Produktionsweisen aufgenommen werden, die zur Unterhaltssicherung beitragen. Nicht selten ist es nötig, auch Arbeiten außerhalb der Projekte aufzunehmen, wie es bei der Odenwaldkommune der Fall ist, bzw. in Elvo ursprünglich geplant war. In Sarakiniko werden sogar Arbeitsaufenthalte in der BRD in Kauf genommen.

Elvo strebt, als eine der wenigen Gruppen, eine Selbstversorgung nur durch Landwirtschaft, d.h. Tierhaltung und professionellen Vertrieb von hochwertigen Agrarprodukten, auf längere Sicht an. Dies erfordert eine ökonomische und langfristige Planung und wirkt sich auf die Stabilisierung eines Projektes positiv aus. Obwohl Autarkie in Elvo nicht dogmatisch gesehen wird, wird doch durch die Wiederverwendung von Gebrauchsgegenständen, „aus denen man den letzten Gebrauchswert auspreßt" (Vgl. Beitrag „Wir hier oben"), der Selbstversorgungsgrad erheblich erhöht. Dieser wirtschaftliche Umgang mit Gegenständen aller Art ist nicht zuletzt durch die extremen Transportverhältnisse bedingt.

Die Zukunftspläne der einzelnen Projekte sind, auch trotz der oft komplizierten finanziellen Situation, recht phantasievoll und optimistisch. Sie reichen von der Einrichtung von Tagungsstätten und Gründungen von Schulen mit ganzheitlichem Lehrbetrieb über Selbstversorgung bezüglich des Energiebedarfs, wie z.B. in Villeret (hier ist eine stromlose Warmwasseraufbereitung unter der Ausnutzung thermischer Zirkulation geplant), bis zum lukrativen Ausbau von Hobbys, wie Spinnen, Färben von Wolle mit Naturfarben, Stricken, Stoffeweben u.a.m. Für das alles braucht man, wie immer wieder betont wird, Zeit und vor allem eine gewisse Spezialisierung und Fachkenntnisse, um auf dem Markt bestehen zu können. Inwiefern dies realistische Vorstellungen sind oder nur Phantasien und Träume, um sich den Anschein eines „neuen Daseins" hinsichtlich der rauhen Wirklichkeit nicht ganz nehmen zu lassen, wird erst die Zukunft zeigen. Aber vielleicht muß man es „einfach leben und ausprobieren".

Wie sollen Beziehungen zur Landbevölkerung aussehen?

Wie schon erwähnt, gibt es die verschiedensten Motive für den Aufbau von Kommunen auf dem Lande. Alle Vorstellungen, wie dort das neue Leben aussehen soll, implizieren bewußt oder unbewuß auch eine Vorstellung davon, wie die Beziehungen zur Landbevölkerung aussehen sollen.

Viele Gruppen gehen aufs Land, um sich dort einen Freiraum zu schaffen, in dem sie ihre Ideen leben können, und sind nicht gewillt, hinsichtlich ihres Lebensstils Konzessionen einzugehen. „Sobald sein Freiraum eingeschränkt wird, entscheidet er sehr klar für den Freiraum und nicht für irgendeine angenehme ökonomische Situation." (Rheia, Tonaufnahme Schweiz 1980, Nr. 20) Das trägt natürlich dazu bei, daß zwischen der Dorfbevölkerung und den Landkommunen ein nur schwer überwindbares Konfliktpotential aufgebaut wird.

Andere Gemeinschaften fühlen sich dazu berufen, ihre Ideen auszubreiten, und versuchen, das Dorf mit ihren Werten zu kolonisieren: „Gewisse Leute kamen hierher, mit ihren Vorstellungen von Landkommunen und glaubten innerhalb von kurzer Zeit, man könne hier den Wallisern nachweisen, wie man es viel, viel besser macht." (Kritisches Oberwallis, Tonaufnahme Schweiz 1980, Nr. 25) Auch hinsichtlich solcher Gruppen baut sich bei der Landbevölkerung Widerstand auf.

Wieder andere Gruppen wünschen sich eine Koexistenz mit den Dorfbewohnern; sie greifen bewußt alte bäuerliche Traditionen auf und versuchen sie sinnvoll in ihren Alltag zu integrieren. Sie respektieren die Werthaltung der Dorfbewohner und sind bereit, von ihnen etwas zu lernen. Aber auch sie sind Fremde, die sich erst beweisen müssen, um das anfängliche Mißtrauen der Landbevölkerung überwinden zu können.

Die meisten Landkommunenmitglieder haben nur sehr vage und oft zwiespältige Vorstellungen, wie sie mit der Landbevölkerung interagieren wollen. „Politische Beziehungen zu den Leuten in der Gegend hatten wir nur vage ins Auge gefaßt." (Leineweber 1981,

64) „Auf der einen Seite möchten wir schon auch nach außen wirken, den Leuten zeigen wie wir arbeiten, aber auf der anderen Seite haben wir uns auch irgendwo auf unsere Insel zurückgezogen... Wir kümmern uns so um die Leute, die zu uns kommen, und um die anderen Leute eigentlich gar nicht mehr so ... Wir haben nicht groß den Ehrgeiz, den Leuten von der Fabrik zu zeigen, daß wir angenehmer arbeiten oder besser – unabhängiger ... da ist etwas vorlorengegangen mit der Zeit. Am Anfang war das viel stärker – der missionarische Zug." (Löwe Sommeri, Tonaufnahme Schweiz 1980, Nr. 13)

Durch die Gegebenheiten auf dem Lande verändern sich die anfänglichen Ansprüche der Landkommunen zwangsläufig. „Die Leute, die hiergeblieben sind und jetzt über einige Jahre hier gearbeitet haben, die haben sich persönlich verändert. Ihre Aussagen über die Situation, über die Möglichkeiten haben sich total geändert. Umgekehrt hat sich auch die Einstellung der Leute ihnen gegenüber geändert – sagen wir, die Leute sind heute viel integrierter." (Kritisches Oberwallis, Tonaufnahme Schweiz 1980, Nr. 25)

Die ersten Kontakte der Landkommunen mit der Bevölkerung ergeben sich oft aus der Neugierde der Einheimischen gegenüber dem „Treiben der Fremden". „Also, es ist auch so, daß wenn ich jetzt z. B. mit Bauern in der Umgebung spreche; also sie fragen, woher wir kommen ... sie sind immer sehr interessiert, was wir machen und andererseits, weil es uns gelingt, zu wirtschaften, daß wir überleben können ... haben sie eine Art Bewunderung." (Rheia, Tonaufnahme Schweiz 1980, Nr. 20) Weitergehende Beziehungen werden dann in erster Linie über den Arbeitsbereich geknüpft, bei den Siedlern in Villeret über den Brotverkauf und den Austausch von Maschinen, in der Odenwaldkommune über Schreinereitätigkeiten, in Elvo über die Käseherstellung u. a. Bei der Gemeinschaft der N... im Oberwallis hat sich der erste Kontakt durch das lokale Gemeinwerk ergeben. Im Frühjahr müssen die Bewässerungskanäle der Wiesen wieder instandgesetzt werden; das wird in gemeinschaftlicher Arbeit geleistet, an der sich alle Landbesitzer beteiligen, auf dieselbe Weise werden im Sommer die Wiesen bewässert. Anfangs hätten sie es sehr schwer gehabt, erzählten die N...; es habe eine große Ablehnung von Seiten der Dorfbewohner gegeben. Es hat sich aber fast nie in offenen Reaktionen gezeigt, sondern sie wurden einfach nicht angeschaut und nicht angeredet, sie kamen sich total isoliert vor.

Die Isolation innerhalb des Dorfes hat auch dazu beigetragen, daß sich gruppeninterne Schwierigkeiten verstärkt haben. Bei anderen Landkommunen hat das Beschränktsein auf die Gruppe oftmals Mitglieder bewegt, die Gruppe zu verlassen. Auch die N... sind nur noch drei Personen, eine Frau und zwei Männer. Die N... meinen, daß es besser sei, anfangs weiter weg vom Dorf zu wohnen, denn das Dorf würde durch seine Nähe kontrollieren. Man fühlt sich immer beobachtet und ist deshalb in seinem Handeln befangen. Ähnliche Aussagen werden auch von anderen Landkommunen gemacht.

Die N... haben ihre erste Anerkennung vom Dorf erhalten, als sie ihre Milch in die Sennerei des Ortes geliefert haben. Wegen des Zerfalls des bäuerlichen Sozialgefüges, der Aufgabe von Landwirtschaftsbetrieben zugunsten der Fabrikarbeit, wird nicht mehr genug Milch erzeugt, und die Sennerei arbeitet am Rande der Rentabilität. Die N... könnten ihre hochwertige Milch genauso an Reformhäuser liefern und würden wahrscheinlich einen höheren Ertrag erzielen, aber sie haben sich ganz bewußt dazu entschlossen, einen Beitrag zur Erhaltung der Infrastruktur des Dorfes zu leisten. Sie hängen nicht dogmatisch an ihren Prinzipien, sondern bewerten es höher, die Dorfstrukturen vor einem weiteren Verfall zu bewahren.

Die Bauern sind froh darüber, daß wieder junge Menschen kommen und sich der Landwirtschaft annehmen, denn die Zahl der Vollerwerbsbauern nimmt immer mehr ab, immer mehr Jugendliche wandern in die Städte ab, immer mehr Bauern gehen in die nächste Fabrik arbeiten. Die kargen Böden, die begrenzten Möglichkeiten zur Mechanisierung der Landwirtschaft und der geringe Ertrag im Verhältnis zum Zeitaufwand hält die Bauern nicht mehr auf ihren Böden. Das Alter der Vollerwerbsbauern liegt derzeit bei etwa 50 Jahren; im Oberwallis betreiben nur noch ca. 3% eine Vollerwerbslandwirtschaft, der Rest sind Nebenerwerbsbetriebe, die von den Frauen bearbeitet werden. Eine große Anzahl von Betrieben wurde ganz aufgegeben. (Vgl. Kritisches Oberwallis, Tonaufnahme Schweiz 1980, Nr. 25) Deshalb ist es hier für Landkommunen möglich, Land zu kaufen oder zu pachten. Sie profitieren traurigerweise vom Zerfall der bäuerlich geprägten Lebenswelt.

Die N... würden wahrscheinlich auf mehr Widerstand treffen, wenn das Sozialgefüge des Dorfes noch intakt wäre. Aber inzwischen wird sogar toleriert, daß sie nicht in die Kirche gehen oder unverheiratet zusammenleben. „Da ist im Wallis ein Bruch passiert, das ist unglaublich ... Wo man vor 10 Jahren noch das Gefühl hatte, das ist unerschütterlicher Bestandteil der Moral des katholischen Glaubens – da ist unheimlich viel zerfallen. Das fängt damit an, daß sich niemand stört, wenn hier jemand zusammenlebt, ohne verheiratet zu sein – das ist kein Thema mehr ... es ist eigentlich erstaunlich, wie tolerant die Bevölkerung reagiert hat auf diese Leute." (Kritisches Oberwallis, Tonaufnahme Schweiz 1980, Nr. 25)

Auch in anderen Gegenden ist das bäuerliche Selbstverständnis abhanden gekommen, so daß den Landkommunen kaum massive Ablehnung entgegenschlägt; es ist vielmehr eine resignierende Gleichgültigkeit eingetreten. „Die mit der konsumistischen Orientierung einhergehende Enkulturation der ländlichen Bevölkerung hat deren Identität dermaßen zerstört, daß einerseits Leute wie wir ohne Widerstand hingenommen werden, andererseits es aber nicht zu einer selbstbewußten Auseinandersetzung mit den Fremden kommt." (Leineweber 1981, 65) Die Bauern verstehen es nicht, warum gerade Städter auf dem Lande arbeiten wollen, da diese in der Stadt eigentlich ein „besseres" Leben führen könnten. Aber in den Landkommunen spiegeln sich, wie z.B. in den N... oder in Elvo, Wünsche, Sehnsüchte, Enttäuschungen der bäuerlichen Bevölkerung wider, die zwiespältiger Natur sind. Sie sehen, daß eine Lebensweise vergeht, sie haben zum Teil selber an deren Zerfall mitgewirkt, um auch ihren Anteil an der Wohlstandsgesellschaft zu erhalten. Und plötzlich beginnt es wieder zu leben: alte Häuser werden renoviert (Elvo, Villeret, Odenwaldkommune, etc.), die unrentable Berglandwirtschaft wird wieder aufgenommen, altes wertvolles bäuerliches Wissen ausgegraben und bewahrt. Dadurch werden viele Emotionen geweckt, die zur Ablehnung durch ein schlechtes Gewissen, aber auch zur vermehrten Integration wie bei den N... durch positive Emotionen führen. „Überall, wo gearbeitet wurde, haben die Leute voller Anerkennung gesagt: Herrgott, die machen das noch und wir haben es nicht mehr gemacht ... jene, wie die Leute von den N..., die wirklich arbeiten, werden akzeptiert von der Bevölkerung, man hört sehr wenig Kritik. Selbst von der Grundausrichtung her konservative Menschen sagen: Doch, die arbeiten, die bewirtschaften das; die machen das; das ist gut; wir müssen die unterstützen." (Kritisches Oberwallis, Tonaufnahme Schweiz 1980, Nr. 25)

Die N..., die mit den verschiedensten Motiven aufs Land gegangen sind, unter denen auch das Motiv: kollektives Arbeiten auf dem Land als Möglichkeit zur Gesellschaftsveränderung war, haben für sich sehr schnell festgestellt, daß das Hineinwirken in die Gesellschaft bloße Utopie sei. Daß sie im großen nichts verändern können, daß die Bauern auch nichts von ihnen übernehmen, daß diese z. B. nicht verstehen, daß sie die ohnehin kargen Böden nicht künstlich düngen, um den Ertrag zu steigern. Sie wollen vielmehr von den Bauern lernen. Sie fühlen sich inzwischen auch mehr als Bergbauern, denn als Alternative, obwohl sie sich von ihrer Geistes- und Werthaltung her sehr wohl von der übrigen Dorfbevölkerung unterscheiden und ihr Handeln ganz anderen Grundlagen entspringt.

Ähnliche Aussagen lassen sich auch bei anderen Landkommunen finden. „Von unseren Intentionen im Hinblick auf das Landleben, von unserem Lebensstil, unserer Reproduktionsweise und unseren Beziehungen und Umgangsformen läßt sich kaum etwas vermitteln." (Leineweber 1981, 64) Oder: „... man würde sich gegenseitig aufreiben, und ich sehe den Sinn nicht, über den Sinn oder den Unsinn ihrer Arbeit oder unserer Arbeit zu sprechen. Ja, wir akzeptieren so wie sie es machen, und sie akzeptieren, wie wir es machen. ... sie haben da eine unklare Vorstellung, was da auch an geistigen Werten dahintersteckt ... aber sonst bleibt dann einfach jeder für sich ... wir sind ja auch nicht im Dorf, das spielt schon eine sehr große Rolle." (Rheia, Tonaufnahme Schweiz 1980, Nr. 20)

Die LPG siedelte sich 1975 in Villeret, in einem kleinen Bergdorf im Jura, an. Auch diese Gegend ist dadurch gekennzeichnet, daß wegen des rauhen Klimas und der kargen Böden die Landwirtschaft unrentabel ist und viele ehemalige Bauern in die Fabriken arbeiten gehen. Auch die LPGler erkannten sehr schnell, daß tägliche schwere Arbeit nötig war, um überleben zu können, und daß zur materiellen Existenzsicherung die Landwirtschaft nicht allein ausreichte. Deshalb wurden auch ein Biobäckerei, ein Nähatelier und eine Schreinerei aufgebaut; das Handwerk wurde bald zum tragenden Sektor; die anfänglich große Fluktuation innerhalb der Gruppe nahm ab, und eine Kerngruppe bildete sich heraus.

Die Dorfbewohner, die anfänglich dem „Treiben" sehr skeptisch gegenüberstanden, bemerkten sehr bald, daß sich innerhalb der LPG vieles geändert hatte, und honorierten es auch. „Vor euch waren drogensüchtige Hippies in dem einen Haus. Es ging schon eine Zeitlang, bis ich merkte, daß es nicht mehr dieselben Leute sind, und dann ging es so etappenweise. Zuerst habt ihr angefangen, regelmäßig zu arbeiten, wie wir. Dann habt ihr euch auf einmal die Haare geschnitten, was euch sehr viele Sympathien eingebracht hat. Später habt ihr euch immer mehr dem Kontakt mit den Leuten zugewandt, und jetzt sieht man euch viel, ich glaube, gern im Dorf. Im allgemeinen gesagt: ihr werdet immer ordentlicher." (LPG Info 1978, Nr. 3, 6) Durch Teilnahme an Dorffesten, durch Mitarbeit an Pfarreiabenden, durch Hinwendung zum Dorfleben, durch geregelte sichtbare Arbeit, durch den ökonomischen Aufschwung der LPG stieg ihr Ansehen innerhalb des Dorfes, und die Siedler wurden immer mehr ein Bestandteil des Dorfes: „Ja, auf jeden Fall bringt sie dem Dorf etwas. Nur schon die drei Häuser, die ihr wieder belebt, die sind ja vorher leer gestanden. Und sonst, man merkt, daß ihr immer mehr Leben ins Dorf bringt, z. B. das Fest, und wenn ich ganz ehrlich bin, man würde noch mehr von euch annehmen, wenn ihr auch finanziell mehr einbringen würdet, mit eurer Genossenschaft ist es ja so, daß ihr nicht viel persönliche

Steuern bezahlt und das halten euch viele vor. Andererseits macht ihr in den Vereinen mit, was euer Interesse am Dorfleben beweist. Und ich kann dir sagen, es ist nicht selbstverständlich bei der Mentalität der Leute hier, daß du als Zugezogener sofort in einen Verein, z. B. den Männerchor, aufgenommen wirst. Die Leute sind auf jeden Fall interessiert an euch." (LPG Info 1978, Nr. 3, 6)

1978 brach diese Gruppe auseinander. Hauptgründe dafür waren, daß sich ein Teil der Gruppe nicht mehr mit den Ideen und Ansprüchen identifizieren konnte, die durch die AAO[2] in die LPG getragen wurden. Es blieben zwei Siedler zurück, die eine neue Gemeinschaft suchten, die die LPG übernehmen sollte. Für die Dorfbewohner war es ein schwerer Schlag, daß die augenscheinlich florierende LPG in so kurzer Zeit wieder zerbrochen war. Außerdem hatten die Tätigkeiten der AAO, besonders die Ausübung der freien Sexualität, einen bitteren Nachgeschmack hinterlassen, da dieses Thema auch in den Zeitungen ausführlich behandelt worden war.

Die neue Gruppe hatte es dann sehr schwer, Zugang bei den Dörflern zu finden, da diese in jeder Hinsicht sensibilisiert waren. „Die Stimme aus dem Dorf meldete: ‚Les nouveaux là à l'LPG, ils sont encore pires que les autres!'" (LPG Info 1979, Nr. 3, 11) Die Besucherschar, die einsetzte, ließ die Gruppe und das Dorf nicht zur Ruhe kommen. Die Dorfbewohner sahen, daß die meisten Siedler nicht viel von der Landwirtschaft verstanden, und meinten, daß wohl bald jemand dazustoßen müßte, der davon etwas verstehe, damit etwas Rechtes dabei herauskomme. Ein weiteres Problem ist, daß die meisten in der LPG aus der deutschsprachigen Schweiz stammen und wenig oder fast gar nicht französisch sprechen. Um sich aber am politischen und sozialen Leben der Gemeinde, die im französischsprachigen Teil des Juras liegt, beteiligen zu können, ist Voraussetzung, die Sprache zu lernen. Die gleiche Schwierigkeit haben auch die Gruppen, die ihren Südlandtraum verwirklichen und nach Italien, Griechenland etc. gehen. Die fehlenden Sprachkenntnisse sind immer eine Kommunikationsbarriere. (Vgl. „. . . bietet die Inselsituation . . ." und „Auch wir in Arkadien") Die harte und ermüdende Arbeit läßt den Leuten oft nicht Zeit, die Sprache zu erlernen. Es fehlt aber auch die Zeit, um intensive Kontakte mit den Dorfbewohnern zu pflegen. Die Begegnungen sind zufällig und unergiebig. (Vgl. Beitrag „Eine Wohngemeinschaft in einem Odenwalddorf")

Die Mitglieder der LPG wollen sich aber auf keinen Fall isolieren, sondern sind bestrebt, schrittweise in die Dorfgemeinschaft eingebettet zu werden. Sie sind sich darüber im klaren, daß dies ein langer Prozeß ist und die Ideenwelten doch weit auseinanderklaffen und Schritte zur Verständigung von beiden Seiten gemacht werden müssen. Ein kleiner Erfolg ist der Eintritt in den Männerchor, andere Kontakte werden über die Kinder hergestellt. Es besteht eine Palette von Möglichkeiten, in das Gemeindeleben einzutreten, ohne die eigenen Ideen und Zukunftsvorstellungen drastisch einschränken zu müssen.

Ein weiteres Beispiel ist die Betriebsgemeinschaft L. . . im Jura. Sie bewirtschaften einen 17 ha großen Hof, der kaum ackerfähige Flächen hat, sondern fast nur aus steilen Hanglagen besteht, die nur Weidebetrieb ermöglichen. Neben der Landwirtschaft betreiben sie eine Sägerei, die im Jahr etwa 10000 Franken Rohertrag abwirft, etwa genauso viel wie die Landwirtschaft. Der Betrieb wurde anfangs von einem Ehepaar mit zwei Kindern und noch zwei weiteren Helfern bewirtschaftet. „Zuerst hat man sie belächelt, daß sie dieses kleine häßliche Landwirtschaftsbetriebchen gekauft haben und bearbeiteten, dann hat man sie bewundert, daß sie es tun, daß sie überleben, und dann ist es passiert mit den sozialen Turbulenzen." (Rheia, Tonaufnahme Schweiz 1980, Nr. 20) Bedingt durch die hygienisch und baulich unzumutbare Situation und das fehlende Geld, zerbrach die Ehe und damit auch die Betriebsgemeinschaft. Der Mann führte danach den Betrieb mit zwei Frauen zusammen, eine von beiden bekam auch noch Kinder von ihm. Das war der Dorfbevölkerung ein Dorn im Auge, es wurden vereinzelt Stimmen laut wie: „. . . die sollen zuerst heiraten", oder: „Gesindel auf dem Hof . . ." (Rheia, Tonaufnahme Schweiz 1980, Nr. 20) Nichteingehaltene Agrarnormen wurden als Vorwand genommen, um ihre Lebensweise zu sanktionieren. Der Mann hat in der Gemeindeversammlung gegen seine eigenen Subventionen gestimmt, obwohl er unter ihrem Verlust ökonomisch sehr stark leidet. Er ist nicht gewillt, sich seinen Freiraum von jemandem einschränken zu lassen.

Die Desintegration in der Gemeinde ist sehr groß, wo noch ganz starke Normen wirken. Wenn diese nicht eingehalten werden, steht man schnell als Außenseiter da, und es gelingt nur sehr schwer, sich aus dieser Rolle zu befreien; es werden einem immer wieder Steine in den Weg gelegt, und die Gemeinschaft versucht, sich von dem Außenseiter zu befreien. Man muß sehr große Kräfte mobilisieren, um diese Situation, bei einer so schwierigen ökonomischen Lage wie z. B. bei den L. . ., durchstehen zu können.

Jede ländliche Gemeinschaft hat mit anderen Schwierigkeiten zu kämpfen, je nachdem, welche Struktur ein Dorf besitzt, welche Gruppe in ihm tonangebend ist, wie weit sich in ihm schon ein sozialer Wandel vollzogen hat. Die Dorfbewohner stören sich zumeist an Äußerlichkeiten wie ungewöhnliche Kleidung, lange Haare, unverheiratetes Zusammenleben, übermäßige Besucherzahlen, spätes Aufstehen, ungeregelte Arbeitszeit; Gruppenstrukturen und ideologische Grundlagen interessieren sie nur, insofern sie nach außen hin sichtbar werden. Geregeltes Nachgehen einer Arbeit und ökonomischer Aufschwung sind hingegen Faktoren, die zählen: „Aber die Bauern sehen schon, daß wir ziemlich viel Arbeit und Geld ins Haus stecken." (Löwe Sommeri, Tonaufnahme Schweiz 1980, Nr. 13) „Einziges Kriterium: Arbeiten sie oder arbeiten sie nicht?" (Kritisches Oberwallis, Tonaufnahme Schweiz 1980, Nr. 25)

Gemeinschaftliches Leben. „Objektive Notwendigkeit" und „subjektive Sympathie"

„Erst, wenn es gelingt, Aufgaben und Ziele zu finden, die dem Zusammenleben eine objektive Notwendigkeit geben, hängt der Zusammenhalt nicht mehr allein von der subjektiven Beliebtheit der Wohngruppenmitglieder ab; und erst dadurch besteht die Chance, daß die Wohngruppe zu einer dauernden Einrichtung, zu einer Institution wird, auf die der Einzelne sich verlassen und mit der er rechnen kann." (LPG Info 1974, 2) Gemeinsam zu wohnen und kollektiv in der Natur zu arbeiten, sind Grundzüge der meisten Landkommunen. Das gemeinschaftliche Leben ist von Bedingungen des räumlichen und sozialen Umfeldes abhängig: von der Aneignung eines entsprechenden Lebensraumes – sei es ein gekauftes oder gemietetes Haus in einem Dorf (s. Odenwald-Kommune) oder ein Stück Land auf einer Insel, das bewohnbar gemacht werden soll (Ithaka), oder ein verlassenes und vom Zerfall bedrohtes Dorf (vgl. Elvo). Es bedeutet für die Landkommunen eine Auseinandersetzung mit den anfallenden handwerklichen Arbeiten, mit der einheimischen Bevölkerung und mit der Natur, in der man leben will.

Die Erfahrungen im Umgang mit der Natur haben nach Angaben der Kommunenmitglieder einen positiven Einfluß auf die eigene Psyche und auf das soziale Verhalten, denn „Natur lehrt Geduld, man lernt sich dadurch selber kennen". (Tonaufnahme Schweiz 1980, Nr. 3) Serge von der Genossenschaft Rheia drückt das so aus: „Ich komme mir und dem Menschen immer näher, je länger ich diese Rhythmen (der Natur) erlebe." (Tonaufnahme Schweiz 1980, Nr. 20) Zum anderen bedeutet das Leben in der Natur harte Arbeit und Einschränkung für die Gruppe, wenn es beispielsweise darum geht, den harten Winter in Elvo zu überstehen (vgl. Beitrag „Wir hier oben"), die geringen Wasservorräte auf Ithaka sinnvoll zu nutzen, oder wenn dort der einzige zum Einkauf zur Verfügung stehende Esel von mehreren Küchengruppen in seinem Einsatz geteilt werden muß. (Vgl. Beitrag „... bietet die Inselsituation ...")

Wie wird vor diesem Hintergrund der Anspruch, ein neues soziales System einzurichten, das mit neu zu erlernenden Verhaltens- und Wertmustern verbunden ist, eingelöst? Wie werden Hierarchie und Rollenfixierung abgebaut? Wie funktioniert ein Großhaushalt? Wie gestaltet sich der Tages- und Jahresablauf? Wie werden die Kinder kollektiv erzogen? Wie ist Selbstverwirklichung realisierbar? – Diese Fragen sollen von den Landkommune-Mitgliedern in einem möglichst breiten Spektrum selber beantwortet werden, wobei aufgrund des gesammelten Datenmaterials ein Schwerpunkt bei der Lebens- und Produktionsgemeinschaft (LPG) in Villeret liegen wird.

Großhaushalt versus Kleinfamilie
Das Beispiel der LPG „Villeret"

In einer Selbstdarstellung der LPG in Villeret heißt es: „Der unnötige Aufwand, den der Einzelhaushalt jeder Familie mit sich bringt, soll in unserer Produktionsgenossenschaft durch einen konsequent geführten Großhaushalt reduziert werden. Er soll durch zahlreiche Gemeinschaftseinrichtungen von unproduktiver Arbeit entlasten und ihm (dem Genossenschaftler) zu einer breit verankerten Geborgenheit verhelfen, wie sie die Kleinfamilie nicht mehr geben kann. Gleichzeitig werden die Frauen von anstrengenden und zeitraubenden Haushaltsarbeiten wesentlich entlastet und für die gemeinschaftliche Produktion frei gemacht." (LPG Info 1974, 3) „Arbeitsentlastung", „Geborgenheit", Abbau typischer Haushaltsarbeiten für Frauen sind wesentliche Aspekte in dieser Selbstdarstellung. Sie entsprechen den Vorstellungen auch anderer Landkommunen, die mit Hilfe der bäuerlich orientierten Gemeinschaft verwirklicht werden sollen.

In der LPG „Villeret" wohnen sieben Erwachsene und drei Kinder; einige von ihnen hatten schon vorher zusammengelebt. Doch ihre damalige Situation, in der Nähe einer Großstadt zu wohnen, auf einen Garten verzichten zu müssen, und der Wunsch, die Gruppe zu vergrößern, dies alles veranlaßte sie, u. a. ihre Berufe – Lehrer, Schreiner, Dekorateur – aufzugeben, um nach Villeret zu ziehen. Die Gemeinschaft bewohnt ein am Rande des Dorfes gelegenes altes Bauernhaus, welches zum Teil ausgebaut ist.

Nach einem sehr freundlichen Empfang mit Tee und selbstgebackenem Brot zeigte man uns nicht nur die Gast-Schlafstätte im „Hippihaus", sondern alle Räumlichkeiten nebst Hühnerstall und Bienenstock. Zu den Gebäuden, die der LPG gehören, zählt die „Hazienda" mit Schreinerei und Küche. Daran schließt sich eine ausgebaute Scheune mit Bad und Gästeräumen an. Die „Rochette“, durch eine schmale Dorfstraße von der „Hazienda“ getrennt, ist ein zweistöckiges Haus, in dem das Nähatelier, der Stall und einige Wohnräume untergebracht sind. Das Bäckerhaus mit Bäckerei und Büro ist das dritte Gebäude des ehemaligen Bauerngehöftes. Ein weiteres Haus, im Dorfkern liegend, wurde kürzlich von der LPG gekauft. Hier sollen in erster Linie Wohnräume entstehen, da man davon ausgeht, daß sich die Gruppe vergrößern wird. Die einzelnen Zimmer sind individuell und kreativ mit Bildern, Tüchern, Büchern, Instrumenten und selbstgebauten Möbeln gestaltet. Ebenso bunt wie bequem erscheint die Kleidung; Bauernröcke, selbstgestrickte Strümpfe und Pullover, ab und zu einen Flicken, dickbesohlte Schuhe und Gummistiefel.

Der Tag beginnt für die Bewohner bereits um 6.00 Uhr. Gioia steht als erste auf, da sie für den Stall zuständig ist; ihre Kinder sind um diese Zeit auch schon wach. Gegen 8.00 Uhr gibt es ein gemeinsames Frühstück, das seit einiger Zeit mit einem motivierenden „Spruch für den Tag“ beginnt. Nach dem Frühstück geht jeder seiner Arbeit nach: Gioia und Markus kümmern sich um die Tiere und die Landwirtschaft, Ruedi arbeitet in der Bäckerei; Urs fährt die Brote zu den Abnehmern in die Umgebung; Hugo hilft beim Einkauf und versorgt die Bienenstöcke; einzig Anna hat keine spezielle Aufgabe, sie beteiligt sich überall dort, wo es etwas zu helfen gibt, wie im übrigen jeder jeweils dort hilft, wo es an Arbeitskraft fehlt. Romi kümmert sich um den Haushalt, kocht, kauft ein, hütet ihr Baby, wofür sie zur Zeit nachmittags freigestellt ist. Die beiden älteren Kinder sind am Vormittag in der Schule. Um 12.00 Uhr findet das gemeinsame Mittagessen statt, danach eine Mittagspause. Gegen 14.00 Uhr wird die Arbeit wieder aufgenommen bis ca. 18.00 Uhr. Nach dem anschließenden Abendbrot sitzt man beim „Stubbentee“ beieinander; es wird gestrickt, gesponnen, erzählt oder „man macht, was man will“.

Ob sich der Tagesablauf nun in dieser Weise gestaltet oder in der Form, daß die Landkommunemitglieder einer Beschäftigung außerhalb ihrer Wohnstätte nachgehen, es bleibt der relativ hohe Arbeitseinsatz, der den Rhythmus des Tages bestimmt, festzuhalten.

In der Odenwald-Kommune versucht man, sich in der auswärtig zu verrichtenden Arbeit abzuwechseln, so daß mal der eine, mal der andere zu Hause bleibt, um die dort anfallenden Aufgaben zu erledigen. (Vgl. Beitrag „Eine Wohngemeinschaft in einem Odenwalddorf") Auf die Frage, ob die Großgruppe im Gegensatz zur Kleinfamilie tatsächlich Zeit einspare, erhalten wir in Villeret die Antwort: „Ja bei uns ist die Rechnung nicht aufgegangen. Wir waren das letzte Jahr viel weniger Leute. Also müßte man ja jetzt viel weniger zu tun haben, als das letzte Jahr. Das ist aber eher umgekehrt ... es läuft viel mehr als das letzte Jahr. Der Markus ist gekommen und hat einen riesigen Garten angelegt. . ." (Tonaufnahme Schweiz 1980, Nr. 3) Die Vielfalt der Ideen, die in eine Gemeinschaft hineingetragen wird, fordert auch gleichzeitig mehr Arbeitseinsatz, so daß für das „Angenehme", die Zeit „für sich und die anderen", wenig Platz ist.

Frei-Zeit für sich und die anderen ...

„Lesen, mehr mit der Freundin zusammen sein, es gibt viele Gründe, mehr Freizeit haben zu wollen." (Protokoll Schweiz 1980, Neuwalserbund) Das Bedürfnis, sich von der Gruppe zurückzuziehen, ist ebenso vorhanden wie der Wunsch nach mehr gemeinsamen kulturellen Aktivitäten. Ersteres praktiziert man, indem sich Einzelne oder Paare, wenn auch nur zeitweise, in „ihre eigene Welt" zurückziehen. Musizieren in Villeret „ist sehr, sehr in den Anfängen. Wir sind so schrecklich unbegabt, speziell bei der Musik ist eine Blockade da, aber wir möchten es wirklich anstreben". (Tonaufnahme Schweiz 1980, Nr. 3) Meistens jedoch läßt sich der Wunsch nach Musizieren, Theaterspielen, Malen und ähnlichem weniger wegen der fehlenden Übung nicht realisieren als wegen der anstehenden notwendigen Arbeiten wie Ernten, Brotbacken, Hausbau-Beschäftigungen, die einen großen Teil der Kraft und Energie verzehren. (Vgl. Beitrag „Rückzug auf den Berg – Flucht oder Neubeginn?") Zur Weiterbildung im bio-dynamischen Landbau besuchen Markus und Gioia von der LPG „Villeret" einen

Kurs auf einem benachbarten, anthroposophisch orientierten Hof. Der „anthroposophische Einfluß“ in einigen Landkommunen begegnete uns nicht nur im Bereich der Landwirtschaft, sondern auch in der ausliegenden Literatur und bei manch anderer Aktivität, wie z.B. der Teilnahme an einem Eurythmiekurs zum Zweck der Selbstbildung und Selbsterfahrung.

Aufgrund ihres intensiven Bezuges zur Natur spielen Erfahrungen des eigenen Körpers, das Verhältnis zur Sexualität, Nacktsein und auch das Saunen als Freizeitbeschäftigung eine bedeutende Rolle. In der Odenwald-Kommune, in der die „freie Zeit“ stärker als in anderen Gemeinschaften von der Arbeitszeit getrennt gesehen wird, da man außerhalb arbeitet, können die lustvolleren Beschäftigungen eher am Wochenende stattfinden.

Urlaub und Feste im Rhythmus der Natur

„Zwischen der ersten und zweiten Heuernte ist eine relativ ‚tote‘ Zeit, dann können einzelne auch Ferien machen ...“ (Tonaufnahme Schweiz 1980, Nr. 20) ... wenn man ihn finanzieren kann, muß einschränkend dazu bemerkt werden. Denn von 100 Franken Taschengeld, von dem man seinen persönlichen Bedarf einschließlich der Kleidung abdecken muß, sei das, so sagte man uns in Villeret, für einige recht schwierig. Und Urlaub auf dem Hof? Da bekäme man ein schlechtes Gewissen, wenn man den anderen bei der Arbeit zusähe. Trotz des Beschlusses, daß jedem Mitglied drei Wochen Urlaub zustehen, habe es Ruedi bisher als einziger realisiert. So habe man noch wenig Erfahrung, wie die Gruppe den Urlaub ihrer Mitglieder „verkraftet“. In Elvo muß „das Bedürfnis nach Muße auf den Winter verlagert werden, da nur in dieser Jahreszeit Zeit für so etwas erübrigt werden kann“. (Protokoll Elvo 1980)

Die Geburtstage werden gefeiert, und wenn man „was Passendes“ findet, schenkt man sich auch etwas. Die Kindergeburtstage versucht man mit den anderen Dorfkindern zu feiern – „wenn sie kommen ...“ (Protokoll Villeret 1980) Intensiver werden in den

Gemeinschaften traditionelle, bäuerliche Feste (z. B. Weihnachten, Johanni) übernommen und in der Genossenschaft Rheia „eigentlich mehr anthroposophisch, aber auf eigene Art und Weise" gefeiert. „Als einzige Aktivität, was sich unterscheidet von einem normalen Fest auf dem Land: wir haben eine geodätische Kuppel gebaut (...), eine relativ große Anstrengung, überhaupt sich zuerst den Raum zu schaffen, in dem man dann gemeinsam etwas feiern will. Wir haben da auch Musiker, Maler – ja, wir haben gemalt, musiziert, getanzt, wir haben das Essen gemeinsam vorbereitet ..." (Tonaufnahme Schweiz 1980, Nr. 20) Wie auch Freiburghaus in seinem Beitrag schreibt, beeinflußt die Natur die Stimmung der Gemeinschaft. Natur in ihrer Härte wirkt unbezwingbar, erdrükkend und machtvoll, in ihrer Schönheit gibt sie Kraft und Lust zum Feiern.

Im Kontext des Zyklus' der Natur, verbunden mit gewissen Verhaltensunsicherheiten, verlief das „eigene" Sonnenwendefest der LPG Villeret im Winter 1979: „Hier bei uns spürt man nicht viel von der Vorweihnacht, außer, daß die Drechselmaschine auf Hochtouren lief, weil einige Leute sich plötzlich entschlossen, doch noch ein paar Geschenke zu basteln. Wir redeten über den Sinn des Weihnachtsfestes. Alle hatten ein sehr zwiespältiges Verhältnis zu diesem Ereignis. Die große Frage war, wie verbringen wir diese Tage? Tun wir so, als wär' garnichts besonderes oder essen wir gut? Oder machen wir sonstwas?

Plötzlich kam uns in den Sinn, daß am 21. Dezember Sonnenwende stattfindet. Da es nun wirklich sehr erfreulich ist, daß die Sonne zu uns zurückkommt, wollten wir dieses Ereignis feiern. Ich war sehr froh und erleichtert über diesen Entschluß. Seit Jahren fand ich alle traditionellen Feste und Feiern so nüchtern ... Diese kalte Nüchternheit befremdete mich aber immer mehr, und ich begann nach einem anderen Weg zu suchen. Ich spürte immer mehr das Bedürfnis, mit anderen Menschen zusammen die Natur, die Erde, den Kosmos und all die guten Kräfte um uns feierlich zu verehren.

Warum nicht mit einem Sonnenwende-Fest? Wir beleuchteten mit Kerzen einen wunderschönen Weg in die Schlucht hinauf. Wenn wir eine Beule in den Schnee drückten und die Kerzen in die

Vertiefung drückten, entstanden schneeweiße Laternchen. Am Ende dieses beleuchteten Weges auf einer Waldlichtung setzten wir dann sehr viele Kerzen in Kreisen und schmückten eine junge Tanne mit vielen Kerzen. Die ganze Lichtung war erleuchtet und strahlte eine warme Geborgenheit aus. Ganz so feierlich war die Stimmung leider nicht, aber neue Verhaltensweisen müssen sich eben erst einspielen." (LPG Info 1980, 5)

Kollektive Kindererziehung mit Blick auf die Zukunft

Die Kindererziehung soll in der Landkommune die gemeinsame Aufgabe aller Erwachsenen sein. In den meisten Fällen jedoch wird die Fixierung auf die elterlichen Bezugspersonen, zumindest in den ersten Lebensjahren der Kinder, beibehalten. Die Kinderbetreuung wird arbeitsteilig vorgenommen (vgl. Beitrag „Eine Wohngemeinschaft in einem Odenwalddorf"), wobei es in Villeret der eine lieber, der andere weniger gern tue. Das Kleinkind werde hier von der Mutter am Nachmittag allein betreut, da es in der letzten Zeit viel geweint habe und unter Schlafstörungen leide. Vermutlich stelle die große Gruppe zur Zeit eine Überforderung für das 1½-Jährige dar. Die Verpflichtung und Verantwortung gegenüber den Kindern fordere, wie die Odenwald-Kommune betonte, die Gemeinschaft heraus, sich mit der eigenen Lebenssituation stärker auseinanderzusetzen. Dies habe bei ihnen den gesamten Gruppenprozeß stabilisiert. (Vgl. Beitrag „Eine Wohngemeinschaft in einem Odenwalddorf")

Inwieweit ist nun mit der Kindererziehung die Hoffnung verbunden, daß der Versuch des „neuen Daseins" weiterentwickelt werde? „Ja, aber das kann man garnicht so genau sagen, weil, natürlich wünschen wir uns, daß es so bleibt. Aber die Kinder haben ihr eigenes Leben. Wir können mehr diese Voraussetzung geben. Aber wir können sie nicht zwingen, zu bleiben . . . wenn sie 16 sind und meinen, daß wir total daneben sind, daß wir zuviel arbeiten, wo wir viel einfacher Geld verdienen könnten, in einer Fabrik, und dann ein ruhiges Leben haben, dann werden sie das tun. Vielleicht haben sie nach 5, 6 Jahren die Sache erfahren und kommen dann zurück und leben so wie wir. Vielleicht auch nicht, und sie denken sehr naturalistisch und verdienen viel Geld und haben Fernseh, Auto, vielleicht ein Schiff irgendwo ... und zahlen uns ein modernes Altersheim ..." (Tonaufnahme Schweiz 1980, Nr. 3)

Eine ähnliche Haltung in der Erziehung ihrer Kinder zeigte die Odenwald-Kommune. Auch sie will ihren Kindern die freie Entscheidung über den einmal zu wählenden Lebensstil überlassen. Auch sie ist sich nicht sicher, ob die Kinder „das so weitermachen". Vielmehr, so wurde in beiden Gruppen hervorgehoben, sollten die Kinder lernen, in ihrer Umgebung zu leben. Ziel sei, die Kinder nicht zum „Außenseiter" zu erziehen. Aus diesem Grund schicke man sie in eine „normale" Schule, denn „sie leben hier, sie müssen mit den Leuten hier zurecht kommen". (Protokoll Villeret 1980) Der Kontakt zum Dorf habe sich über gleichaltrige Spielkameraden entwickelt. Auch im Jura, wo die Sprache für die Kinder noch ein Problem ist, seien Freundschaften geknüpft worden. Vielleicht haben die Kinder in ihrem spontaneren Verhalten einen Vorzug vor den Erwachsenen?

Die Chance, gleichaltrige Freunde im Dorf oder in der näheren Umgebung zu finden, haben die Kinder auf Ithaka nicht. Sie leben hier zwar stärker als in anderen Gemeinschaften mit den Erwachsenen zusammen, aber ihre „Sehnsucht nach Deutschland" (vgl. Beitrag „... bietet die Inselsituation ...") hängt sicher auch mit dem Wunsch nach Freunden zusammen.

Hat die Landkommune „Vorbildcharakter"?

„Wir können vieles anbieten, und da haben wir auch ziemlich klare Vorstellungen, auch in Bezug auf die Schule, was eben angeboten werden sollte ... Das Sich-ändern-müssen wird ja immer offensichtlicher, und ich habe überhaupt das Gefühl, daß das nicht mit irgendwelchen Doktrinen zusammengeht. Ich glaube, das geht letztenendes nur durch Erziehung und durch Anbieten, also was es für andere Möglichkeiten gibt." (Tonaufnahme Schweiz 1980,

Nr. 3) Erziehen heißt hier: anbieten von Möglichkeiten einer Lebenspraxis. In diesem Sinne planen die Siedler von Villeret eine „ganzheitliche Schule für schulentlassene Jugendliche. Sie soll in der Verbindung von Leben, Lernen und Arbeiten auf eine mögliche Berufsausbildung vorbereiten". So heißt es in der Selbstdarstellung 1979: „Die Schüler sollen lernen, in einer Gruppe zu leben, zusammen zu arbeiten, Konflikte zu lösen und Solidarität aufzubauen. Durch persönliche Erfahrungen, die sie in der Gruppe oder während der Arbeit machen, können sie die eigene Urteils- und Entscheidungsfähigkeit entwickeln. Während einer Schulzeit von 1–2 Jahren haben die Schüler Gelegenheit, verschiedene Handwerke zu lernen."

Ein ähnliches Modell ist auch von der Siedlergruppe in Elvo geplant. „Es existiert noch kein Zeitplan, auch die anzusprechende Zielgruppe ist noch nicht genau definiert. Es sollen wahrscheinlich Deutsche oder Schweizer sein, wegen der Sprache; die zum großen Teil aus Städten kommen und einen Bezug zum Land suchen." In der Odenwald-Kommune hat anfangs die Absicht bestanden, Pflegekinder aufzunehmen und mit ihnen in einer Großfamilie zusammenzuleben. Die harten Arbeiten am Haus sowie die neue Gruppenkonstellation führten dann dazu, daß dieser Plan aufgegeben wurde.

Es stellt sich die Frage, ob mit all diesen erzieherischen Projekten, durch die man seine materielle Existenz sichern will, in wesentlichem Maße nicht auch Hoffnung verbunden wird, dem eigenen neuen Lebensentwurf eine Zukunft zu geben.

Hat das neue Dasein eine Chance oder bleibt es nur Hoffnung?

Beispiele aus der Vergangenheit und Gegenwart beweisen, daß ein längeres Bestehen „neuer" Gemeinschaftsmodelle unter gewissen Voraussetzungen möglich sein kann. Betrachtet man beispielsweise die Gemeinschaft der Hutterer,[4] stößt man auf ein streng reglementiertes Ordnungssystem. Die Grundsätze der Gemeinschaft – Hierarchie, strikte Geschlechtertrennung, Sonderstellung der Alten – sowie die täglichen Lebensbereiche – die Art der Kleidung und des Betens, die Kindererziehung – werden durch das einzige und oberste Gesetz: die Bibel bestimmt. Ihre wirtschaftliche Existenz und der hohe Grad der Selbstversorgung werden durch die Anwendung modernster Technik in den Bereichen der Landwirtschaft und der gewerblichen Tätigkeiten gesichert. Ihr Glaube, nach dem sie das „auserwählte Volk Gottes" sind, ist konstituierendes Merkmal der Hutterer und Folie für ein nunmehr 400jähriges Bestehen der Gemeinschaft.

Dreißig Jahre besteht auch schon die Gemeinschaft der „Arche", ein „arbeitender Orden" mit rund 140 Mitgliedern in den abgelegenen Regionen der Berge Südfrankreichs. Lanza del Vasto ist der Begründer der weitgehend autonomen Dorfgemeinschaft und Wegbereiter ihrer ideologischen Prägung: christliche und indische Glaubenslehren prägen das tägliche Leben und den Tagesablauf. Gewaltfreiheit gegenüber Mensch und Natur, weitgehender Technologieverzicht und patriarchalische Strukturen in der Gruppe sind Merkmale ihrer Lebensauffassung. Dinge für den Gebrauch des täglichen Lebens produziert man in handwerklichen Bereichen selbst, Rohstoffe müssen gekauft werden. (Vgl. Jarchow/Klugmann 1980, 6)

Diese beiden Lebensgemeinschaften, die über längere Zeit existieren, zeigen deutlich einen ideologisch-religiösen Hintergrund als Basis des alltäglichen Lebensvollzugs. Die relativ große Anzahl ihrer Mitglieder ermöglicht ihnen eher ein Leben in der Isolation, als es bei den von uns besuchten Landkommunen der Fall sein kann, die auf Außenkontakte angewiesen sind. Ob sie bestehen oder überhaupt aufgebaut werden können, hängt vom Verhalten der einzelnen Mitglieder einer Gemeinschaft und von der Dorfbevölkerung ab. Die meisten schon länger bestehenden Landkommunen haben, falls sie reelle Perspektiven für die Zukunft entwickeln konnten, sehr schnell erkannt, daß sie mit der Dorfbevölkerung Beziehungen eingehen müssen. Sonst scheitern sie an ihrer ökonomischen Situation und ihrer sozialen Isolation in einer ihnen feindlich gesinnten Umwelt. Überleben in der Isolation wäre nur möglich, wenn die Gruppen intern gefestigt wären und eine sehr große

Anzahl von Mitgliedern besäßen oder wenn die Vernetzung untereinander – auch zur „Stadtalternative“ (Glätzer 1978, 217f.) – weiter fortgeschritten wäre oder es sogar „Alternativdörfer“ gäbe.

Alle von uns besuchten Landkommunen praktizieren eine soziale Organisation, in der es gilt, Solidarität und Toleranz zu üben und Voraussetzungen für Geborgenheit zu schaffen. Dahinter stehen menschliche Bedürfnisse, die auf eine identitätstiftende Lebenswelt ausgerichtet sind. Die herkömmlichen, konkurrenzorientierten sozialen Beziehungen werden innerhalb der Landkommunen neugestaltet – eingebunden in einen gemeinsamen Arbeitsbereich, gemeinsame Zielvorstellungen und den Kontakt mit der Natur. Dabei greifen die Landkommunen auf das traditionelle Muster der bäuerlichen Großfamilie zurück, ohne die damit verbundenen patriarchalischen Sozialstrukturen mitzuübernehmen. Diese versuchen sie durch ihre eigenen Vorstellungen von Gemeinschaftsleben zu ersetzen: festgefügtes, geschlechtsspezifisches Rollenverhalten soll überwunden werden, etwa durch gleichberechtigte Absprachen zwischen Männern und Frauen bei der Arbeit und nichtdogmatische Vorstellungen in der Erziehung.

Die in der eigenen Sozialisation erworbenen Werte und Normen können jedoch nicht dadurch verändert werden, daß sie in ein neues soziales System eingeordnet werden. So entstehen Spannungen und Konflikte, die in den Beziehungen zum Tragen kommen und sich von der Gemeinschaft nur zum Teil lösen lassen. Wie steht es z.B. mit der Toleranz, wenn der eine oder andere aus der Gruppe einmal weniger arbeitet oder Urlaub machen will, vorausgesetzt er hat das nötige Geld dazu? Oder warum ist es so schwer, darüber zu reden, daß einem die Freunde der anderen, die sich als „Dauergäste“ einquartiert haben, stören? Was passiert, wenn einige Mitglieder die Gruppe ganz unsolidarisch verlassen, weil es in Poona noch schöner ist? Wie empfindet man die Außenseiterrolle im Dorf und bei den Einheimischen oder selbst in der eigenen Gemeinschaft – ein Problem, wie es sich in Ithaka stellt? Oft werden Gespäche über die anstehenden Schwierigkeiten geführt, bei Tisch, während der Arbeit, wenn es halt Streit gegeben hat, auf Vollversammlungen, in einigen Fällen in einer eigens anberaumten

Supervision. Über Probleme, die das Hier und Jetzt des Gemeinschaftslebens beherrschen, läßt es sich noch leichter reden als etwa über die gemeinsame Zukunft, das Alter, die Kinder, die vielleicht einmal das Leben in der Stadt vorziehen werden.

Für ein weiteres Bestehen oder Scheitern der Landkommunen ist sicher auch ihre materielle Situation ausschlaggebend. Die Zwänge, die u. a. durch Finanzknappheit bedingt sind und zu Abhängigkeit von staatlichen Zuschüssen und Spenden führen, machen den gewünschten ganzheitlichen Lebensvollzug oft unmöglich. Zudem erfordert der Anspruch, sich selbst zu versorgen, einen quantitativ und qualitativ hohen Arbeitsaufwand und ein Sich-Einlassen auf notwendige und weniger lustvolle Arbeitsabläufe, so daß der Alltag auch hier in die Bereiche „Arbeits-Alltag" und „Freizeit-Alltag" zerfällt. Im „Arbeits-Alltag" kommt eine große Selbstausbeutung hinzu, die, „wenn man als Richtschnur die gesellschaftlich durchschnittliche Arbeitszeit und den Anteil am Volkseinkommen zugrunde legt, ein strukturelles Prinzip ist, das den meisten Alternativen überhaupt das Überleben in der Konkurrenz ermöglicht." (Glätzer 1978, 121)

Läßt sich der Widerspruch, der hier zwischen Anspruch und Wirklichkeit der Landkommunen offenbar wird, lösen? Oder können – so Huber – die Landkommunen als eine mögliche alternative Lebensform in der Gesellschaft erst bestehen, wenn sie sich ihrer ökonomischen Abhängigkeit und ihres Eingebundenseins in das gesamtgesellschaftliche Wirtschaftssystem des freien Marktes bewußt werden und für sich in diesem Rahmen Nischen nutzbar machen, in denen sie eine wirtschaftliche Stabilität erreichen? Ist das „neue Dasein" der heutigen Landkommunen auch ohne ideologischen Hintergrund, Reglement und Isolation möglich? Funktionieren die gegenwärtigen Landkommunen vielfach deshalb unter ihrem Anspruchsniveau, weil vorhandene Werte und Normen einer reglementierenden Gesellschaft zwar abgelehnt, wirklich neue haltbare Perspektiven und Orientierungen in ihrem Alltag bisher aber noch nicht gefunden werden konnten?

Susanna Keval, Erika Werdecker, Marita Zimmermann

Anmerkungen

Du liest erst ein Buch ...

1. Die Originalnamen und Originalortsnamen wurden in diesem Beitrag wie auch in den Beiträgen „Rückzug auf den Berg – Flucht oder Neubeginn?“, „Wir hier oben. Gedanken zum Zusammenhang zwischen Raumstruktur und Lebensweise“, „Auch wir in Arkadien“ und „Man muß es einfach leben und es ausprobieren“ von den Autoren geändert.

„Nicht nur das Befehlen, auch das Gehorchen muß man verlernen“

1. Auf die in Anlehnung an die katholische Soziallehre vor allem von Huber (1800–1869), Schulze-Delitzsch (1800–1883) und Raiffeisen (1818–1888) in Deutschland entwickelten genossenschaftlichen Ansätze kann in diesem Rahmen nicht eingegangen werden, sie sollen aber nicht unerwähnt bleiben.
2. „Die Genossenschaft“ Schweiz. Zivilgesetzbuch, 5. Teil, 29. Titel, Artikel 828–926 (insbesondere Art. 839 ff. zu Bedingungen des Eintritts und Austritts, Art. 825 f. zur Mitgliedschaft, Art. 859 ff. zum genossenschaftlichen Gemeineigentum, Art. 855 ff. zur Genossenschaftsdemokratie). Zur Legaldefinition der Genossenschaft vgl. auch Durtschi 1959, Hettlage 1979.
3. Vergandung bedeutet die vom Menschen unbeeinflußte Entwicklung von Naturbewuchs, die dann einsetzt, wenn ehemals kultivierte Böden, z. B. Wiesen, nicht mehr bearbeitet werden. Für diesen Prozeß der Pflanzensukzession verfügt die Schweizer Sprache über den Begriff der „Vergandung“.

Auch wir in Arkadien ...

1. Vgl. zwei Aufsätze im ID, → Informations-Dienst Nr. 364/365, 1981: Vom schönen Landleben oder: Schwierigkeiten italienischer Landkommunen; Zur Landnahme in Italien. Darin enthalten sind Hinweise auf ein Toskana-Treffen auf dem Barhof, Niederbayern, im Spätsommer 1981.

2. Aus der Fülle der Literatur seien nur ein paar Namen genannt: Goethe: Reise nach Italien, 1786–88; Eichendorff: Aus dem Leben eines Taugenichts, 1826; Gregorovius: Wanderjahre in Italien, 1854; Wölfflin: Italien und das deutsche Formgefühl, 1931 u. a.
3. Eine der wenigen Ausnahmen war Johann Gottfried Seume. „Machte 1801/02 s. berühmten Spaziergang nach Syrakus. . . Verf. kulturhistor. wichtiger Memoiren und Reiseschilderungen in klarer, präziser u. sachl. Prosa unter bes. Berücksichtigung d. sozialen, wirtschaftlichen und kulturellen Verhältnisse fremder Länder.“ (Dtv-Lexikon d. Weltliteratur 1971, 1218)
4. Das Latifundiensystem hatte zwei Formen der Bewirtschaftung entwikkelt: die Geldpacht, die über ein Unterpachtsystem das Risiko der Ertragsschwankungen auf die Pächter abwälzt und durch die nur einjährigen Verträge zu einer rücksichtslosen Ausbeutung der stark zerstückelten Ackerflächen führte. Die zweite Nutzungsform, im System der sogen. Latifondo capitalistico, erfolgt durch die zentral gesteuerte Beschäftigung von Lohnarbeitern, die saisonal durch Erntearbeiterinnen und Erntearbeiter vermehrt werden. Die Anbauflächen bleiben unzerstückelt und werden bei Einsatz großer Maschinen für Monokultur mit geringem Fruchtwechsel bodenausbeutend genutzt. Dieses System findet besonders in Süditalien seine Anwendung, weshalb einige Wissenschaftler die Maremmenlandwirtschaft auch als nördlichen Ausläufer des Mezzogiorno bezeichnen.
5. In der Agrarreform-Organisation wurden die Maremmengebiete von Latium und Toskana zusammengefaßt. (Vgl. Tullio Botteri 1961, Karte zw. 112 u. 113) Insgesamt waren in den Maremmen 182083 ha von der Reform betroffen. Die Reform wurde zu 95% durchgeführt.
   Vergleicht man die Größen der für die Reform in Anspruch genommenen Flächen, steht die Maremma in bezug zu den Reformflächen von Gesamtitalien noch vor Sizilien und Sardinien hinter Apulien-Lucana-Molise an zweiter Stelle. Bei 8 007 neu eingerichteten Hofstellen entfielen jedoch nur 16 ha im Schnitt auf einen Hof, von den bereits vorhandenen Kleinstbauern erhielten 11 237 Betriebe noch je 8 ha Land dazu. (Vgl. G. E. Marciani 1966, 86 und 89)
6. Ausschnitt aus einem Artikel in „Lotta Continua“, zitiert in einem Aufsatz „Zur Landnahme in Italien“ im Informations-Dienst Nr. 364/365, 1981.

„. . . bietet die Insel-Situation in Griechenland die Möglichkeit . . .“

1. Für alle, die sich näher über Sarakiniko informieren wollen, verweise ich auf die seit Dezember 1979 monatlich erscheinende Zeitschrift „Saraki-

niko Info" (seit Oktober 1981 „Sarakiniko Einblick"), die man über eine Mitgliedschaft von monatlich DM 10,00 beziehen kann (Sarakiniko, Vathi/Ithaca, Griechenland).

„Man muß es einfach leben und es ausprobieren"

1. Das folgende Interview wurde mit Pea Uhl, der Mitbegründerin des Projekts, am 26. 10. 1981 in W. im Odenwald aufgenommen. Aus Platzgründen mußte es gekürzt und manche Information gestrichen werden. Es wurde versucht, diese im anschließenden Nachwort mit einzubauen, so daß das Gesamtbild erhalten bleibt. (Vgl. Tonaufnahme Wald-Amorbach 1981, Nr. 1)

„Das neue Dasein"

1. Die Landkommune als solche ist kein neuzeitliches Phänomen, sondern weist schon in der Geschichte spezifische Ausformungen auf, wie z. B. Qumran, die Hutterer, die Lebensreformer, die Kommune Blankenburg oder die Kibbutzim in Israel. (Vgl. Wurm 1977, Schempp 1969, Peters 1980) Der Ursprung der Kommunenidee im Nachkriegseuropa fällt zeitlich zusammen mit der Studentenbewegung der Jahre 1966–70, sie erfährt ihre ideologische Prägung durch den Marxismus. Was gemeinschaftliche Lebensformen angeht, hat die Kommuneidee hierzulande eher städtischen Wohngemeinschaften einen Weg gewiesen, z. B. Kommune I und II, ist aber mit der amerikanischen Community-Bewegung nicht zu vergleichen. Die Form der Landkommune ist in Europa nach 1973 als ein Teil der sehr pluralistischen Alternativbewegung zu betrachten, unter der man „die Gesamtheit aller selbstorganisierten Projekte" mit einbeziehen kann, „deren Mitglieder sich von einzelnen, mehreren oder allen Ideen der genannten Strömungen mehr oder weniger umfassend leiten lassen." (Huber 1980, 27; vgl. auch Leinenweber/Schibel 1975)
2. Die AAO (Aktionsanalytische Organisation) ist eine Therapieform, die durch tägliche Selbstdarstellung, durch freie Sexualität, durch gemeinsames Eigentum, Zusammenleben und Zusammenarbeiten, gemeinsame Kindererziehung und direkte Demokratie ein lebendiges, aggressionsfreies Gesellschaftsmodell praktizieren will.
3. An dieser Stelle sei betont, daß uns in den Landkommunen die phantasievolle Gestaltung der Bade- und Duschräume auffiel. Statt Spiegel ein Blick aus dem Fenster in's Grüne und Öffnungen in den Wänden zu anderen Zimmmern. Aus- und Einsicht sollen offensichtlich gewährt wer-

den. Diese Räume laden mehr als unsere gewohnten Badeparzellen zum gemeinsamen Baden und Duschen ein.

4. Die Gemeinschaft entstand aus der Wiedertäuferbewegung des 16. Jh., wurde mehrere Jahrhunderte lang von der feindlichen Kirche und dem Staat verfolgt und lebt seit der zweiten Hälfte des 19. Jh. in South-Dakota (USA). Sie bewohnt dort in weitestgehender Isolation von der zivilisatorisch geprägten Umwelt insgesamt 200 Bruderhöfe; ihre Mitgliederzahl beträgt insgesamt 25 000! (Vgl. Wurm 1977 und Holzach, in: Geo 8/79)

Literatur

Albonico, Ruedi: Unsere „unrentable“ Berglandwirtschaft, Bildung und Wirtschaft 1975, Nr. 3/4.

Asor Rosa, Alberto: Die zwei Gesellschaften. In: Dieter Hoffmann-Axthelm/Otto Kallscheuer (Hrsg.): Zwei Kulturen? Tunix, Mescalero und die Folgen, Berlin o. J.

Benedict, Ruth: Urformen der Kultur (1934), Hamburg 1955.

Berger, Peter L./Berger, Brigitte/Kellner, Heinrich: Das Unbehagen in der Modernität, Frankfurt/New York 1975.

Bernhard, Hans: Studien zur Gebirgsentvölkerung, Bern 1928.

Bitterli, U.: Die „Wilden“ und die „Zivilisierten“. Grundzüge einer Geistes- und Kulturgeschichte der europäischen-überseeischen Begegnung, München 1976.

Blaser, Peter/Blaser Katharina: „Und dann entsteht eine Hofindividualität“. Der Blaserhof. Ein anthroposophischer Bauern- und Ausbildungsbetrieb. In: NOTIZEN, Zeitschrift des Instituts für Kulturanthropologie und Europäische Ethnologie. Johann Wolfgang Goethe-Universität Frankfurt am Main 1983, Bd. 15.

Bloch, Ernst: Das Prinzip Hoffnung. 3 Bde., Frankfurt a. M. 1967.

Bockemühl, Jochen: Lebenszusammenhänge erkennen – erleben – gestalten. Dornach/Schweiz o. J.

Bohannan, Paul: Social Anthropology, London – New York – Sydney – Toronto 1963.

Botteri, Tullio: Le Cooperative nella Riforma Fondiaria Italiana, Roma 1961.

Buller, Wido: Sarakiniko ist tot – es lebe Palagi. In: Umweltmagazin, 4. Jg., Nr. 3, August 1981.

– Die Flucht aus dem Paradies. In: Zeitschrift Quick, Dez. 1979.

Callenbach, Ernest: Ökotopia. Notizen und Reportagen von William Weston aus dem Jahre 1999 (Ecotopia, 1975), Berlin 1980.

Deloria, Vine: Nur Stämme werden überleben. Indianische Vorschläge für eine Radikalkur des wildgewordenen Westens (We Talk – You Listen, 1970), München 1980.

Diamond, Stanley: Kritik der Zivilisation. Anthropologie und die Wiederentdeckung des Primitiven (1974), Frankfurt a. M. 1976.

Diamond, Stephen: Was die Bäume sagen. Leben in einer Landkommune, New York 1971.

Diderot, Denis: Nachtrag zu „Bougainvilles Reise“ oder Gespräch zwi-

schen A. und B. über die Unsitte, moralische Ideen an gewisse physische Handlungen zu knüpfen, zu denen sie nicht passen (1796), Frankfurt a. M. 1965.
Duerr, Hans Peter: Traumzeit. Über die Grenze zwischen Wildnis und Zivilisation, Frankfurt a. M. 1978.
Durtschi, E.: Die landwirtschaftlichen Vereine und Genossenschaften in der Schweiz, Bern 1959.
Egli, Emil: Natur in Not. Gefahren der Zivilisationslandschaft, Bern/Stuttgart 1970.
Elias, Norbert: Über den Prozeß der Zivilisation. Soziogenetische und psychogenetische Untersuchungen, Bern/München² 1969.
Engels, Friedrich: Dialektik der Natur, Peking 1976.
Findhorn Community: The Findhorn Garden, New York 1975.
Frecot, Janos/Geist, Johann Friedrich/Kerbs, Diethart: Fidus 1868–1948. Zur ästhetischen Praxis bürgerlicher Fluchtbewegungen, München 1978.
Friedman, Yona: Machbare Utopien. Absage an geläufige Zukunftsmodelle (Utopies réalisables. Comment vivre entre les autres sans être chef et sans être esclave, 1974/75), Frankfurt a. M. 1978.
Fromm, Erich: Haben oder Sein. Die seelischen Grundlagen einer neuen Gesellschaft, Stuttgart 1976.
Ganghofer, Ludwig: Lebenslauf eines Optimisten. 2. Bd.: Buch der Jugend. In: Gesammelte Schriften. Volksausgabe, vierte Serie, 9. Bd., Stuttgart o. J.
Gasser, A.: Staatlicher Großraum und autonome Kleinräume, Basel 1976.
Gehlen, Arnold: Der Mensch, seine Natur und seine Stellung in der Welt, Bonn ⁷1962.
Germann, R.: Politische Innovation und Verfassungsreform, Bern 1975.
Giordano, Christian: Assimilation und Kulturkonflikt. In: J. Ruhloff (Hrsg.): Aufwachsen im fremden Land. Probleme und Perspektiven der „Ausländer-Pädagogik", Frankfurt/Bern 1982.
Giordano, C./Hettlage, R.: Persistenz im Wandel. Tübingen 1979.
Glätzer, Harald: Landkommunen in der BRD – Flucht oder konkrete Utopie, Bielefeld 1978.
Glotz, Peter: Nicht nur eine Frage von Kommunikationstechniken. In: Dieter Hoffmann-Axthelm/Otto Kallscheuer u. a. (Hrsg.): Zwei Kulturen? Tunix, Mescalero und die Folgen, Berlin o. J.
Graevenitz, George v.: Deutsche in Rom, Leipzig 1902.
Greverus, Ina-Maria/Kiesow, Gottfried/Reuter, Reinhard (Hrsg.): Das hessische Dorf, Frankfurt a. M. 1982.
Greverus, Ina-Maria: Der territoriale Mensch. Ein literaturanthropologischer Versuch zum Heimatphänomen, Frankfurt a. M. 1972.
– Auswanderung und Anpassungsbarrieren. Hypothesen zur Integration

von Minderheiten. In: Wiegelmann, G. (Hrsg.): Kultureller Wandel, 1973, 204–218.
– Denkmalräume oder Lebensräume? In: Hessische Blätter für Volks- und Kulturforschung. Band 2/3: Denkmalräume-Lebensräume. I.-M. Greverus (Hrsg.). Gießen 1976.
– Kultur und Alltagswelt. Eine Einführung in Fragen der Kulturanthropologie, München 1978.
– Auf der Suche nach Heimat, München 1979.
Hartl, Charlotte: Das Hochgebirge in der deutschen Dichtung, Innsbruck 1961.
Hauser, Albert: Das eidgenössische Nationalbewußtsein – sein Werden und Wandel, Zürich/Leipzig 1941.
Hawken, Paul: Der Zauber von Findhorn. Ein Bericht (The Magic of Findhorn 1975), München 1980.
Hayden, D.: Seven American Utopias, Cambridge 1976.
Heller, Agnes: Therorie der Bedürfnisse bei Marx, Berlin 1975.
Hermand, Jost: Orte. Irgendwo. Formen utopischen Denkens, Königstein 1981.
Hettlage, R.: Genossenschaftstheorie und Partizipationsdiskussion, Frankfurt a. M. 1979.
Hetzel, Wolfgang: Die Flurbereinigung in Italien. In: Schriftenreihe für Flurbereinigung, Heft 13. Stuttgart 1951.
„Hey Beatnik! This is the Farm Book". By Stephen and the Farm. The Book Publishing Co., Summertown/Tenn. 1974.
Holenweger, T./Mäder, W.: Inseln der Zukunft? Selbstverwaltung in der Schweiz, Zürich 1979.
Holzach, Michael: Die Hutterer. In: Geo 8/79.
Hubatschek, Erika: Bauernwerk in den Bergen, Innsbruck 1961.
Huber, Joseph: Wer soll das alles ändern. Die Alternativen der Alternativbewegung, Berlin 1980.
Hunzinger, W.: Genossenschaftliche Produktion, Basel 1947.
Ilien, Albert/Jeggle, Utz: Leben auf dem Dorf. Zur Sozialgeschichte des Dorfes und Sozialpsychologie seiner Bewohner, Opladen 1978.
Jarchow, Klaas/Klugmann, Norbert: Heumarkt. Versuche anderen Lebens zwischen Stadt und Land, Berlin 1980.
Jung, C. G.: Die Dynamik des Unbewußten. Gesammelte Werke, Bd. 8, Zürich und Stuttgart 1967.
Kallscheuer, Otto: Systemkrise in Italien und Identitätskrise der Arbeiterbewegung. In: Dieter Hoffmann-Axthelm/Otto Kallscheuer u. a. (Hrsg.): Zwei Kulturen? Tunix, Mescalero und die Folgen, Berlin o. J.
Kriesi, H.: Entscheidungsstrukturen und Entscheidungsprozesse in der Schweizer Politik, Frankfurt a. M. 1980.
Kuhn, Dorothea/Hoffmann, Anneliese/Kunz, Anneliese: Auch ich in Ar-

cadien. Kunstreisen nach Italien 1600–1900, Katalog Nr. 16 zur Sonderausstellung des Schiller-Nationalmuseums, Stuttgart 1966.

Kultur und Zivilisation (= Europäische Schlüsselwörter. Wortvergleichende und wortgeschichtliche Studien, Bd. III). Hrsg. v. sprachwiss. Colloquium (Bonn), München 1967.

Kurz, Gerda: Alternativ leben? Zur Theorie und Praxis der Gegenkultur, Berlin 1978.

Landmann, Michael: Der Mensch als Schöpfer und Geschöpf der Kultur. Geschichts- und Sozialanthropologie, München/Basel 1961.

Landmann, Robert: Ascona – Monte Verità. Auf der Suche nach dem Paradies, Frankfurt a. M./Berlin/Wien 1979.

Lange, Thomas: Idyllische und exotische Sehnsucht. Formen bürgerlicher Nostalgie in der deutschen Literatur des 18. Jahrhunderts, Kronberg/Ts. 1976.

Lefebvre, Henri: Kritik des Alltagslebens, Kronberg/Ts. 1977.

Leineweber, Bernd/Schibel, Karl-Ludwig: Die Revolution ist vorbei – wir haben gesiegt, Berlin 1975.

Leineweber, Bernd/Schibel, Karl-Ludwig: Die Alternativbewegung. In: Wolfgang Kraushaar (Hrsg.): Autonomie oder Getto? Kontroversen über die Alternativbewegung, Frankfurt a. M. 1978.

Leineweber, Bernd: Pflugschrift. Über Politik und Alltag in Landkommunen und anderen Alternativen, Frankfurt a. M. 1981.

Lepenies, W.: Melancholie und Gesellschaft, Frankfurt a. M. ²1981.

Limbacher, Max, V./Pathé, Corinna: Für eine „Zivilisation der Zukunft". Anthroposophie. Grundlinien einer spirituell-humanökologischen Konzeption. In: NOTIZEN, Zeitschrift des Instituts für Kulturanthropologie und Europäische Ethnologie der Johann Wolfgang Goethe-Universität, Bd. 15, Frankfurt a. M. 1983.

LPG Villeret: LPG-Info (Publikation der Lebens- und Produktionsgemeinschaft Villeret), Villeret 1974–1980.

Marciani, Giovanni Enrico: L'Esperienza di Riforma Agraria in Italia, Roma 1966.

Markovic, Mihalj: Dialektik der Befreiung, Frankfurt a. M. 1968.

Marquard, Odo: Schwierigkeiten mit der Geschichtsphilosophie, Frankfurt a. M. 1973.

Marshall, L.: The !Kung. Buschleute of the Kalahari Desert. In: Gibbs, J. L. (Hrsg.): Peoples of Africa, New York 1965, S. 241–278.

Marx, Karl: Über Religion, Rezension von Daumar, Die Religion des neuen Weltalters. Neue Rheinische Zeitung, 1850; zit. nach Schmidt, Alfred: Der Begriff der Natur in der Lehre von Marx, Frankfurt/Köln ³1978, S. 134.

Moos, Rudolf/Brownstein, Robert: Environment and Utopia. A Synthesis, New York 1977.

Morus, Thomas: Utopia (1516), Stuttgart 1979.
Mühsam, Erich: Ascona. Eine Broschüre, Locarno 1905.
Niederhauser, R.: Das Ende der bloßen Vermutung, Darmstadt 1979.
Öko-Journal 1981, Nr. 2.
Peters, Jan: Die Geschichte alternativer Projekte von 1800 bis 1975, Berlin 1980.
Pflasterstrand, Nr. 22, Frankfurt a. M. 1977/78.
Rousseau, Jean-Jacques: Emil oder über die Erziehung (1762). In neuer deutscher Fassung besorgt von Josef Esterhues, Paderborn 1962.
– Schriften zur Kulturkritik. Über Kunst und Wissenschaft (1750). Über den Ursprung der Ungleichheit unter den Menschen (1755). K. Weigand. (Hrsg) Hamburg 1978.
Sabelsberg, Elmar: Der Zerfall der Mezzadria in der Toskana Urbana, Köln 1975.
Schäfers, Bernhard: Wandlungen des Stadt-Land-Verhältnisses. Stadtflucht und Neo-Ruralität, erscheint voraussichtl. 1983.
Schempp, Hermann: Gemeinschaftssiedlungen auf religiöser und weltanschaulicher Grundlage, Tübingen 1969.
Schilling, R.: Die neuen Walser. In: Tagesanzeiger Magazin, 11. Okt. 1975.
Schinzinger, Francesca. Die Mezzogiorno-Politik. Möglichkeiten und Grenzen der Agrar- und Infrastrukturpolitik, Berlin 1970.
Schmidt, Alfred: Der Begriff der Natur in der Lehre von Marx, Frankfurt a. M./Köln ^{3}1978.
Schnabel, Johann Gottfried: Insel Felsenburg (1731), Stuttgart 1979.
Schütz, Alfred/Luckmann, Thomas: Strukturen der Lebenswelt, Bd. 1, Frankfurt a. M. 1979.
Schumacher, E. F.: Die Rückkehr zum menschlichen Maß. Alternativen für Wirtschaft und Technik. „Small is Beautiful" (1973), Reinbek bei Hamburg 1980.
Steffens, Heinrich: Anthropologie, 2 Bde. Breslau 1822.
Szeemann, Harald (Hrsg): Monte Verità. Berg der Wahrheit. Lokale Anthropologie als Beitrag zur Wiederentdeckung einer neuzeitlichen sakralen Topographie, Mailand 1978.
Teilhard de Chardin, Pierre: Le Phénomène Humain, Paris 1955.
Tonaufnahmen, Exkursion Schweiz 1980, Ausschnitte aus den Bändern Nr. 3/13/20/21/22/24/25, Institut für Kulturanthropologie u. Europäische Ethnologie der Johann Wolfgang Goethe-Universität Frankfurt am Main.
Tonaufnahme Wald-Amorbach 1981, Ausschnitte aus Band Nr. 1, ebenda.
Tönnies, F.: Gemeinschaft und Gesellschaft, Berlin 1926.
Trappe, P.: Soziologische Aspekte des modernen Genossenschaftswesens unter besonderer Berücksichtigung der Schweiz. In: Atteslander, P./ Girod, R.: Soziologische Arbeiten I. Bern 1966.

– Genossenschaftsrecht, Genossenschaftsideologie, Genossenschaftswirklichkeit. In: Naucke, W./Trappe, P.: Rechtssoziologie und Rechtspraxis, Berlin 1970.
Tylor, Edward B.: Die Anfänge der Cultur. Untersuchungen über die Entwicklung der Mythologie, Philosophie, Religion, Kunst und Sitte (1871), Leipzig 1873.
UdSSR – Der Sowjetstaat und seine Menschen, Stuttgart 1970; zit. nach G. Lange: Heimat, Realität und Aufgabe, Berlin 1973, 87.
Ungers. L. u. O.: Kommunen in der neuen Welt 1740–1972, Köln 1972.
U Thant: Man the Killer of Nature? UNESCO-Kurier, Jg. 11, Bern 1970, Nr. 8–9, S. 46–53.
Vierkandt, A.: Die genossenschaftliche Gesellschaftsform der Naturvölker. In: Vierkandt, A. (Hrsg.): Handwörterbuch der Soziologie, Stuttgart 1959, 191–201.
Vollmar, Klaus-B.: Alternative Selbstorganisation auf dem Land, Berlin 1979.
Wallace, Irving: Die drei Sirenen. Roman (The Three Sirenes, 1963), München/Zürich 1979.
Wegweiser zum Wonneberg. Vervielf. Ms., o. O. O. J. (1978).
Weinberg, D.: Individual and Community in a Swiss Alpine Peasant Village, Ann Arbor 1970.
Weiss, Richard: Volkskunde der Schweiz, Zürich 1946.
– Alpiner Mensch und alpines Lebens in der Krise der Gegenwart. In: Schweizer Archiv für Volkskunde, Jg. 58, Basel 1962, S. 232–254.
Wormbs, Brigitte: Über den Umgang mit Natur. Landschaft zwischen Illusion und Ideal, München 1976.
Wurm, Shalom: Das Leben in den historischen Kommunen, Köln 1977.

Die Autoren

Freiburghaus, Dieter, Studium der Mathematik, Wirtschafts- und Sozialwissenschaften in Bern, St. Gallen und Berlin. Arbeitet z. Zt. an einem vom Schweizerischen Nationalfonds finanzierten Projekt über Probleme der politischen Relevanz von Wissenschaft. *Veröffentlichungen:* (mit Hans-Peter Müller) Zur Struktur des Krisenproblems bei Marx, Mehrwert Nr. 5 (Berlin 1973); (mit Günther Schmid) Theorie der Segmentierung von Arbeitsmärkten, in: Leviathan 3/1975 (Berlin 1975); Zentrale Kontroversen der neueren Arbeitsmarkttheorie, in: M. Bolle (Hrsg.), Arbeitsmarkttheorie und Arbeitsmarktpolitik (Opladen 1976); Dynamik der Arbeitslosigkeit (Meisenheim 1978).

Greverus, Ina-Maria, Studium der Volkskunde/Europäischen Ethnologie, Kulturanthropologie, Kunstgeschichte, Germanistik, Skandinavistik in Marburg u. Uppsala; Feldforschungsaufenthalte in Szilien und Amerika; zahlreiche Forschungsreisen in Europa und Asien. Direktorin des Instituts für Kulturanthropologie und Europäische Ethnologie an der Universität Frankfurt. *Veröffentlichungen:* Der territoriale Mensch. Ein literaturanthropologischer Versuch zum Heimatphänomen (Frankfurt 1972); Kultur und Alltagswelt. Eine Einführung in Fragen der Kulturanthropologie (München 1978); Auf der Suche nach Heimat (München 1979); Das hessische Dorf (mit anderen; Frankfurt 1982); Tourismus. Ein kritisches Bilderbuch (mit anderen; Bensheim 1978); Herausgabe der NOTIZEN, Schriftenreihe des Instituts für Kulturanthropologie und Europäische Ethnologie an der Universität Frankfurt; u. a.

Haindl, Erika, Studium der Kulturanthropologie u. Europäischen Ethnologie, Kunstgeschichte u. Vor- und Frühgeschichte. Seit 1980 Mitarbeiterin am Institut für Kulturanthropologie und Europäische Ethnologie, Universität Frankfurt a. M. *Veröffentlichungen:* Kulturanalyse einer „Historischen“ Kleinstadt als Grundlage für kommunalpolitische Planungs- und Sozialaufgaben. Frankfurt a. M. 1982.

Keval, Susanna, Studierende am Institut für Kulturanthropologie und Europäische Ethnologie, Universität Frankfurt a. M.

Lutz, Ronald, Sozialpädagoge, Studierender am Institut für Kulturanthropologie und Europäische Ethnologie, Universität Frankfurt a. M. *Veröf-*

fentlichungen: Lutz/Stühr, Das andere Darmstadt, Darmstadt 1978; Lutz, Heimatlose Gesellen, Darmstadt 1980, sowie ein Gedichtband: Genesis, Darmstadt 1979.

Michel, Thomas, H., Studierender am Institut für Kulturanthropologie und Europäische Ethnologie, Universität Frankfurt a. M.

Welz, Gisela, Studierende am Institut für Kulturanthropologie und Europäische Ethnologie, Universität Frankfurt a. M.

Werdecker, Erika, Chemisch-technische Assistentin, Studierende am Institut für Kulturanthropologie und Europäische Ethnologie, Universität Frankfurt a. M.

Zimmermann, Marita, Sozialarbeiterin, Studierende am Institut für Kulturanthropologie und Europäische Ethnologie und Fachbereich Erziehungswissenschaften, Universität Frankfurt a. M.